碣石山
有易氏
河
太
有鬲氏
过
莱
夷
有穷氏
寒
行
济
岱宗
水
水
西河
斟灌
顾
帝丘
有仍氏
九
商
韦
蕃
有莘氏
三朡
鸣条
薛
缯
羽山
有缗氏
老丘
亳
商
有虞氏
葛
阳城
商
商丘
夷
昆吾
钧台
(夏台)
水
涂山氏
淮
六
江
大
英
巢
别
防
山
风
氏
震泽
苗
水
会稽山
三
彭蠡泽

想象另一种可能

理
想
国

imaginist

A History of China

01

讲谈社·中国的历史

从神话到历史：神话时代 夏王朝

图一

【青铜彝器的出现】

青铜器在新石器时代后期出现于以中国西北部为中心的华北各地。青铜容器的制造则开始于二里头文化以后。长城地带的北方青铜器文化以铜剑等武器为中心，而二里头文化以及商代的青铜器则以容器为主。这类青铜容器被称之为青铜彝器。用于仪礼的青铜彝器是新石器时代以来，以白陶或黑陶组成的鬶、盉等酒器的替代物。二里头文化中以酒器为中心的青铜彝器是显示身份等级秩序的礼制的枢要。

图一　二里头遗址出土的青铜爵——迄今为止发现的中国最早的青铜酒器。爵的母型是自新石器时代就开始存在的注酒用的鬶和喝酒用的杯。在二里头文化期形成了用于饮酒的陶制爵。青铜爵模仿陶制爵的形状，以青铜制成。

01

讲谈社·中国的历史

从神话到历史

神话时代 夏王朝

【日】宫本一夫 著 吴菲 译

广西师范大学出版社
·桂林·

推荐序

您大概已注意到，这套达十卷之多的中国通史丛书，开卷的作者——日本九州大学的宫本一夫教授是位考古学家。这是本卷与其他各卷一个显著的不同。另一个大不同是，其后九卷所叙述的历史跨度（从商代到中华民国），总计为三千多年，而本卷的内容远溯至一二百万年前，主体叙述则始于农业起源以来的距今约一万年前。

这从一个侧面告诉我们，只有考古学家用他们的手铲，才能解读文字诞生前那悠久时代留下的无字地书，担负起“拉长”中国历史的任务，进而给我们讲出一部完整的中国史的开端——中国远古时代的故事。同时，可以显见的是，与后面其他各卷相比，考古学家的这种叙述还是粗线条的。这又引出了考古学的长处和不足的话题，也即：考古学的学科特点，决定了其以长时段的、历史与文化发展进程的宏观考察见长，而拙于对精确年代和具体历史事件的把握[1]。

上述考古学科的特点，也大致决定了本卷的叙事风格。譬如尽管书名为“从神话到历史”，但相对晚出、后世加工痕迹明显、无从验证的神话传说在被做了深度“解剖”后以十余页的篇幅一笔带过，这显然是出于专业的严谨。作者很快就回到考古学的话语系统，从一二百万年前的旧石器时代东亚最早的人类、不同的石器工业传统谈起，娓娓道来。然后是一万年以来新石器时代的发展，多元农业以及陶器的发明，乃至定居社会的三种经济形态：旱作、稻作农业与狩猎采集。由自然环境到文化分区与谱系，再到大的时段划分，则颇有指点江山、纵横捭阖的大将风度。这些叙述对读者而言可能略显枯燥，似乎学术味儿重了些，但却是解读远古中国必不可少的轮廓性勾画。日后一幕幕感天动地的悲喜剧，都是在这个大的自然和文化背景下上演的，它们奠定了后世中国发展的基础。

然后，作者从多个侧面对黄河和长江中下游几个大的农耕区域的社会复杂化问题进行剖析，涉及性别、血缘、家族单位、聚落防御和社会分层等多个角度，图文并茂地对古人食住行葬等日常生活进行复原，当然更是考古学家的拿手好戏。作者最后还比较了这些区域在社会进化上的相异与相似之处，一幅多元的史前中国的风俗画在考古学家的笔下栩栩如生。

如果这些可以看作考古学家写史的共同特点的话，那么作者的个性特征使这书的若干特色更令人感兴趣。

虽然本卷主要是要交代“达成了政治上的区域统一的一元中国的出现过程”，但作者以其外国学者的独特视角，着意要“在放眼整个东亚的情况下，把中国置于广大的多元性之中来进行考察”。在上引关于东亚大陆史前时代的叙述之后，作者进而指出，正是这些农业社会中急剧的社会进化，使得中国大陆与日本列岛同时期的社会与文化产生了巨大的本质的不同。类似的比较性阐述在本卷中比比皆是。只有兼通整个东亚地区考古学文化发展的学者，才能有如此跨文化比较的宏阔视野，宫本先生正是这样一位优秀的学者。他对自己研究方向的定位是东亚考古学，其田野考古的足迹从俄罗斯远东地区直至中国大西南，研究的时间跨度则由新石器时代前期下延至铁器时代前期。

在学术信息爆炸，学术研究越来越“碎片化”的今天，已很少有考古学者能兼跨不同时段、不同区域和不同的研究领域，娴熟地驾驭众多的学术课题。宫本先生自谦地说他自己在本卷中所进行的通史性质的、网罗全域的综合研究还只是一个尝试。平心而论，这个尝试是成功的。由于教育和研究体制的差异，日本学者在“通识”上要优于中国学者，后者偏于专精而有条块分割之嫌。作为在这样的学术背景下成长起来的中国学者，我个人的学术视阈就偏窄，因而在与包括宫本先生在内的外国学者的交往中常有自惭之感。这也反衬出这本书对中国读者的可贵。

本卷中“非农业地带与农业的扩散”和“畜牧型农业社会的出现”两章最能显现作者学术视阈的宽阔和功力的深厚。在这里，中国学者笔下或多或少、有意无意的中原中心观或东亚“大两河流域”（指黄河和长江流域）农耕区中心观不见了踪迹，作者给予“中国大陆文化谱系的两极相互接触地带”以同等的关注，指出在这里“农业以适应各自生态的形式诞生，农业地带顺应着环境变化与社会变化的阶段分别向北、向南扩散”。而在农业向北方扩散的区域之中又产生了依存于畜牧的农业社会也即“畜牧型农业社会”。“就这样，亚洲东部的水平方向的社会分支逐渐完成，即农业社会，从农业社会分支出来的畜牧型农业社会及其发展型即游牧社会。并在其周边的西伯利亚至北极、热带地区形成了狩猎采集社会。”

作者进而指出，“上述格局直至今日，包括无文字社会民众在内的地理上的社会分化，其实早在新石器时代终末期就已开始了。了解到这一点之后，相信读者对史前时代研究的重要性一定也深有感触吧。”在这里，貌似跟诸位没有什么关系的远古与我们身处的现代接轨了。其实，作为一位具有人文关怀情结的学者，宫本先生在本卷的《前言》中即已开宗明义地指出，他是期望读者借此了解“以考古学为对象的区域考察如何关系着该区域近现代史的问题”。可以说，贯通古今，构成本卷的又一大特色。

全书的后半部分是整个王朝中国诞生故事的“戏眼”。关于东亚大陆从多元到一体的早期国家形成过程，作者从区域间的交流与社会的统合，牺牲与宗教祭祀两个大的方面展开论述。最后阐明这些因素的相互作用，导致早期国家的崛起。二里头文化（作者认为即夏王朝）已“形成多重性的礼制。这正可谓是商周社会的基本道德观念即‘礼乐’的开端”。而商王朝可以“定位为在东亚确立了早期国家阶段的王朝”。

关于中国早期王朝的研究，在中国和日本考古学界有一个有趣的动向。对上个世纪中国学者积极地将传世文献中的国族（王朝）、都邑等与具体的考古遗存做“对号入座”式的比附研究，日本及欧美的研究者一般抱持审慎的态度。但近年来，日本学界开始有认可夏王朝真实存在的倾向。继饭岛武次[2]、冈村秀典教授[3]之后，宫本一夫教授在本卷中也开始持“二里头文化即夏王朝，夏王朝确实曾经存在”的观点。

与此形成对照的是，自新世纪前后，一些中国中青年学者开始反思，逐渐接受20世纪上半叶以《古史辨》为核心的反思传统，以及海外学界相对保守严谨的态度和观点，“超脱”出原有的话语系统，出现了质疑传统的“夏王朝可知论”的声音，提倡“有条件的不可知论”（即主张没有当时的有足够历史信息的文书类资料出土，不可能解决族属和王朝归属问题）[4]，形成两大话语系统并存的局面。

可以预见，关于夏王朝是否实际存在、是否相当于二里头文化之类问题的讨论还将持续下去。但诚如宫本先生在本卷中所言，与其执著于这类问题，“不如对二里头文化是否达到了王朝所应有的社会进化水准的问题加以客观论证”。这一理念成为中外学者的共识，是令人可喜的。

在展开本卷的叙述之前，宫本先生先给读者讲了中国发掘的故事。其中既有对中国考古学史的全景式的扫描，也有他个人在中国各地参加田野考古实践的见闻和体会，可以从中了解外国学者眼中考古人的工作生活、待人接物乃至当地风土民情等，读来饶有兴味。比如看到作者提及中国人的好面子，他作为“中国通”对各地美食的评价，你可能会会心地一笑。其对外国学者在中国考古学史上业绩的评价，持论允当；他善意地指出中国当代考古的问题所在，可以作为很好的镜鉴。

他的许多总括性认识如他山之石，发人深省：“我们不能用以中原为中心的单一的发展规律和战国时代以后正式成形的中华的概念或者说是中国的概念来看待其后的中国史”。“以中华文明为主干的中国史观不过是着眼于一方的区域历史”，“中国的历史并不只是农业社会的历史”。“商周文化是南方的文化轴，北方青铜器文化是北方的文化轴”，（两条文化轴的）“接触地带才是生成新的社会体系的源泉所在”。种种表述，都颇富启发意义。

著名考古学家、英国剑桥大学教授伦福儒指出，“现在，（考古学）已成为世界各国许多人都感兴趣的一个领域。其部分原因是，它使我们每个人都有机会充分地了解本国的历史。但是，如果把注意力只集中于本国，那就是沙文主义。考古学还使我们有可能把每个国家的早期历史看作整个人类更大范围的历史的一部分”[5]。不识庐山真面目，只缘身在此山中。身为中国人读读外国学者眼中的中国考古和中国历史，倾听一下不同的声音，不亦乐乎，不亦清醒乎？

许　宏

中国社会科学院考古研究所

2011 年 11 月

注释

1 许宏,《方法论视角下的夏商分界研究》,《三代考古》(三),科学出版社,2009 年。

2 飯島武次,《中国考古学概論》,同成社(東京),2003 年。

3 岡村秀典,《夏王朝——王権誕生の考古学》,講談社(東京),2003 年。

4 同注 1。

5 科林·伦福儒,《考古有何新成就》,《信使》总第 63 期,联合国教科文组织,1985 年。

中文版自序

对于不断涌现新发现的中国考古学界而言，自出版已经过五年的本书当然会有补充新事实的必要。就这一点来看，本书也存在着并非最新考古学成果的内容。在另一方面，我认为虽有新事实存在，但是以往对考古学事实的见解以及由这些见解产生的历史知识却几乎没有变更之处。对这些由考古学上的事实构成的中国史前社会的见解，我希望中国读者会抱有兴趣。这些见解从某种意义上说，与中国的考古学者通常所持有见解相比，有时也不尽相同。而这些不同点正是我期望读者给予关注的部分。这些见解不见得就是日本式的或是日本人固有的观点，而应当说是作者立足于现今的国际基准，或是欧美考古学的方法论的基础，站在展望人类史的角度，对中国史前社会得出的见解。

中国史前社会的历史作为到达文明的人类史，是东亚的代表，更是人类史上迈出的多种步伐之中的一个典型。在这个意义上，中国的史前社会在国际上越加受到关注，正是因为中国史前社会作为一个区域社会，与欧美的人类史进展方向相比，显示出不一样的发展过程。当然在体现人类史的多样性的同时，其表现出一致性的方面也同样受到关注。作者在立足于上述观点的同时也认为，中国大陆的社会和历史是在农业社会与畜牧型农业社会这两股潮流的融合与相克中展开的。本书就上述两大势力的诞生过程进行了说明。与此同时，以前者从农耕社会成立至发展以及向文明社会的发展为中心，依据考古学上的事实对这段历史进行了重新构筑。并且依据日本考古学者对中国大陆的历史正在如何研究以及一直以来如何研究的问题，尝试了对上述历史的重新构筑。如果中国读者能对以上观点给予关注，我作为作者将感到十分庆幸。且必须说，如果读者还能以包括中国和日本在内的东亚为对象，体会到其作为具有相互关系的同一历史的一体感的话，这将更令我喜出望外。

宫本一夫
九州大学教授
2010 年元旦

目录

前言

中国大陆率先诞生古代国家的原因

中国古代文明被誉为世界四大文明之一。世界四大文明都诞生发展于各大河流域。埃及文明在尼罗河流域、美索不达米亚文明在底格里斯河与幼发拉底河流域、印度文明在恒河流域分别诞生，中国古代文明则发源于黄河流域。这些文明发祥地的相似之处在于，河流以及两岸肥沃的冲积平原为其发展提供了条件，并且这些平原上都曾存在过发达的农业社会。

农业社会的形成及其内容因区域不同而各具特色。其发展阶段以及历史进程也各有差异。反之，从中也可找出一些共通之处，以王权为中心的古代国家的出现即可说是其共通点之一。

然而在中国大陆，率先诞生古代国家的原因是什么呢？为了回答这个问题，我们必须从位于古代国家诞生前期阶段的农业社会开始，就其诞生、发展以至变迁进行探讨。针对由农业社会发展形成的古代国家的结构，也有必要加以进一步考察。

另一方面，中国大陆幅员辽阔，地理环境复杂多样，并非只限

1 司母戊鼎（中国国家博物馆藏） 1939年于河南安阳殷墟出土。青铜祭祀器

于黄河流域一种类型。针对长久以来，注重以黄河流域为中心的一元文化文明发展的观点，近二十年来，还出现了立足于中国的多种区域文化观，重视多元区域社会发展的历史诠释的转换。

这种观点的倡导者是中国社会科学院考古研究所的苏秉琦先生。他在中国先秦史研究领域具有巨大的影响力。近年来更涌现一批强调长江流域史前文化先进性的学者。他们认为，长江文明足以匹敌甚至高于黄河文明。

不容置疑的是，在史前时代，以多种多样的自然环境为背景，中国各地曾经存在固有的区域文化。我们首先要解读这些区域文化的实态，更应注意的是，这些区域文化在历经古代国家的出现、各王朝的盛衰交替以及政治变幻之后，依然是留存至今的区域文化的重要组成部分。

可以说，在考察当今中国的区域社会及其风土的时候，史前时代区域文化的实态是不容忽视的因素。也可以说，即使置身于改朝换代以及风云变幻的政治现象之中，我们也决不能无视那些超越历史事实而存在的区域文化的脉络，并且这些区域文化的脉络在历史记述中鲜有体现。本书将就这些难以把握的区域文化的基础部分进行考察。

为了把握上述史前农业社会的成立与发展以及史前时代的区

域文化，在方法上，我们将不得不采用考古学的研究方式。同时，也期望读者借此了解考古学的一个方面，尤其是以考古学为对象的区域考察如何关系着该区域近现代史的问题。

2 甘肃永靖黄河三峡风景　中国古代文明诞生于黄河流域

关于包括发掘考察在内的考古学研究的历史，现代各国之间存在着相当的差异。当然其研究方法及行动方式也存在许多共通之处，然而其差异之大足以令人感到震惊。这些差异可以简单地归结为因国家的不同而具有的特色，有的则处于自古以来的历史积淀以及现代国家成立以后形成的民族意识的背景之下。

反映现代中国面貌的中国现代考古学历程

本书将从中国现代考古学的发展进程说起。当今中国考古学的发展令人惊叹，与日本考古学同样，正不断跨入信息过多的阶段。这是近十年或近五年来产生的现象，正好与中国的经济发展相呼应。可以说从考古学中也可窥见现代中国的国情。

在 1972 年日中邦交正常化之前以及之后不久，包括笔者在内的外国学者想要直接接触文物、遗址等考古资料几乎全无可能。只能依靠《考古》、《文物》、《考古学报》这三大学术杂志上

3 人头像（三星堆博物馆藏）
三星堆祭祀坑出土

发表的少量发掘报告等研究成果来进行再度评介。八十年代中国实行改革开放政策之后，各地兴办了多种考古学专业杂志，并发表了大量发掘报告。至九十年代后半期，外国学者才得以与中国学者以联合考察的形式直接参加发掘考察。

贝冢茂树、伊藤道治两位前辈撰写的《从原始社会到春秋战国》（《中国历史》1，讲谈社，1974 年）成书之时，尚处于日中邦交正常化以前，是未能直接论证研究资料的时代的产物。这部著作承接着战前以来蓄积的深厚的东洋学传统，是一部具有相当的完成度的作品，但却难以反映近年陆续发表的发掘考察成果。该著作后来作为讲谈社学术文库的《古代中国》再版的时候，伊藤道治先生把商代以前的史前时代部分作了大幅度的改写。从该领域的学问进展之大来看，把史前社会与根据文献史料考察研究的商周社会归为一卷，其篇幅难免有局促之感。

在本系列中，史前社会单独列为一卷，朝着商周社会发展的历史过程将得到多元且更具深度的说明。另外，本书的主要考察对象即农业社会相当于新石器时代，与日本列岛的绳文时代大致相当。中国的新石器社会与日本列岛的绳文社会，都在更新世末期的大致同一时期开始使用陶器并完成了生活的定居化。然而，两者其后的社会变化速度和发展过程却产生了巨大的差距。在东亚为何中国大陆率先产生了古代国家？本书将在探讨这个问题的同时，也将把日本列岛的史前社会与此进行比较。

4 四川省泸州市，夜晚长江边

本书将在重视史前社会的阶段性社会构造变化的同时，还将进行区域间物质文化比较以及社会构造比较。

中国大陆从地理上可划分为：黄河流域的华北、长江流域的华中、南岭以南的华南以及东北和西北。这些区域因气候、植被、地形等环境不同，生业经济也各不相同，当然也因此形成区域文化的不同。区域文化的不同向来受到注目，本书将更进一步，对形成区域文化的母胎即社会内容以及构成社会的人们的精神生活和信仰等方面进行探讨。涉及内容丰富多样，比如模仿动物和人形的偶像，牺牲、占卜等内容的祭祀等，这些构成社会的实际形态在本书中都将加以探讨。

从东亚全局的角度
考证中国大陆史前社会

与此同时，我们将从考古学的角度，来把握史前社会作为区域固有的文化变迁的侧面，并尝试针对横跨区域的综合历史性法则加以解析。

关于这种综合的历史变迁，主张多元史前社会观点的苏秉琦先生以"古文化"、"古城"、"古国"的称谓，从发展阶段的角度来把握古代国家形成的过程。

哈佛大学的著名考古学者张光直教授也运用 E.R. 塞维斯等学者的新进化主义的人类学理论即立足于文化进化论观点的社会发展阶段论，对中国史前社会到初期国家阶段的发展过程进行了分析。

本书将着重讨论上述史前社会的发展阶段。对超乎我们以往的想象的各区域坚实的历史发展过程，读者们定能得到重新的认识。史前社会的发展过程与其后的商周社会是密切相连的。

另外还有一个重要的问题。商周社会是以中原为中心的中国观趋于形成的阶段，因而史前社会向着商周社会发展的坚实的发展性的意义也难免受到后来的中华思想影响，被定位在以中原为中心的中国观的成立过程之中。问题在于，以这种单纯的中华史观来看待中国的史前社会是否妥当?

八十年代以后，在中国考古学界，关于史前时代的考古学，以苏秉琦先生为中心，出现了从多元区域的观点出发，注重具有区域特征的发展阶段的动向。另一方面，到了历史时代，学界强调的是商周古代国家以黄河中游地区为中心，实现了统一的历史发展的历史观。目前在中国，正全力从科学的角度证明夏商周三代的存在。

设立国家工程项目，证明夏王朝的存在以及商周的纪年，可以提高中国的国家威信，并确立中国国民的自我认同。也就是说，史前时代之前是多元地域观，历史时代以后则以一元地域观来看待中国历史。问题在于，如何说明从多元地域观到一元地域观的发展？

5 经济发展处于升龙之势的上海的繁荣景象 上海是中国最大的商业城市

史前时代的区域社会的发展更是一个政治上的区域统合的过程，也是上述中国观成立的过程。本书也将就这个发展过程做出相应的分析。我个人认为，从多元到一元的变化过程应该还可做出更加宽泛的解析。如前所述，以单一的中国观来考察中国史前社会的统合是否妥当的疑问即在于此。在把包括中国在内的中国周边的东亚全体加以综合考察的时候，也将论及应该如何看待这种从多元到一元的发展的问题。

另外，中国大陆史前时代的动向绝不应该只是在中国大陆内部完结的一个封闭体系。即便没有直接往来，中国大陆与其周边区域在史前时代也应当有着某种意义上的联动。这正是日本学者密切关注中国大陆的原因所在。基于这个立场，我不打算把中国大陆的考古学仅只限定在该区域的封闭的体系之中。

本书以“从神话到历史”为题，将对商周国家这个达成了政治上的区域统一的一元中国的出现过程进行论述，同时在放眼整个东亚的情况下，把中国置于广大的多元性之中来进行考察也是可能的。本书也将就此展开论述。

第一章

神话与考古学

五帝神话与区域性

传说中，五帝活跃于黄河中游地区至渭河流域一带

中国留存的文献史料中，由西汉的司马谈、司马迁父子编纂的《史记》有体系地综述了夏、商、周等上古王朝以及之前的阶段。《史记》是中国最早的正史，其优美的文笔也具有迷人的文学魅力。《史记》内容浩大，包括十二本纪、十表、八书、三十世家、七十列传，共一百三十卷。本纪部分记录着汉王朝之前历代王朝的历史。

其中商王朝的存在因甲骨文的发现才得到证实。商王朝之前是夏王朝。《史记》将其记述为《夏本纪》。关于夏王朝，在考古学的文化认识上首推二里头文化为代表。近年中国的考古学界和

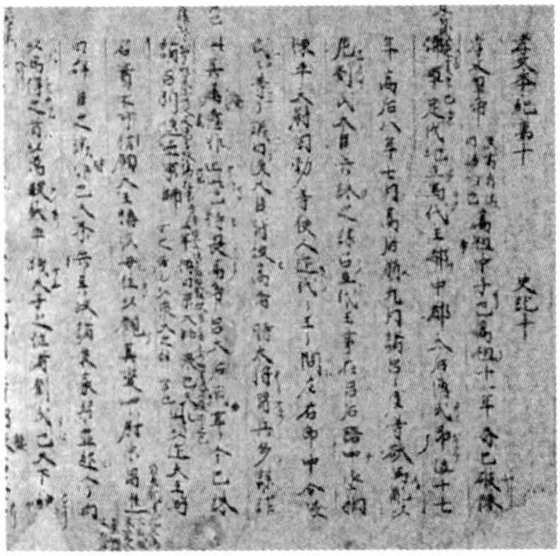

6《史记》(《孝文本纪第十》，日本东北大学藏）
延久五年（1073），手写。日本国宝

历史学界认为二里头遗址的宫殿区是夏王朝的国都。针对这种观点，日本以及欧美的研究者持有不同意见，他们认为，若不能用与之同时代的文字资料进行论证，就不能确认王朝的存在。

《史记》中，记载于《夏本纪》之前的是《五帝本纪》。讲述黄帝、颛顼、帝喾、尧、舜五位王者以各自的雄才大略治理国家的历史。舜把王位禅让给治水有功的禹，而后禹建立了以世袭继承王权的第一个王朝——夏王朝。本书的内容涉及正是史前时代到五帝的时代以及夏王朝的时代。

为了编纂《史记》，司马迁曾先后两次赴各地做实地调查。调查过程中，各地的老者们时常称颂黄帝及尧、舜的事迹。以现在的眼光来看，这样的调查大概相当于民间故事的搜集，但讲述者对于五帝存在的事实一定是确信不疑的。

另一方面，记录着古代王者言论的《尚书》却只记载了尧以后的历史。另外，在鲁国的年代记《春秋》，春秋时代的国别史《国语》等史书中，有“五帝德”、“帝系姓”等记载。司马迁认为这些记载值得信赖，因此从中选取确实可靠的内容，加以编纂，写成了《五帝本纪》。

两千年前的历史学家司马迁求实客观的治学态度令人钦佩。然而从另一方面来看，从当时起，这些传说的记述确实已存在着某些疑点。另外，司马迁对可信材料的选择本身，就已经是基于某种历史观点的有意图的选择，因此很可能史实也未必得到完全客观的记录。

东京大学名誉教授松丸道雄认为，五帝的说法基于战国时代以后成立的五行学说。

五是一个非常重要的数字。而其内容却因文献而异。追究五帝具体是哪几位王者或许并无太大意义。

也就是说，《史记》所记载的五帝与其他文献中的五帝有着各不相同的组成。首先，关于其中最古的《史记》的五帝说，我认为必须基于考古学等当今的考察方法来进行如下解读。

据《史记》记载，五帝自黄帝至舜皆为姬姓。第二代的颛顼为黄帝之孙，第三代的帝喾是黄帝的曾孙。接下来的尧是帝喾之子。如司马迁所述，《尚书》中只记载了尧以后的历史，而《史记》中关于尧、舜的记述非常详尽，远胜于之前的史书。另一方面，舜从第二代的颛顼算起，相当于第六代子孙。舜与尧虽有亲戚关系，却只是远亲。关于尧和舜的关系，并未记录着如之前时代的那种直接的父子关系或祖孙、曾祖曾孙关系。

原本说来，这种亲缘关系是否确实尚有疑问，很多情况下，很可能是为政者为保持权威而在后世虚构的血缘关系。即使在这样的记载当中，舜也只是处在尧的远亲的位置。在《史记》的

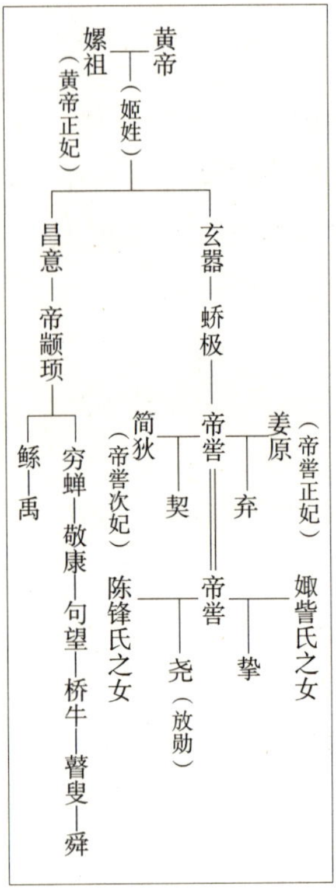

7 五帝的谱系

记述中，舜为冀州人（今山西省）。

据《五帝本纪》记载，黄帝死后葬于桥山。这应当是司马迁从老者的讲述中得出的调查结果。《史记》的注释书，南朝宋的《史记集解》认为黄帝陵在上郡桥山，唐代的《史记索隐》和《史记正义》也沿用了上郡阳周县桥山的说法。其位置在今陕西省北部的桥山。

而这种说法的史实依据则缺乏可信度。从文献的新旧程度来看，明确可知的出处最早也是汉代以后的传说。从其地理位置靠近周朝王室的出身地这一点来看，不难推测这是为显示周朝王室正统性的传说。因为周朝王室与黄帝同样以姬为姓，一直强调着与黄帝同一血统的出身。

黄帝陵位于陕西省北部的黄陵县，现在依然吸引着众多朝拜者。可以确定的是，这处陵墓是根据后世的传说建造的，而非有着正确历史根据的陵墓。这一点近似于日本的神武天皇陵。

但是，假如《五帝本纪》的传说正确的话，就说明黄帝是以今陕西省北部为据点的氏族。并且如果传说中的谱系也正确的话，该氏族从黄帝至尧的时代据点位于今陕西北部，而舜的据点则位于今山西省。

总之，五帝当年活跃的地点就是从黄河中游地区到渭河流域一带。

“三苗”与“蚩尤”是与五帝系统相异的区域群体

据《五帝本纪》记载，黄帝当上天子之前，由神农氏以德治理着天下。而黄帝凭着讨伐蚩尤的功绩，受诸侯推举成为天子。这段记述暗示的是，蚩尤这个与五帝谱系相异并与之对立的强大势力的存在。

《五帝本纪》中，黄帝与蚩尤战于涿鹿。由此可以想象，既然黄帝是以黄河中游地区至渭河流域为据点的氏族，那么蚩尤也是其周边的一个氏族。也可以说，这暗示着在华北存在着区域型政治群体。

关于尧、舜的时代，有“三苗在江淮、荆州数为乱”的记载。名为三苗的氏族在江、淮、荆州，也就是三苗在汉水下游地区至长江中游一带时常作乱。《战国策·魏策一》第七关于尧舜时代的记述是：“昔者，三苗之居，左彭蠡之波，右洞庭之水，汶山在其南，而衡山在其北。恃此险也，为政不善，而禹放逐之。”其中明确指出三苗居住在长江中游一带。

至于这些记述是否表明三苗与五帝系统之间的争战在尧、舜的年代和舜、禹的时代共发生了两次，或是同一场争战被当作不同时期的事件记载在后世的史书当中，在此做出探讨似乎并无意义。总之，上述记载表明，三苗和蚩尤一样，是与五帝系统不同的区域群体，其位置在南方。而传说中从黄河中游地区到渭河流域、黄河下游地区的山东、长江中游地区等各个区域，都存在过不同的区域群体。

《五帝本纪》还写道，巡视归来的舜向尧帝进言："流共工于幽陵，以变北狄，放驩兜于崇山，以变南蛮，迁三苗于三危，以变西戎，殛鲧于羽山，以变东夷……"

这里提及的北狄、南蛮、西戎、东夷等区域群体的概念是周代，特别是春秋、战国时代的区域概念，是当时的人们对周边各民族的称谓。而在五帝时代未必就存在这样的周边民族的概念。这段记述显示的是西汉司马迁在编纂《史记》时的区域概念和民族概念，未必就是传说中的时代的史实。但是，关于与五帝系统相异的氏族，记述中除了三苗之外，还提及了共工、驩兜等氏族。

同样的区域统治的疆域概念也见于《五帝本纪》中赞美舜帝的功绩和天下太平的记述之中："南抚交阯、北发，西戎、析枝、渠廋、氐、羌，北山戎、发、息慎，东长、鸟夷，四海之内咸戴帝舜之功。"这些地理概念也反映着战国时代至西汉的地理概念，这些区域被看作当时的边境之地，而未必就是五帝时代对周边区域的认识。五帝活跃于黄河中游地区至渭河流域，与之相对，蚩尤、共工等在其周边，三苗的位置则在长江中游地区，这应该说是传说时代的世界观。或者说，这种由各区域构成的世界观至少在商周时代以前就已存在，而且在商周时期，人们就已认识到这些区域分别有着各自不同的祖先。

从《五帝本纪》末尾的记述可知，五帝从黄帝到舜、禹为同一家系，皆为黄帝与妻子嫘祖的子孙。然而他们分别采用了不同的国号。司马迁认为这是为了彰显各自的德业。“故黄帝为有熊，帝颛顼为高阳，帝喾为高辛，帝尧为陶唐，帝舜为有虞。帝禹为夏后而别氏，姓姒氏。”黄帝至舜同为姬姓，禹建立夏朝之后，独立为姒氏。同时也写道：商的始祖姓子，周的始祖姓姬。

从中可以看出：黄河中游地区到渭河流域的各氏族有着拥有共同祖先的同族意识，而成立新王朝的夏自称是从中独立而出的家系。

洪水传说与强有力王权支持下的治水事业的关系

从黄帝到舜的同族意识究竟是否以血缘关系为背景呢？如司马迁所述，天子们各自改变国号，而黄河中游地区至渭河流域的小区域群体的霸者们，也都以这些名号流传于后世。

在这里，我把从黄帝到舜的黄河中游地区至渭河流域的区域群体称之为华夏系诸族。华夏系诸族与蚩尤、共工或南方的三苗等处于对立的关系。或者可以说，存在着这些与华夏系诸族相异的区域群体，互相之间有着交流和对立，并形成了一种世界观。

这种世界观影响着包括《史记》在内的后世的商周时代的中国世界观，司马迁据此撰写了以华夏系诸族为中心的传说。接下来我们有必要稍微偏离司马迁来看待这段历史。

佐藤长关于传说的文献学研究在这个意义上别有兴味。据佐藤研究，山西南部有崇拜日神、水神的习俗，日神是尧，水神是禹。水神禹的影响扩大至黄河中游地区，得到夏王朝的祭祀。另一方面，山东西部则崇拜农业之神舜。如《五帝本纪》所记："舜，冀州之人也。舜耕历山，渔雷泽，陶河滨，作什器于寿丘，就时于负夏。"

因据舜为冀州人的记述，我在前文曾说舜的出身地在山西，但是关于历山、雷泽等地名的所在，自古有山西说和山东西部说两种观点。在确定传说中的地名时，有各个时代的历史评价在先，很难立刻判断孰对孰错。在这里虽然不能更加详细地探讨佐藤的观点，在这里我想再次向读者强调的是，司马迁对传说的解释之中也存在着他的主观意向。至于尧和舜的传说与考古学事实之间的关系，将在本书第八章再次触及。

《五帝本纪》中还有一个必须注意的重点是洪水传说。

关于尧帝的时代，有如下记载："肇十有二州，决川。"又有："四岳举鲧治鸿水，尧以为不可，岳强请试之，试之而无功，故百姓不便。"类似的记述也见于《夏本纪》的开头部分。在尧帝的时代，天下洪水泛滥，人民蒙受苦难。尧帝四处寻找治理洪水的人才。他听取群臣的建议，很不情愿任用了鲧。然而鲧耗费了九年时间也未能获得成功。

取而代之的舜巡视全国，得知鲧的治理没有任何收效，于是舜处罚了鲧。舜继承帝位之后，任用鲧的儿子禹继续父亲的治水事业。禹为人勤勉，德高望重，而且擅长测量之术，他不但治水成功，还让人民在低地种植稻谷，促进了粮食的增产。

禹也是夏王朝的创建者，这也说明治理洪水是在初期国家成形期的强力的王权之下得以遂行的事业。并且这也意味着在五帝时代末期，洪水多次来袭，人民生活在苦难之中。

在另一方面，也有许多学者把新石器时代末期诸区域的区域文化突然迎来终结的事实与洪水传说相结合，认为是洪水导致曾经兴盛的区域文化突然崩溃。然而至今仍然没有充分的考古学事实能够把洪水与文化的消失明确联系在一起。

但至少禹的治水传说告诉我们，治水事业在农业社会之中意义重大，洪水的治理需要强有力的后盾及政治力量才能实施。如果这项治水事业是史实的话，也可说明当时社会正处在向着国家阶段发展的过渡期。

三皇神话与盘古传说

《三皇本纪》为唐代司马贞补撰

《史记》的《三皇本纪》记述着比五帝时代更早的三皇神话。实际上司马迁本人编纂的《史记》之中并没有《三皇本纪》。这一段是唐代司马贞的补笔。

如司马迁自身的记述，他编纂《史记》时，选择的是确凿可靠的内容，而没有采用不确实的传说。另外，关于三皇五帝的名称，后世的儒学家们确认的结果也各有差异。西汉孔安国在《尚书》序中所述观点与东汉郑康成（即郑玄）的观点两相对立。而唐代司马贞则站在支持郑康成的立场，补写了《三皇本纪》。但是不论哪一方，都难以称得上是可靠的记录。

唐代的儒学家们其实不过是把流传于当时的三皇传说进行了整理归纳而已。另一方面，当时的人们开始关心自己的祖先以及人类的起源问题，传说的体系化也可说是这种情势下的必然产物。

据《三皇本纪》所述，三皇指伏羲、女娲和神农。伏羲和女娲被描述为蛇身人首，神农则为人身牛首，三者都不是人，而更近于神，不像五帝那样充满人性。神农即炎帝，姓姜。周代的诸侯之中，有出自姜姓的齐、许、吕等氏族。也许对于他们来说，作为氏族祖先的炎帝是必不可少的神。另外，炎帝姓姜据说是因为他曾居住于姜水之畔。姜水位于今陕西省岐山县，这说明神农也在渭河流域拥有着区域性的母胎。

然而据《五帝本纪》记载，五帝之中最初的天子黄帝因为神农的子孙缺乏德行，于是取而代之成为天子。从《史记》的结构完整性来看，有必要交代神农的来历。这应该是唐代司马贞补笔的原因所在。而神农不是人身这一点尤为有趣。司马迁不曾把这样的神话当作历史来记录。但是不论哪种记述都表明，神农和五帝都是以渭河流域至黄河中游地区为基础的华夏系神话。

8 伏羲、女娲　山东省武氏祠画像石上所见伏羲女娲图。伏羲左手持矩，女娲右手持规

另一方面，从伏羲、女娲的形象常见于汉代以后的画像石以及墓葬壁画之中的情况来看，他们作为民间信仰，在汉代之后拥有一定的地位。或许这是唐代将之记为三皇的原因。

汉代的画像石上常常刻绘有手执矩的伏羲和手执规的女娲。大多数石像中两者皆呈蛇身人首，自腰至尾相互交缠。古代传说中伏羲与女娲是一对夫妻，上述石像正是象征交媾的具象表达。

在中国西南的苗族与瑶族的传说中，伏羲与女娲氏是亲生兄妹，而后结为夫妻。这是一段关于洪水的传说。雷神发怒引发大洪水，众人皆死，唯有藏身于葫芦之中的兄妹俩得以生存，他们结为夫妻，成为人类再生的先祖。这与旧约圣经中描写的诺亚方舟的传说以及亚当夏娃的故事也略有相似。

这段传说的流传可以上溯至哪个时代尚不得而知，而汉代画像石上的形象反映这段传说，同时也说明这在当时已经流传。但是从图像学的角度来看，伏羲与女娲同时出现于最早可上溯至西汉中期的壁画。蛇身人首的伏羲与女娲相互交缠的图像则最早出现于西汉末期至东汉时期。

如《三皇本纪》中所见，初期的伏羲和女娲氏是单独存在的神，后来才被看作夫妻并成为人类再生的神灵。

开天辟地的盘古是汉族的祖先

那么，世界的初创是哪个时代的事呢？战国初期，楚国的诗人屈原在诗作《天问》中，对世界如何诞生、宇宙如何形成提出了质问，然而屈原并未得到答案。或许在当时还没有这类创世神话。

在中国，最有名的开天辟地者当属盘古，即所谓的盘古神话。三国时代吴国的徐整著有《三五历记》，书中搜集了流传于南方少数民族之间的神话，把盘古归为开天辟地的汉族祖先。

据《三五历记》的记述，天地未开之时，宇宙一片暗黑混沌，形如一个巨大的鸡蛋。盘古就在这个巨蛋之中长大。有一天，盘古拿起斧头向着黑暗混沌砍去，巨蛋分裂，分出了天与地。盘古担心天地再度恢复混沌，就用头顶着天，脚踏着地，直立在天地之间。这样经过了不知多少年，到了终于无须再担心天地混合的时候，盘古也迎来了生命的终结。临死之时，他身体的各个部分别变成了日、月、山、川，世界就此诞生。

盘古神话从内容上来看，要早于伏羲、女娲神话，但是这些内容的记述整理是在《三五历记》写成的三国时期。就算是自古流传下来的神话，也必须考虑到它的成书处于较晚的年代。

不论是伏羲、女娲神话，还是盘古神话，在司马迁编纂的《史记》中都没有记载。可以想见这些神话是在汉代以后人们开始关注宇宙及世界诞生的问题，或者说是出于对汉族祖先赋予正统性的必要而产生的。

可以说，这些神话的内容本身有可能是从先秦时期已流传，但是它们得到体系化是汉代以后的事，其中肯定包含着汉代以后的价值观。我们应当把这些神话暂且放在一边再来谈论历史。

《山海经》与区域的众神

史前时代的众神

五帝为公孙氏，姓姬，时代更早的炎帝为神农氏，姓姜。他们拥有各自的姓氏，商周时代氏族的家系以此获得正统性。身为氏族的祖先，应该才是这些传说中的天子的重要意义所在。另外，周朝与五帝同为姬姓，夏王朝的氏族禹却特地以别姓区分开来，这难道不说明《五帝本纪》所记载的神话要将周王朝正统化的意图吗？或者也可以说，这是周王朝流传下来的记录由司马迁编纂后的结果。周因此成为继承五帝正统的王朝。

并且传说黄帝死后葬于桥山，靠近周王的出身地，这也给人一种特意强调周朝与黄帝家系相同的印象。

说到这里，相信读者已经理解为何把三皇五帝的华夏系神话说成是渭河流域至黄河中游地区的神话了。可以说这些神话讲述的正是商周的祖先神灵，其目的在于显示商周王朝家系的正统性。

除了《三皇本纪》和《五帝本纪》中记载的先祖神灵之外，

还有一个名为少皞的氏族。于战国时代之后补写编纂的《逸周书·尝麦篇》中，有“命蚩尤宇于少皞，以临四方……”的记述，由此可知少皞是与蚩尤同时期，也是与黄帝同时期的人物。

据《春秋左氏传·昭公十七年》记载：“昔者黄帝氏以云纪，故为云师而云名，炎帝氏以火纪，故为火师而火名，共工氏以水纪，故为水师而水名，大皞氏以龙纪，故为龙师而龙名。吾高祖少皞，挚之立也，凤鸟适至，故纪于鸟，为鸟师而鸟名。”

同样是《春秋左氏传·昭公十七年》的记载：“若火作，其四国当之，在宋、卫、陈、郑乎。宋，大辰之虚也，陈，大皞之虚也，郑，祝融之虚也，皆火房也，星孛天汉，汉，水祥也，卫，颛顼之虚也，故为帝丘，其星为大水。”可见在春秋时代，就像鲁国以少皞为始祖一样，陈国以大皞、郑国以祝融、魏国以颛顼为先祖之神。

作为渭河流域和黄河中游地区的华夏系神话的边缘部分，大皞在今河南省东部淮阳附近，少皞在今山东省西部，值得注意的是，它们各以龙和鸟为象征。其形象很可能被用作了氏族的标志。

在另一方面，与这些先祖之神不同，在《山海经》中出现的是自然界的各种神灵。《山海经》由“大荒四经”四篇、“海内经”一篇、“五藏山经”五篇、“海外四经”四篇和“海内四经”四篇共五个部分组成。这些篇章的编撰时间大致可分为三个阶段，于战国时代至西汉初期依次编纂而成。

据陆思贤的观点,《山海经》中的神灵大致可分为三类：包括日神、月神、星神和云神在内的天神类；以地母神为主，包括山神、河神、水神在内的地神类；包括岁神、四方之神、四季之神、时间之神、风神、雨神、雷神、火神在内的天地神类。这些神灵属于天、地等自然界的方方面面，先秦时代（秦朝统一之前的时代）的人们称之为鬼神。这些鬼神的名称零星出现于《山海经》等文献中，而这些鬼神与史前时代至商周时代的神灵却很难加以对应。

京都大学名誉教授林巳奈夫从新石器时代的河姆渡文化和良渚文化的图像中解读出日神、火神和朱鸟，并论及商周时代的最高神“帝”即为青铜器图案中经常出现的饕餮。

林巳奈夫认为，饕餮的形象可上溯至新石器时代的太阳神，在史前时代的图像中也具有重要意义。另外，商周青铜器以各种各样的鬼神为图案铸造而成，这些神灵的形象来自各地原有的神，而商周时期之前的五帝时代即新石器时代也可见各种各样的图像，是当时的众神的体现。

可以想象，史前时代各地的众神被统合、淘汰或创造，并连接着商周时期的诸神，但是要想体系化地说明这个过程却有相当的难度。并且商周时期的众神极有可能是在受到统合、淘汰、创造之后，才通过战国时代至西汉时期的《山海经》流传下来。要想探寻史前时代众神的形象，就必须先把这些被经过多次扭曲和断裂的线团解开并重接之后才能将之复原。

神话与考古学

在史前世界，各区域各自存在着诸神

本书涉及的大部分时代都属于史前时代。这是文献史料中未曾留下历史记述的时代，即便史书记载涉及该时代，通常也被看作传说。

比如司马迁编纂《史记》的时候，《殷本纪》所涉及的年代早于司马迁生活的年代一千年以上，《夏本纪》以及《五帝本纪》的年代则更加久远。

这大概相当于现代历史学家编纂平安时代以前的历史。在《史记》成书的年代，上述历史已经被传说化，其真实性也变得暧昧模糊，很难加以确证。

神话可以从神话学的角度对其进行体系上和构造上的把握，分析神话中对自然现象的描绘、社会组织的表象、神话与利益的关系等等，可以解明神话的意义。然而留存于文献史料之中的神话多为不连贯的断片，并且包含着史料编纂者的理解及价值观，或反映着史料的局限性。很难断定其是否重视传达着神话本身的形态，因为史料非常有限。神话很可能传达着某种事实，但是对其是否具有历史意义则难以断定。

如前所述，神话有可能反映着记述神话的当时的时代价值观，有时是为了表述王朝和家系的正统性而产生。特别是后者，关于祖先神的记述尤其具有这种可能性。

另外，在西汉《史记》成书之时不曾出现的伏羲、女娲等“三皇”的记载，至唐代却补写了《三皇本纪》，这可看作是一个为顺应寻求自我认同的价值观而记述神话的事例。

从图像学的角度来看，西汉初期的图像中，女娲多单独出现，西汉中期以后，出现了伏羲与女娲的组合，至于两者交合的形象则出现于西汉末至东汉时期。

由此可知伏羲、女娲的人类再生神话以及开天辟地的盘古神话的普及是在汉代以后，出现这种世界观的必要性也是在汉代出现的。在此之前的世界观是否如此宏大则不得而知。

如果仅限于祖先神来看，也可能是为了证明周王朝的正统性而对这些神话进行了筛选。所以，五帝时代的世界观很可能局限于包括南方的一部分在内的渭河流域与黄河中游地区，它作为华夏系神话只是中国神话世界的一个部分。

与之相比，《山海经》等文献中记载的自然神则可能以更宽广的世界观为背景。但它们也是诞生于战国时代至西汉初期的中国世界观之中的鬼神形象。

上溯至商周时代等史前时代的鬼神多种多样，在各区域一定分别存在着当地的神灵。我们不应当只把眼光停留在留存于文献的华夏系神话来谈论史前世界。

只要历史学作为人文科学而存在，就必须以科学为依据，无法证明就无以谓之科学。于十九世纪上半叶成立的考古学作为一门学问，运用科学手法对以往暧昧模糊的时代进行分析。另外，对没有文献记载的时代所做的研究被称之为史前学。

本书所涉及的大部分内容正是属于考古学和史前学研究范围内的时代。那么，中国的考古学是如何起步而至今日的呢?下一章将首先对中国考古学的历史加以解读。

第二章

中国发掘物语

中国考古学的历史

现代历史学的黎明

中国也是王朝国家。对一个继承了王位正统的王朝而言，连接历代王朝的历史，为前代王朝修订正史成为传统。二十四史就是这样的正史。如前所述，最早的正史是西汉司马迁编纂的《史记》。

中国自汉代以来均以这些正史为中心的文献记载为依据，儒学家之间盛行以考据正史为主的训诂学。清朝末期，欧美列强的势力波及中国，清王朝被迫敞开了国门。正逢欧洲列强先后达成产业革命、争相扩大殖民地统治之时，在他们眼中，中国和印度等国被贴上了落后专制的标签。马克思主义历史观的所谓“亚细亚生产方式”的观点，即以当时亚洲专制国家的存在为背景，从亚洲的立场来看，这也是一种包含歧视的历史认识。

在这样的政治状况之下，1919 年中国爆发了众所周知的群众爱国运动——五四运动。这场运动直接起因于反对日本侵略政策的抗议活动，而在另一方面，五四运动也指在此之前就已开始的文化启蒙运动。这是一场以打倒旧式家族制度及儒教陈规、学习西欧近代思想的新文化运动。

乘着这场运动的潮流，历史学当然也不得不面临着向现代学问体系即科学体系发展的动向。其结果是，诞生了怀疑文献记载真实性的疑古派。

疑古派的代表首推创立了“古史辨”学派的学者顾颉刚。顾颉刚率先采用西欧现代科学的方法来解说历史，从此迎来了中国现代历史学的黎明。对《史记》中《夏本纪》和《殷本纪》记载的夏王朝和商王朝是否真实存在而产生疑问也是自然而然的事。

距今约一百年前的清朝末年，国子监祭酒王懿荣和他的食客刘铁云发现了甲骨文，这是近代历史学上的一大事件。其中罗振玉、王国维等沿袭清朝考证学传统的学者对甲骨文的解读尤具重要意义。

甲骨文中有“殷”字，成为殷商确实存在的证据之一。这可说是近代历史学上的一个重大成果。王国维还解明了甲骨文中商王的名字，并确定这些名字与历史记载的谱系基本一致。

但是要证实商王朝确实存在，必须以商朝遗址的发现为证据。当时龙骨还只是一种珍贵中药，于是人们开始寻找龙骨即甲骨文的出土之处。

清朝在日清战争中败北之后，加上义和团运动的打击，内忧外患，终于爆发了辛亥革命，清朝走向灭亡。新成立的中华民国政府为促进现代化而设立了中央研究院。中央研究院历史语言研究所第一任所长是傅斯年。

傅斯年得知甲骨出自河南省安阳小屯，立即任用刚刚从哈佛大学人类学系毕业的李济，组成了安阳考察队。

在此之前，受聘于中国政府，在地质研究所任职的瑞典人安特生（J. G. Andersson）注意到已在学会公开的龙齿，并于1926年在北京郊外周口店的石灰岩采石场发现了人类的化石。化石埋藏于五十万年前的地层，被命名为北京猿人。

当时，荷兰人杜布瓦（Dubois,E.）在印度尼西亚的爪哇岛发现了人类化石，他认为这是比属于古人的尼安德特人更早的猿人化石，但当时学界对猿人是否扩散至亚洲尚存疑问。北京猿人的发现更证实了杜布瓦的观点，说明早期猿人（南猿）在非洲出现后，经过进化的晚期猿人很早就已扩散至亚洲。对于至今仍在争论之中的人类进化的多系统学说，上述发现都成为极其重要的根据。

安特生于1921年在辽宁锦西沙锅屯遗址发现了彩陶。同年，又在河南渑池仰韶村发现了彩陶。这些彩陶类似于西亚的新石器时代彩陶，由此得以确证中国也存在过新石器时代。同时安特生极其重视中国彩陶与西亚的关系。他因此继续在甘肃考察，

9 仰韶文化船型彩陶壶

把在当地发现的彩陶命名为甘肃彩陶，并认为中国的彩陶源于西亚。

另外，1924 年法国传教士桑志华和德日进在内蒙古自治区赤峰市红山后遗址发现彩陶，1923 年桑志华在宁夏回族自治区武灵水洞沟发现了后期旧石器。

在丝绸之路一带，瑞典的地理学家斯文·赫定、英国的东方学家马克·斯坦因、法国的汉学家保罗·伯希和、日本的大谷光瑞等人进行了探险。敦煌文书被带到海外也是这个时期，即 1900—1920 年代。

被誉为现代考古学开拓者的滨田耕作的业绩

日本人开始前往中国大陆考察也是这个时期。以京都帝国大学的滨田耕作教授、东京帝国大学的原田淑人教授以及北京大学的马衡教授为中心组成的东亚考古学会于 1927 年开展了首次大陆考察，即在今辽宁省碧流河河口附近的貔子窝遗址开展的考察。

日本在日俄战争胜利后，在满洲即今中国东北部一带大举扩张势力，考古学者们也在这里正式开始发掘考察。

据说滨田耕作对 1911 年辛亥革命之后逃亡至日本的罗振玉

带来的殷墟出土文物格外重视，他最初期望的是对殷墟的考察。然而 1928 年中央研究院历史语言研究所开始了殷墟的发掘考察，所以滨田耕作不得不放弃了这个愿望。

其后，东亚考古学会的发掘开始以当时的满洲尤其是辽东半岛为中心展开，发掘对象主要包括牧羊城遗址、南山里的汉代遗址、营城子汉墓、羊头洼遗址等。另外，桑志华和德日进在赤峰发现的彩陶也引起了滨田耕作的兴趣。1935 年，他考察了内蒙古自治区赤峰市红山后遗址，确认了彩陶文化与青铜器时代两种文化的存在。红山后遗址的彩陶文化现在被认为是中国东北部的特殊的新石器文化即红山文化的标志性遗址。

滨田耕作的上述业绩作为与侵略行为相呼应的殖民地考古学，当然应该受到批判，但从另外一个角度来看，他可以算是该地区现代考古学的开拓者，而且在发掘考察后不久即印行了大量的发掘考察报告，其勤力治学的精神值得尊敬。这些考察是现代考古学开拓期的考察，虽然其中包括考察精度等方面存在一些问题，但是在发掘考察报告中所做出考古学基本评价，为今天的学术研究提供基础资料，其学术意义至今尚存。

其后，从太平洋战争开战前夕的 1941 年至 1942 年，由日本学术振兴会在辽东半岛进行了一系列史前时代的遗址考察，范围包括四平山积石冢、老铁山积石冢、文家屯贝冢、上马石贝冢等。随着第二次世界大战的结束，这些考察成为日本人在中国大陆考察的最后一幕。

殷墟发掘资料的受难史

再回到原来的话题。中央研究院历史语言研究所的第一任所长傅斯年尝试从科学的角度证明《史记·殷本纪》中所记载的殷商的存在。1928 年，他指派董作宾到据传出土了甲骨文的河南省安阳小屯进行先期调查。调查结果显示，小屯极可能就是殷墟的所在地。

傅斯年决定凭中国人自己的力量对殷墟进行正式的发掘考察。其后被誉为中国考古学之父的李济受命担任考察队长。李济曾在哈佛大学人类学系专攻现代考古学，他召集董作宾等年轻有为的学者组成考察队。成员包括郭宝钧、梁思永、吴金鼎、高去寻、石璋如、夏鼐等。殷墟的正式考察于 1929 年开始，除去 1930 年对山东省济南章丘市龙山镇城子崖遗址的考察之外，得以持续进行了共十五次，直到 1937 年中日战争爆发才被迫中断。

在此期间，于小屯发现了宗庙遗址及大量的甲骨文。于侯家庄发现了王陵及祭祀坑，考古调查取得卓著成果，并证明了安阳即殷墟所在地。发掘出土的大量珍贵文物从安阳搬运至历史语言研究所所在地南京。

1937 年爆发了中日战争，随着战事不断激化以及日占区的扩大，蒋介石领导的国民党政府迫于事态危急，不得不步步后退，最终退至重庆。

在这次撤退中，安阳殷墟的文物与故宫文物一起被撤离南京博物院，不得不随同历史语言研究所向湖南长沙、云南昆明、四川李庄等地转移。在此期间，研究所的学者们的研究得以勉强维持，但在殷墟发掘的文物却不能轻易打开。

这一时期成为甲骨文的受难期。中央研究院转移期间，关于出土甲骨的正式报告已接近出版阶段，然而因战争的影响，出版两度受挫。直到发掘考察之后约二十年，经第三次筹划才得以出版了正式的考察报告。受害的还不只是出版的延迟，作为《小屯》乙篇出版的H127坑出土的甲骨在发掘出土时形状完好，却因在战争中转移而受损，变成一堆无法复原的碎片，导致其资料价值大大降低。

1945年第二次世界大战结束后不久，在中国大陆，蒋介石领导的国民党军队与毛泽东领导的共产党军队开始了全面内战。以陕西延安为据点的共产党军队首先解放了中国东北部，占据有利形势，并逐步南下。国民党军队被共产党军队围困孤立，蒋介石在美国的帮助下仓皇逃往台湾，并在该地保住了残余势力。

这时故宫文物与殷墟文物被一同转移至台北。中研院历史语言研究所终于得以在台北南港安顿下来。现今故宫博物院分为北京与台北两地，原因即在于此。

中国共产党取得胜利，于1949年在北京宣布成立中华人民共和国。那些曾参加安阳考古调查的青年学者此时不得不面临人生道路的一大抉择。与历史语言研究所一道撤退至台湾的有傅斯年、李济、董作宾等人，留在中国大陆的则有郭宝钧、梁思永、夏鼐等人。李济后来成为台湾大学教授，致力于台湾大学人类学系的建设。张光直即毕业于此，他后来前往美国，成为哈佛大学教授，将中国考古学的研究成果发扬至国际学界。

另一方面，留在大陆的郭宝钧、梁思永、夏鼐等学者加入了中华人民共和国设立的中国社会科学院考古研究所，再度展开大陆的考古调查。安阳也在建国后不久的1950年再度开始时隔十三年之久的发掘考察，并获得武官村大墓和祭祀坑等发掘成果。1959年，在安阳开设了进行调查事务的工作站，长期派驻研究者在此进行发掘考察和研究。当今中国大陆的考古调查在新中国成立后不久，就以社会科学院考古研究所主导的形式获得了显著的成果。

1920年代至1930年代重要遗址的不断发现

早在建国前，本书将要论及的新石器时代的著名遗址就已经为尚处在草创期的中国考古学界所周知。其中之一即成为红山文化名称来由的红山后遗址。另外，1928年发现的山东省龙山镇城子崖遗址也由中央研究院历史语言研究所的吴金鼎等学者于1930年和1931年分两次进行了考古调查。城子崖遗址正是龙山文化的标志性遗址。饶有兴味的是，在城子崖遗址的这两次调查中发现的文物现收藏于台湾的“中央”研究院历史语言研究所。1936年，浙江省西湖博物馆的施昕更对浙江省杭州市余杭区良渚的六处黑陶文化遗址进行了试行发掘，这是以绚烂豪华的玉器文化闻名于世的良渚文化的最初发现。

如前所述，在 1920 年代，安特生发现了彩陶文化的遗址。其一是 1921 年发现的河南省渑池县的仰韶遗址。这里成为仰韶文化的标志性遗址。其二是由安特生发现的甘肃彩陶。如此看来，关于今天广为人知的各地新石器时代文化，均在第二次世界大战以前，仰韶文化、甘肃彩陶文化、红山文化、山东龙山文化、良渚文化等主要文化的标志性遗址都已得到发掘考察。

在这些文化当中，作为彩陶文化的仰韶文化和作为黑陶文化的龙山文化被认为是源于不同系统的民族，即有名的夷夏东西说。这是由傅斯年在当时提出的观点。然而仰韶文化与龙山文化的差异并非出于民族的差异，而是出于年代的差异。这个观点要等到建国后于 1959 年进行的河南省陕县庙底沟遗址发掘之后才得以明确证实。

中华人民共和国成立后，中国大陆各地的考察与发掘均由中国社会科学院考古研究所（当时称为中国科学院考古研究所）主持进行。该研究所成立于建国后不久的 1950 年。第一任所长是郑振铎，之后由尹达以及曾在英国学习近代考古学的夏鼐担任领导，苏秉琦、王仲殊、徐苹芳、安志敏等为其中佼佼者。

中华人民共和国成立后不久，即发现了除殷墟之外存在的商代中期遗址琉璃阁遗址。另外还在固围村遗址对三座战国时期的魏国墓葬进行了发掘考察。1954 年在洛阳设置了工作站，其后又设立了西安研究室和安阳工作站，长期持续地开展了有组织的考古调查。可以说所有这些考古调查呈现的是国家级工程的形态。

在另一方面，北京大学历史系考古学专业即后来的北京大学考古学系是培育年轻学者的基地。北京大学历史系考古学专业正式成立于1952年，负责人是苏秉琦、俞伟超、宿白、邹衡、严文明等。北京大学考古学系也与中国社会科学院考古研究所共同开展了一系列考古调查。就这样，以学术机关与教育机关为两轮，新生中国的考古学研究走向了发展之路。

仅就新石器时代的研究来看，在建国后不久的1954年，在中国社会科学院考古研究所的主导下进行了西安半坡遗址的考古调查，成功实现了对整个聚落的全面发掘考察。之后直到“文化大革命”前夕，北首岭遗址、安阳后岗遗址、山西省西阴村遗址、甘肃省临夏姬家川遗址等，在当今考古学史上意义重大的遗址都得到发掘考察。同样，北京大学的学者们也对成为中原陶器编年标准的洛阳王湾遗址，以及有着多人合葬墓的元君庙仰韶墓地等进行了发掘考察。

1966年至1971年间，“文化大革命”的浩劫在中国社会留下巨大创痕。此期间内，也是整个国家的社会机能趋于麻痹的空白期间。考古学研究也受到影响，研究被迫中断。该领域的主要学术杂志《考古》、《文物》及《考古学报》都被迫停刊。另外，考古学调查也不得不中断，但其间仍进行了如1968年西汉中山靖王刘胜与夫人窦绾的合葬墓即满城汉墓的发掘考察，以及1969年北京的元大都的发掘考察。

从群众运动转化为政治运动的“文化大革命”逐渐平息，自

1972 年起，各主要学术杂志也得以复刊。同年，殷墟及二里头遗址的发掘再度开始。在殷墟孝民屯遗址成功地保存了商代车马的完整形态。在二里头遗址，一号宫殿基址得到全面发掘，其全貌得以公之于世。此后考古学研究及发掘考察得以在全国全面恢复，考察与研究活动也日渐兴盛起来。

现代中国与发掘

各地相继诞生的文物考古研究所

随着“文化大革命”导致的社会逐渐平复，考古学研究再度恢复了活力。1972 年中国相继与美国和日本等资本主义国家恢复邦交，中国逐步开始对外开放。特别是 1978 年 12 月由邓小平主导的改革开放路线实施以后，伴随巨大的路线转变，中国的经济增长开始加速。

在此时期，与从前的以中国社会科学院考古研究所及北京大学为中心进行的发掘考察不同，各地博物馆及大学逐渐开始进行自主的考察研究。尤其是在八十年代，地方的文物考古研究所从博物馆独立出来，成为独自进行发掘考察的专门研究机关。

各地发掘考察的进展虽说始于七十年代后半期，其发展其实与改革开放路线同轨而行，到了八十年代初期，除了之前的三大学术杂志，各地也开始发行地方考古学的专业学术杂志。

1980年，陕西省的《考古与文物》、河南省的《中原文物》、湖北省的《江汉考古》分别创刊。1981年创刊的杂志则有黑龙江省的《黑龙江文物丛刊》(后改称为《北方文物》)、江西省的《农业考古》以及内蒙古自治区的《内蒙古文物考古》。

其后，至八十年代后半期，又有陕西省的《文博》、辽宁省的《辽海文物学刊》、河南省的《华夏考古》、江苏省的《东南文化》、江西省的《南方文物》、四川省的《四川文物》、新疆维吾尔自治区的《新疆文物》、河北省的《文物春秋》、山西省的《文物季刊》(后改称为《文物世界》)等。

随着各地出版活动的活跃，加上发掘考察报告迅速增多，之前极其有限的考古资料得以飞速增多。同时，以这些丰富的资料为背景的研究活动也日益深化，而且具备了在考察后把成果及资料尽早与其他学者分享的学术环境。自1990年代开始，在中国各地开始举办国际学术会议，上述活动得到更进一步充实。研究的新动向和新成果不仅对国内的学者，也对海外学者予以共享，从信息公开的意义上来看，这也可说是学术研究的一大进展。

1990年代，改革开放路线为中国的经济带来飞跃性发展。经济的发展一方面促进了中国各地的城市化，同时也在经济发达的沿海地区与工业化落后的内陆地区造成了经济上的差距。各省之间的经济差距又导致了预算的差距。

1970年代后半至1980年代期间在各地成立的考古研究所

和文物考古研究所也难免受到经济状况的影响。有享受着丰厚的考察研究费用的大城市的研究所，也有连少量考察费也难以负担的地方级研究所。经济差距自然也导致了各地考古学的研究进展的差距。

被认为是周王陵而轰动一时的周原的发掘考察

经济的发展还引发了急速的国土开发，对濒临破坏的遗址的紧急发掘也随之急剧增多。这也是当今考古调查的一个特征。这种事态使得考古资料数量大增，另一方面的现状是，越发旺盛的发掘考察报告等信息普及也引发了考古资料信息泛滥的现象。这与日本考古学所走过的道路相当类似，这些问题正日渐成为当前的课题。

中国当代社会正急剧变化，这种变化发生在城市，现代建筑使市容焕然一新，社会生活也随之改变。尤其是闹市区出现的快餐店，其景象与日本甚至美国并无二致，这也是近年来的变化之一。

朝着 IT 社会的转变日渐迅速，城区的网吧随处可见。然而遗迹参观考察所到之处的农村地区或荒野一如往年般寂静，令人难以想象这是同一国度的景象。这样的社会变化也对大学的机构组织带来影响。近似日本的所谓大学院大学（研究生院）的制度，中国也已开始采用。

例如北京大学的考古学系，相当于日本的考古学部。所设专业有：按时代划分的旧石器、新石器—商周、汉—唐专业，以及古文字、陶瓷器、博物馆学、考古科学等。其组织庞大，拥有师资三四十名。这般规模已是日本所没有的专业大型的考古学教育机构。1998 年，又新设为兼有文物保护与古代建筑专业的专业考古学教育机构北京大学考古文博院（又称中国文物博物馆学院）。

考古文博院在 1999 年和 2000 年又分别开设了古代文明研究中心和中国考古学研究中心。其作用类似于日本的文部科学省主导的 COE（Center of Excellence）制度，是为建成高级教育研究机构而设的制度，并享有特别预算。另外，吉林大学考古系也利用该制度申请并获准成立了吉林大学边疆考古学研究中心。开展边境地区的考古学及体质人类学研究，并积极举办国际学术研讨会。

另外，在 1996—2000 年，为科学断定夏商周年代而展开了夏商周三代断代工程，这是一项国家级工程。所谓夏商周三代，即中国最初的王朝夏朝、因殷墟甲骨文而得以确定的商朝以及灭亡商朝后建立了封建国家的周朝所存在的年代。

这三个朝代的历史均记载于《史记》，然而其年代只有西周的共和元年（前 841 年）以后的纪年得以确认。之前的年代只能以相对的年代关系来把握。

因此，关于商纣王灭于周武王的确切年代，人们只能从文献记录以及古代天文现象的关系来进行考证，进而总结各种观点得出公元前十一世纪左右这个年代。而年代更加久远的商朝的成立时期，或是商朝盘庚迁都的年代，还有传说中的王朝夏朝的成立年代等等，都还包裹于谜团之中，尚无决定性的证据来确定其年代。

为解决这些问题，就要综合考古学、历史学、天文学、文物科学的力量，以求得出最为接近实际年代。这就是夏商周三代断代工程。

作为这项研究计划的一环，学者们在周朝初期的都城周原进行了发掘考察，并获得了新的考察成果。2004 年，周原被认为很可能就是周王陵，这可算是该项研究的一个进展。但是目前对该处是否确实是周王陵尚无定论。在此之前周王陵一直不为人知，如果周原真的是周王陵所在地的话，这将是跨越三千年时间的伟大发现。周原王陵位于陕西省岐山县周公庙附近。今后的发掘考察值得期待。

夏商周三代断代工程是在中国在经济发展取得成效后，为加强民族意识，把古代中国定位为先进文明而进行的。就像汉代至唐代，都曾把炎帝、伏羲、女娲从传说中发掘出来，作为史实来进行考证一样，其目的在于确定本民族的祖先，肯定其先进性和文明性。同时这也是一种国家战略，为的是对中国文明作为领先世界的四大文明之一的事实从科学的角度加以证实。中国的大国意识，也鲜明地反映在当前的这种历史观之中。

战后日本与中国考古学界

自七十年代末起年轻学者到中国留学得以实现

如前所述，第二次世界大战以前，随着日本对中国的侵略，日本学者曾在以中国东北部为中心的地带直接参与了发掘考察。不知是幸还是不幸，这些考察活动为当地确立了正规的考古学调查的基础。日本学者们之所以在当时就对朝鲜半岛和中国大陆寄予关心，是因为流传至日本列岛的多种文化的源头都来自上述地区。就像欧洲社会为了到西亚寻求自身文明的源头，而在当地开展了殖民主义式的考察，我们不能否认，日本的考古学考察在当时也是站在政治支配的立场上进行的。

战后，日本学者被逐出大陆考察的领域，其后，五十年间无法进行在大陆的考察。在此期间，丧失了中国大陆这块考察田野的考古学者们不得不把目光转向距离大陆最近的对马、壹岐以及北海道东部的发掘考察。在中日邦交正常化之前，两国间的直接交往几乎是不可能的。《考古》、《文物》、《考古学报》等主要学术杂志成为在日本唯一可用的中国考古学基本资料。在这样的时代背景下，1957 年，经中国科学院邀请，以东京大学的原田淑人教授为团长，驹井和爱、水野清一等东京大学、京都大学的著名学者组成的代表团在战后首次访问了中国。代表团一行经香港由陆路进入广州，参观考察了南京、北京、敦煌、西安、洛阳等地，然后又经香港回到日本。在今天这样的迂回路线几乎是无法想象的。代表团成员们在访问中亲眼看到，新中国成立伊始，就已拥有充实的考古学资料，同时举国上下积极保护文物古迹的情景也令代表团成员感动不已。

代表团中最年轻的成员是冈崎敬，其次是樋口隆康，两人当时还是三十出头的青年。后来樋口隆康成为京都大学教授，冈崎敬成为九州大学教授，他们堪称战后日本中国考古学的带头人。对这些学者而言，日本的中国考古学虽然拥有战前的积累，但无法直接到当地考察并接触文物的情况无疑有一种隔靴搔痒般的遗憾。1972 年，中日邦交正常化，两国间的正式往来得以实现。然而当初学者的交流却并不容易。直到后来才逐渐可以直接接触中国的相关资料。

1978 年 12 月以后，中国转向改革开放路线，中日两国间的学者交流才如同大坝决堤一般活跃起来。1979 年，第一个日本考古学者获准到中国留学，其后每年都有年轻学者前往中国留学，得以直接学习中国考古学。

同时，八十年代中国开始实施改革开放路线之后，也迎来了各地大显身手的时代。各地诞生了以区域为单位的考古学学术杂志，研究资料的公开变得丰富且迅速。在日本，以中国考古学为专业的学生开始增多也是在这个时期。因为中国考古学不再是七十年代以前那种遥不可及的状态。我也是在这种形势下走入这个领域的学子之一。我于八十年代正式开始学习中国考古学，并前往中国留学，积累了一定的经验。在樋口隆康、冈崎敬两位前辈看来，形势的变化一定令他们有恍若隔世的感觉。

中日间学术交流于八十年代正式展开。而双方的交流得到更快速的发展则应该说是在 1991 年 2 月，考古涉外工作管理办法修订之后。由于这项办法的修订，在与中国学者共同研究的先决条件下，外国学者也可以获准在中国大地上参加发掘考察。这是邓小平的改革开放路线的一环。目的在于学习海外先进的考古学、科学保存的技术，以提高中国考古学的学术水平。接下来是我参与共同发掘的一些体会。

国际联合考察与共同发掘

日本与美国的共同发掘的不同点

中国迄今为止与海外学者进行的共同研究中，其对象国主要是美国和日本。中国与日本的联合发掘考察始于 1995 年。详情将在后文中加以说明。在此先把中日共同发掘的主要的遗址名列举如下。

新石器时代的遗址有：湖北省阴湘城遗址、江苏省草鞋山遗址、浙江省普安桥遗址、内蒙古自治区岱海遗址群、四川省宝墩遗址、湖南省城头山遗址等。商周时代的遗址则有属于二里岗文化的都城遗址，即河南省府城遗址。汉代以后的遗址有：新疆维吾尔自治区的交河故城城南区古坟群车师国时代墓，宁夏回族自治区的北周田弘墓，唐代史道洛墓，新疆维吾尔自治区尼雅遗址、陕西省汉长安城桂宫二号遗址等。

在与美国联合发掘考察中，新石器时代的遗址主要有：山东省两城镇遗址、江西省吊桶环遗址、仙人洞遗址。新石器时代至商周时代的遗址有：河南省商丘遗址群、四川省的中坝制盐遗址等。另外美国还积极参与了山东省两城镇遗址周边、河南省二里头地区、河南省安阳周边、山西省垣曲周边、内蒙古自治区赤峰地区等遗址的分布调查，并积极开展研究，利用计算机的地理信息系统实施了空间分析，从遗址分布的时代变迁入手，对区域历史的发展流向进行了大致调查。

由于美国的学术风格以及之前学术积累较之日本相对薄弱，与美国的共同调查通常不立刻开展发掘考察，而是从绵密的遗址分布调查开始，在充分把握调查成果之后，才开始进行发掘考察。很多时候甚至直接把考察重点置于初期的遗址分布调查。实际上，通过全面开展遗址分布调查，发现了大量不为人知的遗址，并且，从这些调查成果中得出了许多为前人所忽视的历史性的新观点。由此我们也认识到，这种绵密的调查在中国大陆是非常必要的。

在中国由于遗址分布已得到确认，使之成为被忽视的研究领域，然而对共存于东亚的日本学者，我认为这是一个必须的视点。

我参加的中日联合发掘考察有三处：湖北省阴湘城遗址、江苏省草鞋山遗址和内蒙古岱海遗址群。在阴湘城遗址，我们发掘了新石器时代的巨大城垣。在草鞋山遗址，我得以参加了东亚最古老的水田遗址的发掘工作。而在岱海遗址群，我们在气候变动显著的长城地区以时间为轴线明确了环境与遗址的关系。

参加上述联合发掘考察之前，我曾在自 1990 年起的三年时间里，体验了与辽宁省文物考古研究所的联合考察。这三年的考察是在外国人被许可参加发掘考察之前的事。所以，我接触的是遗址的测量调查、遗址参观以及文物调查等工作。但这是首次获得国家文物局正式许可的联合考察，为此，整个考察团队都深感自豪以及责任重大。日方考察团的团长是大手前大学的秋山进午教授，中方团长是当时辽宁省文化厅的副厅长郭大顺先生。

第一年度我们进行了测量调查的遗址包括：属于二里头文化并行期的夏家店下层文化城址的辽西凌源县城子山遗址、同为夏家店下层文化城址的阜新县南梁遗址。第二年度，我们测量调查的遗址有：位于辽东半岛，属于商代并行期的积石冢即大连市王山头积石冢。第三年度，我们对属于辽东支石墓墓地群的凤城县东山大石盖墓进行了测量调查。

中国考古学界的学者们似乎很少亲自使用测图板和照准仪（平面测量工具）进行简单的平面测量，也不太操作光波测距仪（total station）等测量器具。对我们所做的单调的调查，中方学者们看起来仍抱有一些怀疑。我还记得日方学者一边尽力说明遗址的测量工作对考古学者获取信息有何意义，一边在初冬凛冽的寒风中实施调查的情形。

10 使用光波测距仪进行实测的情形（内蒙古王墓山坡上遗址）对住居遗址的出土文物的三维位置进行精确到每一个点的记录

这些测量调查的意义详细记录在了共同发表的考察报告书中。我想，这些记录可以表明，即使不进行发掘，从基础的调查中也可以获取各种各样的信息。然而在另一方面，我们经过测量调查之后，从中获得的信息也促生了新的假说，进而想加以验证也是人之常情。望着我们测量过的遗址，我们不禁开始盼望能在该处设立考察区域，通过发掘来判明假说的真伪。

初次参加的共同发掘
阴湘城遗址的考察

1995年春，首次参加在中国的发掘考察终于得以实现，这是我一直以来期盼的机会。那是在湖北省荆州市阴湘城遗址的发掘考察。经福冈市主办的文化研讨会派遣，京都大学人文科学研究所的冈村秀典副教授已在前一年访问了该遗址，经过交涉，终于使发掘考察得以实现。这次发掘考察由福冈市文化研讨会主办，由福冈市教育委员会与湖北省江陵县博物馆共同参与。日方考察队的队长为冈村秀典，中方负责人由江陵县博物馆的副馆长新石器时代专家张绪球先生担任。

在中国进行联合考察和共同发掘时最常遇到的是住宿问题。

对我们而言，简易的住宿环境并不成为问题，然而中方把我们当客人招待，尽力为我们避免简陋的待遇。为了选择适当的住宿条件，住处大多选在宾馆酒店，但是遗址附近很少有这样的住处。毋宁说保存完好的遗址大多位于郊外，遗址与宾馆的距离往往较为遥远。这与欧美人在遗址附近搭帐篷住宿，以实用为优先的考察大不相同。我曾在俄罗斯远东地区经历过与俄罗斯学者的联合考察。在遗址附近搭建帐篷，在河水中洗澡可谓家常便饭。然而在中国这是不被容许的行为。也许因为事关治安和饮食的安全问题，所以难以实现。

中国学者们平时并不讲究饮食，在接待外国学者时，却一定要准备相当规格的饭菜。这也关系着中国人的面子。中国人时常意识到面子问题。我们面对各项交涉时，也不得不考虑到面子问题，这可说是外国考察的宿命，唯有入乡随俗。阴湘城的发掘考察之时，从我们的住处到遗址需要近一个小时车程外加四十分钟的步行才能抵达。1995 年夏天至 1997 年夏天在内蒙古岱海附近进行发掘考察时，我们住在工作站改装而成的住宿设施之中，即便如此，仍需在车上颠簸两个小时才能抵达考察现场。

在联合考察的过程中，对遗址和出土文物的记录方法，双方产生了分歧。日本人对这些问题的要求极为繁琐。或许是日本人的性格特征导致的不同，日本学者们觉得没有制成精确的图纸图面就不能算作正规的考察。

中方的调查采用的是沿用英国考古学传统的探方考察法。

首先以5米见方为一格挖掘探方，也就是说首先设置好坐标网格后再开始发掘。这样的探方呈网格状分布，网格状的探方间留有隔梁，隔梁对把握遗址的层位关系具有重要作用。这样的方法在日本也经常使用，但问题在于测量的基准坐标。即便是看上去规整如棋盘的探方，实际上只是依靠大致的丈量挖掘而成，当遗址位于倾斜地形之上，间隔距离即为斜线距离，虽然肉眼看不出误差，但实际测量后，往往达不到5米见方的规格。

11 探方发掘法 以5米见方为一个格，做网状发掘，隔梁用于观察地层

在以往的考察中，这些探方或网格被作为与实测用纸的网格同等的实测基准。然而如前所述，这其中存在着相当大的误差。在日本，这样的情况通常使用经纬仪或光波测距仪来进行实测，并用在地表设置基准桩的办法来确定精确的基准坐标。这样的作业方式对九十年代中期的中国考古学者们来说还很陌生，或者是因为拥有这类仪器的研究单位还不多。在辽宁省与中方共同实行测量调查时也是这样的情况，我们不得不从这种测量的意义以及以探方为基准产生的误差开始进行充分的说明。

阴湘城遗址是面积广大的新石器时代城址。我们在发掘考察之前在该处制作了精确的地形测量图，使土垒及其外侧的环壕的复原成为可能。

经济大发展与发掘考察的扩大

关于各处发掘考察的具体情况，与在日本的考察同样，我们遇到了各种各样的难题。令人忘却烦恼和疲劳的要数收工之后的餐食。各项考察为了节约经费，往往直接雇佣当地人为我们做饭。我们因此得以品尝到当地的家常风味。在阴湘城和草鞋山进行发掘考察的时候，主食的大米都是籼米。对于吃惯了粳米的日本人来说，应该说是并不合口味，但是用蒸笼现蒸出来的香喷喷的米饭实在非常可口。

中国各地的口味千差万别。较之草鞋山口味清淡的饭菜，阴湘城则多用辣椒作调料，味道偏辛辣，而内蒙古的菜式则有豪放的华北之风，总之各具特色。从食物素材来看，阴湘城位于长江流域，餐桌上常有河鱼的菜式。对那些遗址中发现的鱼的种类，之前只能从文献中得知。而今通过品尝当地的饮食，使我对那些鱼的形态有了直接的了解。

当然，我们在内蒙古也得到了羊肉的款待。从如何宰羊到羊肉的各种做法，我们都得到了学习的机会。与此同时，我们也目睹了考察地附近的居民生活习俗的差异。考察中通过与在当地临时雇用的老百姓的实际接触，我们得以了解他们的生活习惯以及日常生活的情形。另外，参观附近民居也使我们看到，阴湘城所在的长江中游地区与华北内蒙古在村落形态以及住房空间上也存在着相当大的差异。我想，这些差异上溯到史前时代，也是必然存在的。

从另一方面来看，草鞋山是位于大城市附近的近郊农村，近年迅速富裕起来，虽留有旧时水乡的遗韵，却让人切实感受到农村的巨大变化。对于农村留存下来的各种民俗，应加紧记录和采访调查。我作为一个外国人，也不禁为之感到焦虑。目前因为三峡大坝的建设，附近居民的迁移已经开始。全国各地的考古学者被集中到这里，展开紧急发掘考察，并对考古学资料进行记录，然而民俗调查却受到忽视。长年居住于此的居民们的风俗和生活习惯及技艺正急速转向荒废，令人不禁担心这些民俗资料没有留下任何记录就消失在时间的长河之中。

2000 年以后，中日联合考察逐渐转向低潮。若要开展联合考察，必须得到文物局（相当于日本的文化厅）的许可。以目前的状况，想要获得联合考察的许可，其难度较当初可说是增大了许多。其原因包含一定的政治因素，但主要是因为随着中国学者研究水准的提高，与外国共同开展研究本身也逐渐丧失了魅力。加之近年来中国经济的发展，相关领域已发展到了不需要寻求外国经济支援的阶段。

中国经济的发展在另一种意义上也为中国考古学界带来了巨大的激励。与日本的经济高度成长期类似，随着各地的开发不断加速，紧急发掘也急速增多，同时关于这类发掘成果的出版物也迅猛增加。以往那种不成熟的印刷技术也得到改善，带有大量豪华彩色图版的学术报告也变得毫不稀奇。而且价格昂贵，在现阶段想要收集所有的相关出版物，以学者个人的财力已难以负担。

在此情况之下，学问的发展引发了学问的细分化。像过去那样，把中国考古学笼统地看作外国考古学，对其进行网罗所有时代的体系研究，或是涵盖旧石器时代到历史时代，或是就贸易陶瓷展开全领域研究的时代已经走向尾声。而在中国国内，各地的研究交流还不够充分。能够横跨各地掌握整体资料的学者在中国仅限于极少数的学术权威。另外各地研究者的观点也存在分歧，各地之间甚至有就遗址、文物的年代久远及珍贵程度进行竞争的现象。

在这样的形势之下，作为一名外国考古学者，要想对史前时代进行通史性质并网罗全域的综合研究，是相当不容易的一件事。然而在这样的条件下，本书仍将对中国的史前时代做出综述。我也想凭着自己参加中日联合发掘考察的经验以及在实地对文物和遗址的观察，来执笔论述，而结果究竟如何呢?

在下一章，将探讨中国大陆农业社会如何诞生的问题。

第三章

农业的出现

人类的诞生与中国的旧石器时代

人类的非洲起源说与多元说

人类起源于非洲。人类出现的年代向来被认为是在地质年代的第四纪更新世。但是，根据现在的古地磁年代的层序划分等观点，学界多以170万年前为界，认为猿人（Homo erectus）出现以后相当于该地质年代。

而现今比猿人更早的南方古猿（Australopithecus 属）则可上溯至第四纪更新世以前的第三纪上新世，1990年代在埃塞俄比亚发现了始祖地猿的化石，使人类起源有可能追溯至500万年以前。能直立两足行走的猿人发明了石器。目前所知最古老的石器是发现于埃塞俄比亚哈达尔的250万年前的石器。

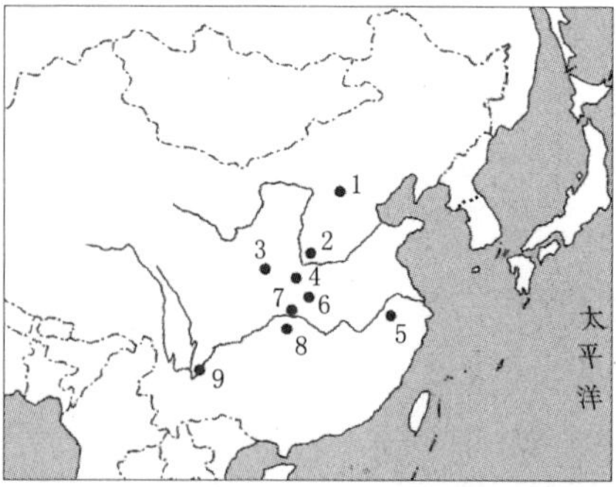

12 中国的前期旧石器时代遗址　1 泥河湾遗址群；2 西侯度；3 蓝田公王岭；4 龙牙洞；5 人字洞；6 郧县人；7 巫山龙骨坡；8 建始龙骨洞；9 元谋

关于人类最初离开非洲大陆向欧亚大陆扩散的年代，从以色列的乌贝蒂亚遗址的事例来看，大约是150万年前的事。与之相对，目前在中国发现了多处属于相当古老的地质年代的石器遗址。主要包括：安徽人字洞遗址，其年代为240万到200万年前；四川巫山龙骨坡遗址，其年代为215万到187万年前；云南元谋遗址，其年代为160万年前，或160万到110万年前；河北小长梁遗址（泥河湾遗址群的遗址之一）为187万到167万年前，或160万年前。另外，还有被认为是早更新世遗址的山西西侯度遗址、湖北建始的龙骨洞遗址、陕西蓝田公王岭遗址等。

问题是从这些遗址出土的石器是否能确认为真正的石器。关于人字洞遗址的石器的人为性曾因有可能被认定为自然石而受到质疑。这类问题与年代的确认等还需要凭科学依据进一步论证。如果除人字洞遗址的石器之外其他遗址的石器均为人工制造的石器，就说明从非洲向外扩散而来的人类从相当早期的阶段就已到达了东亚。

受到质疑的还有元谋出土的人类牙齿化石。被命名为元谋

13 周口店　北京猿人第一个头盖骨的发现场所

14 北京猿人头盖骨复原模型

15 北京猿人遗址博物馆

人的人类骨骼与北京猿人类似，但更为原始。元谋人作为东亚最古老的人类，经地磁年代测定后也受到怀疑。有学者认为，人骨化石的年代最远只能上溯到60万到50万年前，因此尚难以断定。但是在1984年的再度考察中，元谋人的出土层位的年代据古地磁年代测定，为距今187万到167万年之间。关于中国最古的石器和人类化石的年代，今后还需充分的科学论证。

日本考古学界曾因旧石器捏造问题[1]深受打击，由此中反省来看，中国的旧石器年代断定问题也应该进行充分的科学论证，而不是根据轻率的预见来展开讨论。问题是，如果这些材料可以信赖的话，学界向来的非洲起源说就产生了重新考证的可能性。人类多源说与现在的人种问题也有着直接关联，是一个必须慎重对待的问题，尚需期待学术的发展以及国际研究合作体制的确立。

与非洲早期的石器文化有着密切的联系

关于中国的旧石器时代研究，首先以华北为中心发现了旧石器时代遗址，其中最主要的是以北京猿人闻名于世的周口店遗址等。然而近二十年来，中国南部发现了越来越多的旧石器遗址，学界对中国旧石器时代的整体论述也随之发生根本变化，从一元走向多元。最具代表性的有北京大学王幼平教授的一系列研究。

中国南部的旧石器时代遗址之中，具有代表性的遗址有：陕西省南郑县的龙岗寺遗址以及广西的新州遗址。

龙岗寺遗址位于汉水上游的汉中盆地，是一处中更新世的遗址。因其位置在汉水上游，本书将其归入中国南方的遗址。

这些中国南方的遗址中出土的石器为砾石石器，其特征在于直接用砾石加工而成。也有用砾石的石片加工而成单面砍砸器和双面砍砸器，以及用加工砾石余下的石片制作的刮削器。另外还有利用以上石器对砾石进行全面加工后制成的手斧。

哈佛大学的莫维斯教授曾经指出，自非洲至欧洲以至印度都有石斧的分布，而该范围之外的东南亚以及东亚则分布有单面砍砸器和双面砍砸器，并据此得出两大文化圈的观点。他认为砾石石器的分布中心在非洲，而没有手斧分布的东南亚和东亚则为其周边地带。然而如前所述，这种因石器种类划分的分布圈上差异认识，从近年来的发掘实例来看，已经无法通用。

在非洲，随着早更新世到中更新世的推移，石器群也从典型的奥杜韦文化发展至发达的奥杜韦文化。这也可说是砾石器文化技术上的进步。如前所述，属于晚更新世的以色列的乌贝蒂亚遗址是人类从非洲向外扩散时留下的最早的遗址，其年代测定为140万到110万年前。而格鲁吉亚的德马尼斯遗址，也从150万年前的地层中发现了猿人的人骨化石和石器。

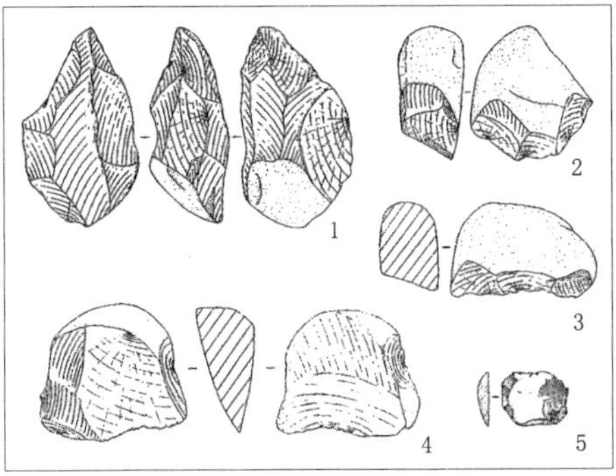

16 龙岗寺遗址出土的石器　1原手斧；2、3砍砸器；4、5刮削器

至少在150万年前左右，猿人就从非洲扩散到了欧亚大陆。并且在欧洲，还诞生了以受到非洲石器文化影响的手斧为特征的阿舍利文化。这是一种以非洲典型的奥杜韦文化为基础，产生于欧洲的砾石器文化。

关于近年发现的中国南部的中更新世的石器，王幼平教授将这些石器的种类组合与非洲及欧洲的中更新世以前的石器进行了比较。

王幼平教授在把中国南部的中更新世的石器与非洲、欧洲各地的石器比较后认为，与中国的这些石器种类和石器组合最为近似的是典型的奥杜韦文化。并且较之更晚阶段的非洲发达的奥杜韦文化以及欧洲的阿舍利文化，中国南部的石器文化更类似于早期阶段的奥杜韦文化。

在比较典型的奥杜韦文化与中国南部的石器文化后发现，两者的相似之处在于石器的组合比例，砍砸器所占比例均为百分之五十。另外两者均包括一种被称为原手斧的具有手斧原形的石器技术。

王幼平教授认为，在非洲诞生的人类以及人类发明的石器技术很可能早已扩散至东亚南部地带。或者说，中国南部的古石器群及古人类与非洲早期的石器文化有着紧密的联系。那么，后来的发展变化为何产生了差异呢？

因八千米高峰诞生而安定孤立的中国南部

在欧洲，石器文化历经了多种多样的发展变化。从以砾石石器著称的阿舍利文化，到旧石器时代中期的由尖状器等石片尖状器构成的莫斯特文化，再到旧石器文化后期的以石叶石器为特征的奥瑞纳文化，以双面加工的尖状器为特征的梭鲁特文化，以及以骨、角器为特征的马格德林文化等。

与之相对，在中国大陆南部，中更新世与晚更新世则没有出现太大变化，唯有时间缓慢流淌而过，原因在于喜马拉雅造山运动。第三纪上新世末期，青藏高原的海拔仅一千到两千米，到了第四纪更新世，喜马拉雅与青藏高原突然隆起，形成了与现今相当的海拔八千米的景观。这个变动在欧亚大陆上形成一道巨大屏障，欧亚大陆东部即东亚因此与欧洲大陆隔绝开来。

亚洲的屋脊喜马拉雅山脉及青藏高原阻挡了来自太平洋的湿润空气，给东亚带来了特殊的气候条件，即夏季湿润、冬季寒冷干燥的季风。其中中国南部的亚热带及热带的湿润气候环境在更新世期间，保持了相对稳定的持续。在这种孤立的地理环境中，也形成了安定的人类生活。可以想见，正是这种环境使得石器的制造技术没有产生太大的变迁。

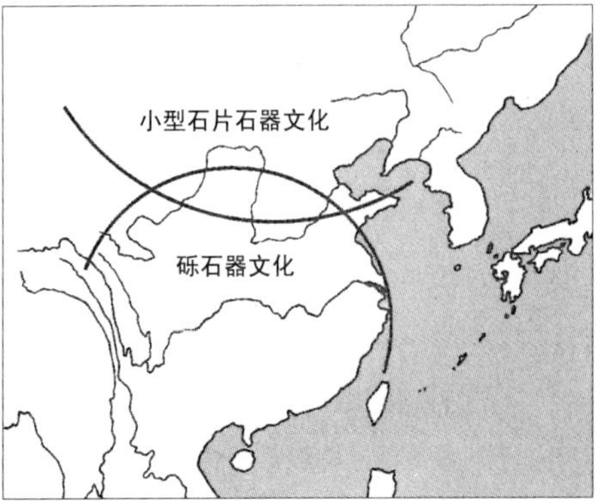

17 前、中期旧石器时代　小型石片石器文化与砾石器文化的境界地带位于华北

在中更新世的最温暖期，亚热带的湿润的森林带一直扩展至黄河中下游地区一带的华北地区，砾石石器分布的北限到达了黄河中游地区。可以说，从华南到长江中下游地区以至黄河中游地区一带都处于砾石器文化的范围之内。因为热带及亚热带的森林地带繁衍着丰富的植物资源，为这一带的人类提供了安定的食物来源，也使安定的砾石器文化得以长久持续。

另一方面，从华北北部到西北地区以至中国东北地区，形成了与砾石加工的砾石石器不同的用砾石石片制作的小型石片石器文化。这与华北南部至中国南部的石器显示出巨大的系统差异。华北北部与中更新世相关的小型石片石器经古地磁年代测定可知，其中的河北省小长梁、东谷坨、岑家湾等遗址的年代可以上溯至100万年以前。

这些遗址的石器的原料多为石英、石英岩、玛瑙等小型石材，有学者因此认为，小型石材正是制作小型石片石器的原因所在。

但是，华北向来被划分为两大系统，即大型石器的匼河—丁村系，以及小型石片石器的周口店第一地点——峙峪系。周口店第一地点即著名的北京猿人的发现地。大型石器的匼河—丁村系可以看作中国南部砾石石器的系统，小型石器的周口店第一地点峙峪系则多见于华北北部以北至东北部一带。

华北地区可以说是华北南部与华北北部的两个文化系统的交界地带。中国南部的砾石器文化以在亚热带气候条件下繁衍的丰富的植物资源如植物根茎、果实等为食物，石器应当时用于这类食物的获取和加工。

另一方面，华北北部以北属于温带气候，小型石片石器主要用于动物解体及猎捕。由此可见，该区的食物资源较中国南部地带更依赖于动物资源。

有趣的是，这些差异还反映着当地条件的差异。砾石器文化圈位于平原的开阔地带，而小型石片石器圈则多见于洞穴及岩石下方等山地的遗址，正是这种地势的差异导致了上述食物资源的不同。即使是在中国南部地区，从广西、贵州等西南部省区的砾石器文化来看，其石器种类的组合也有所不同。西南部的遗址立地与华北北部以北同样，多为山间的洞穴遗址。西南部的石器多以加工自砾石或石核的石片石器为主。可以想见，这也与山间的食物资源多以动物资源为主有关。

猛犸的祖先与非洲象是近缘

在考察华北石器时，还有一个值得注意的事实是，这些华北小型石片石器群后来都有急剧变化的倾向。亦即，在华北以北，石器加工技法和石器组合与中国南部相比，历经了从斜轴尖状器到刀形器再到细石叶的变化。这种变化与后期旧石器时代细石叶的变化一样，与包括欧洲和西亚在内的旧大陆有着共通的趋向。

在湖北郧县曲远河口发现了两件保存完好的人类头骨化石，被命名为郧县人。郧县人的头骨化石与哺乳动物群的化石及石器发现于同一地层。石器属于砾石石器群，是中国南方常见的石器群。同一地层内发现的动物化石群极其类似于著名的蓝田猿人的发现地、蓝田公王岭的出土化石群。出土的三个地层的年代经测定为 87 万至 83 万年前。关于这个年代与人骨化石的年代是否一致，尚需进一步讨论，但是大致的年代可知是早更新世后半期。另外，也有学者认为这些人骨化石处于从猿人向新人过渡的阶段。

有学者认为新人于 22 万年前在非洲诞生后向世界各地扩散，他们与现代人相同或者说是现代人的直系祖先。郧县人的发现因为向这种学说提供了反面论据而受到重视。这个发现说明猿人在各地分别诞生了新人。而且郧县人的形态特征也接近于现代亚洲人。

我们所属的蒙古利亚人种是如何诞生的？这个问题还需要从人类学的角度进行探讨，才能得出值得信赖的结论。然而人类多源说到现在尚未被遗忘，其重要的起源地之一位于中国大陆的可能性值得瞩目。

近年来，同类的人骨化石的出土事例在中国南部日益增多，饶有兴味的是，出土地点均位于砾石石器群的分布范围内。其中包括蓝田人、郧县人、和县人、南京人等，这些人骨化石与在周口店第一地点（以石片石器为主体）发现的北京猿人存在着形质特征上的差异。这无疑是一个非常重要的事实。

砾石器文化于旧石器时代前、中期出现在中国南部至华北北部的广大的河岸台地平原。间冰期亚热带气候北上至华北北部的时期，与该时期相呼应，大型石器的砾石器文化也扩散至北方。如前所述，在此时期，小型石片石器主要见于中国西南部至华北北部及东北部的石灰岩山地的洞窟遗址。这种文化形态的变化发生于最终冰期即约 3 万年前至旧石器时代后期的更新世末期。在这个阶段出现了细石叶文化。

细石叶技术是把石核剥离成多个一定形状的纵长细剥片，这种技术出现在欧亚大陆北部的阿尔泰山脉至贝加尔湖一带。在这种新技术诞生的背景之中，实际上此前就存在着巨大的变革因素。

乌拉尔山脉至今仍是欧亚大陆东西界线，山脉以东广布着茂密的森林地带即泰加森林，以西至欧洲则是广阔的平原地带。欧洲的中期旧石器文化即莫斯特文化拥有一种名为勒瓦娄哇技术的加工石叶剥片的特殊技术。用于加工石叶的石核不只是单纯的砾石，而是把石核的表面精心打制后加工而成。勒瓦娄哇技术后来发展到了可以制作大量形状规则的细石叶的水平。也就是说，这种技术也是欧洲至西亚的莫斯特文化向东方扩展，越过乌拉尔山脉到达阿尔泰山脉的一大因素。

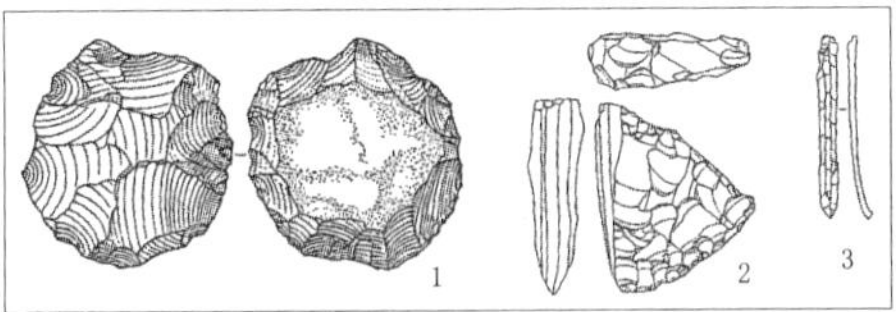

18 勒瓦娄哇技术与细石叶技术 1为西亚至欧洲一带的中期旧石器时代所见勒瓦娄哇石核；2、3为后期旧石器时代西伯利亚、远东、日本列岛、华北所见细石核与细石叶

还有一个值得深思的事实。在最终冰期，猛犸的祖先广布于西伯利亚到远东以至北海道一带，而猛犸的祖先与非洲象非常近似。人们从遗留在西伯利亚的永久冻土中的猛犸的肌肉组织中成功地抽取了它的DNA，最新研究结果表明：猛犸的DNA较之亚洲象的DNA，更接近于非洲象。可以想见，猛犸是从非洲北上至欧洲的非洲象在寒冷地带适应环境之后诞生的。它应该是在欧亚大陆北方几经迂回之后才开始向各处扩散。那些继承莫斯特文化的人们也许是追寻着猛犸的踪迹踏上了向东的旅途。正是这个扩散的过程使西伯利亚诞生了细石叶技术，并成为使这种技术扩展至华北、远东以至日本列岛的契机。

位于西伯利亚东部，属旧石器时代后期的马耳他遗址，发现了以维纳斯像著称的女性雕像。同一时期，东欧捷克的下维斯特尼采遗址的女性土偶广为人知。也许与细石叶文化一样，女性像也一同向西伯利亚扩展，直至日本列岛，继而成为日本绳文时代土偶的原型。

到达华北的细石叶文化取代小型石片石器而盛行。在这种趋势的影响下，在南至长江中游地区的华中一带地区，中国南部的

19 后期旧石器时代　细石叶文化与砾石器文化的中间地带出现了小型石片石器

砾石器文化也向着小型石片石器变化。而延续砾石器文化的地区目前可知的只有南岭山脉以南的华南地区。这种动向的背景之一是最终冰期的急剧寒冷化导致的生态系统变化。同时，这种动向也可理解为来自西伯利亚的新文化南下的影响。相对于一直以来处在喜马拉雅山脉和青藏高原围绕的安定环境之下的砾石器文化圈，华北南部以及华中地区的位置可以说是正好处在来自北方的细石叶文化圈和向来存在的砾石器文化圈的交界地带。实际上这一带正是在更新世末期到全新世过渡期即最终冰期告终时诞生了栽培作物的地带。

从旧石器时代进入新石器时代

定居确立之后产生了农业

在地质学上，最终冰期结束后气候转向温暖化的时代被看作是从第四纪的更新世向全新世过渡的阶段。时间相当于一万三千年前。这个时期的气候变动十分激烈，也是向着我们今天所处的地形和气候环境变动的阶段。在这个时期，旧石器时代后期所见的两大石器技术系统圈发生了变异。见于中国南部的砾石石器系统在最终冰期的冷温化中分布领域缩小至南岭山脉以南的华南。华北和华中则分别向着细石叶群和小型石片石器群转变。

在属于旧石器时代后期的华北山西省沁水县下川遗址，与细石叶一同被发现的还有研磨盘，由此可知旧石器时代的人们不但进行狩猎，而且已经懂得把橡子等坚果类果实制成粉末食用。旧石器时代后期，除华北以外，在以日本列岛中部为中心的地区也发现了用于坚果类制粉工具的研磨盘。这些研磨盘出现于刀形器阶段的多处遗址。

这类石器的出现应当是处于人类在气候变动的环境下开始寻求获取新食物方法的阶段。也就是说，在最终冰期的寒冷期，在尚未草原化的广阔的森林地带可采集坚果类果实，于是这些地区的人们转而采用了果实采集这种获取食物的方法。

那么这种变化是否也发生在中国南部呢？例如中国西南部的贵州省猫猫洞遗址，这里以旧石器时代后期的小型石片石器为主，但也有的石器类似于日本绳文时代常见的那种用于砸击坚果壳的石锤。当地研究者认为这是用来制作石器的砸击石锤。另外，在属于华南的旧石器时代末期的广西柳州市白莲洞遗址后期层中，也发现了类似于坚果类粉末加工用具的石器。当地研究者认为是研磨用具和穿孔用具的石器分别类似于研磨盘和石锤。由此可见，在旧石器时代后期阶段的中国南部，随着气候转寒，人们的食物资源很可能也由坚果类代替了根茎类和果实类。

然而从旧石器时代向新石器时代的转换是与更新世向全新世的转换相对应的时代划分，也是繁衍于更新世的猛犸、纳玛象、大角鹿等大型动物灭绝的时期。这些大型动物的灭绝也显示了人类狩猎对象的转换，作为人类狩猎对象的动物群从此转向了小型动物。

定义新石器时代的首要因素曾经是磨制石器的出现。首先提出这个定义的是十九世纪的英国学者J. 卢伯克。这是针对西亚及欧洲的史前学得出的定义，同一基准未必就能适用于全世界。例如局部磨制的石斧在日本列岛显然出现于被划分为旧石器时代的时期。

另外，关于新石器时代的历史时期划分，英国考古学者戈登·柴尔德更加重视农业的出现。农业的出现为人们提供了安定的食物来源，过去那种为追逐猎物而四处迁徙的生活得以转向定居生活。

柴尔德认为农业是人类进化史上的一大里程碑，他把农业的成立称之为“新石器革命”。说到农业，我们会自然而然地想到进步，想到农业一定是超越了狩猎采集的进化阶段。但实际上是否如此呢？

定居生活确实为女性提供了安定的育儿期，为此，生理学上的妊娠间隔较之迁徙生活时期有所短缩。女性妊娠间隔的短缩意味着一个女性一生中生育次数的增多。人口因之激增，社会群体的规模也随之出现了变化。

然而如果说农业与定居共为一体，则不能一言以蔽之。日本列岛的绳文社会很早就完成了定居化，然而在定居化阶段却还没有农业。可以想见，是橡实、栗子等丰富的植物资源使定居生活成为可能。如同鸡生蛋还是蛋生鸡的争论，当今的学界尚有不同观点，但是认为农业诞生于定居生活确立之后的观点正日益受到支持。

在中国大陆，虽然最终冰期的气候转向寒冷，人类为适应新的生态环境，也把获得坚果类植物资源纳入了生存方式之中。最迟在旧石器时代后期即将结束的阶段即细石叶文化的阶段，华北一带无疑已将坚果类采集作为狩猎以外的食物来源。

随着最终冰期的结束，由于气候温暖化的影响，之前作为狩猎对象的大型动物也随之灭绝。人们的狩猎对象转向了小型动物。这必然导致追逐猎物的狩猎范围的缩小，并且人们一定是把活动范围转移到了广布着坚果类树木的低地森林地带。或者说，人们为了把植物资源作为主要的食物来源，获得食物的方法逐渐发生变化，活动范围逐渐缩小，从而顺利完成了向定居社会的转变。

作为烹煮用具的陶器出现

日本列岛也开始有一些旧石器时代末期以后的居住遗址出土，同时出现的还有陶器。

陶器本身并不一定意味着社会的定居化。也有假说认为，要使坚果除去涩味就必须将其进行烹煮，陶器就是出于这种需要而诞生的。在从更新世到全新世的过渡期，东亚出现了陶器。

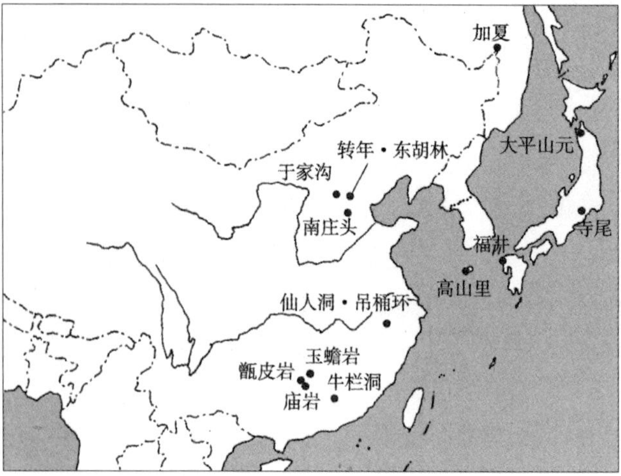

20 东亚陶器出现期的遗址　自更新世末至完新世，东亚各地出现了陶器

也就是说，人们从此前的动物类食物为主的阶段到达了以植物类及鱼类贝类食物为主的阶段，在此阶段东亚一齐出现了作为烹煮用具的陶器。

在日本列岛，以陶器的出现象征着绳纹时代的开始。日本曾因被认为是世界上最早出现陶器的地方而受到瞩目。但是从目前的实例来看，该过渡期内出现陶器的并不仅限于日本列岛。从东西伯利亚的沿海地区到华北、华中、华南的广大地区都发现了距今一万年以上的陶器。目前已知的有：位于西伯利亚滨海边疆区的加夏（Gasya）遗址、华北的河北省徐水县南庄头遗址、华中的江西省仙人洞遗址及吊桶环遗址、湖南省道县玉蟾岩遗址、华南的广西桂林甑皮岩遗址等。在整个东亚，陶器出现在自更新世转向全新世的过渡期。

通过上述发现可以认为，陶器的出现很可能对应着人类越来越依存于利用某种植物资源或鱼类贝类的状况。另外，陶器出现于如此早期的阶段也是仅限于东亚的一个特色。

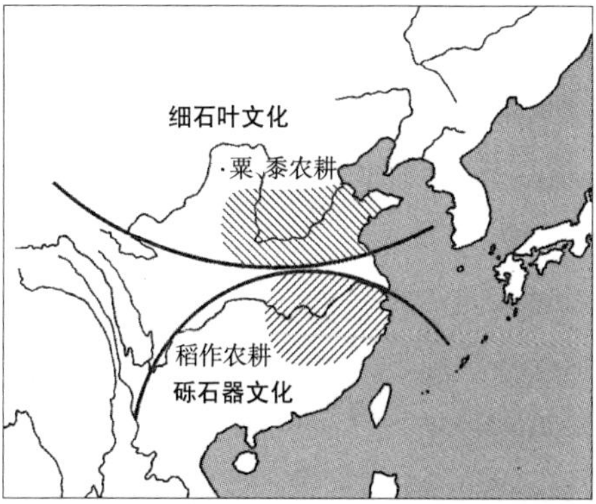

21 农业出现地与细石叶文化、砾石器文化　两者分布相接的地区为从华北南部到华北北部的地带（斜线部分为农业出现地。分为粟、黍农业和稻作农业地带）

在最早诞生农业的西亚，在农业出现了很长时期之后的公元前六千年左右，才出现了陶器。在此之前，用雪花石膏制作的石制容器较为发达，因为石制容器以及藤篮类容器就是有用的贮存用具。另外，用作烹煮的陶器当初并未得到重视。这一点在显示人类历史多样性的同时，更让我们注意到，陶器的出现是东亚的一个共同趋势。上述背景之下，中国大陆开始了“栽培”这种新的植物的生产方式。

更值得注意的是，如同旧石器时代中国南部与华北在石器制作技术上的差异延续下来一般，在华北与华中，农业社会开始以后，栽培作物的种类也存在显著的差异，即华北的粟、黍和华中的水稻。当然这也反映着栽培谷物出现之前生态系统的差异。在华北应该生长着相当于栽培产生之前的粟、黍的祖先的野生品种，而在华中也曾生长着栽培水稻的祖先即野生稻。接下来，关于向着定居社会的转变和栽培作物的成立，将分别论及华北的粟、黍和华中的水稻。

粟、黍农业的开始

粟、黍的栽培化过程至今不明

说到华北的初期农作物，粟、黍广为人知。实际上，粟、黍在华北走向栽培化的过程尚不明了。粟实细小呈圆粒状，黍实的颗粒较大。粟的野生种一般认为是狗尾草。关于黍的野生种却至今不明。因为这个原因，从野生种到栽培种的变迁过程也难以判明。另外，从出土事例来看，粟多见于黄河中游地区至黄河下游地区，黍多见于黄河上游地区及辽宁省。可见从生态上来看，黍更适应气候趋于干燥冷凉的黄土丘陵地带。可以说粟、黍都是适应华北的碱性土壤以及半干燥气候的栽培谷物。

栽培化的粟和黍主要发现于新石器时代前期的河北省磁山遗址、河南省裴李岗遗址以及甘肃省秦安县大地湾遗址。这些事例最古可上溯至公元前六千年左右。没有更早的事例，是因为年代更古老的新石器时代早期遗址尚未被发现。公元前八千年左右的河北省徐水县南庄头遗址是华北最早的陶器出土例之一，在这处遗址的第六层，经孢粉分析，可知遗址周边的禾本科植物处于优越的环境之下，但却未能发现栽培作物。从同一地层还出土了用于制粉的磨盘和磨棒。这些石器在华北新石器时代前期较为常见，是与粟、黍农业文化相随的产物。从农业石器的存在推断出农业存在的可能性，这是在中国考古学界一般化的推论，然而这是一个缺乏可靠性的论述。

另外，从同一地层中还出土了猪骨。如果是猪的话，就说明当时已有家畜的存在，已出现农业的可能性就更大，但是这是已家畜化的猪还是尚在野生阶段的野猪，还需从骨骼的形态分析来加以论证。

现在中国与日本在某些汉字的字义上存在着差异，“猪”字就是其中之一。中国人看到“猪”字，即会想到家猪，而日本人想到的却是野猪。在中国，十二生肖中猪的形象是家猪，在日本则是野猪。中文以家猪和野猪的名称来区分两者[2]。问题是要判断这个时期的骨骼是野猪还是家猪，就必须根据骨骼和牙齿的形态分析结果来得出结论。因为畜养会使野猪的体形明显变小，其身体各部位的骨骼形状都会有所变化。尤其是牙齿的形态显著变小。因为经人类畜养的猪，其食物受到限制，从而导致了猪齿的退化。相关的具体事例将在第七章加以详述。关于南庄头六层的动物骨是否属于家畜的判断因为尚无实物材料的证实，现阶段很难得出论断。中国社会科学院考古研究所的袁靖先生是一位动物考古学者，他认为南庄头出土的猪骨尚无明确的实物根据，所以应该将其看作野生阶段的猪。关于农业的存在，我认为目前应采取慎重态度。

发现可贮藏粟谷五万吨以上的灰坑群

从农业的意义上来看，磨盘与磨棒的存在尤其耐人寻味。如前所述，早在旧石器时代后期阶段，在下川遗址就出现了研磨盘。南庄头六层阶段出现的磨盘、磨棒即可看作像研磨盘这类食物加工用具发展而来的形态。

磨棒是一种棒状的石制品，其特征在于只有一个单面因研磨而受到磨损。谷物磨粉时通常是握住磨棒两端在磨盘上用力来回研磨，而且使用时受到磨损的部分肯定只是一面。

从南庄头六层有磨棒存在的情况来看，这种工具与其说是研磨橡实等坚果类的制粉工具，倒不如把它看作谷物的制粉工具。即便如此，研磨的谷物也不一定就是栽培种。即使是野生种也可以使用制粉用具进行加工。不能因为磨盘、磨棒的存在就得出栽培农业已经开始的结论。总之，在南庄头六层的阶段，禾本科植物多见于遗址周边，很可能当时的人们已把某种谷物当作食物来源。

如前所述，确实属于新石器时代前期的粟的出土事例见于河北省武安县磁山遗址。这里发现了大量用于贮藏粟谷的窖穴。

磁山遗址的窖穴是平面呈圆角长方形竖穴土坑，在 88 处土坑中确认到了贮藏粟谷的痕迹。经中国历史博物馆（现中国国家博物馆）的佟伟华先生的复原，可推算出这里曾经贮存过五万吨以上的粟谷。该处遗址共跨越两个时期，由于对出土窖穴是否属于同一时期的看法不同，复原的结果也因此产生相当大的分歧。

因此认为曾经贮藏五万吨粟谷的推测结果或许有夸大之嫌，但可以肯定的是，在新石器时代前期这里已存在相当数量的粟谷贮藏。

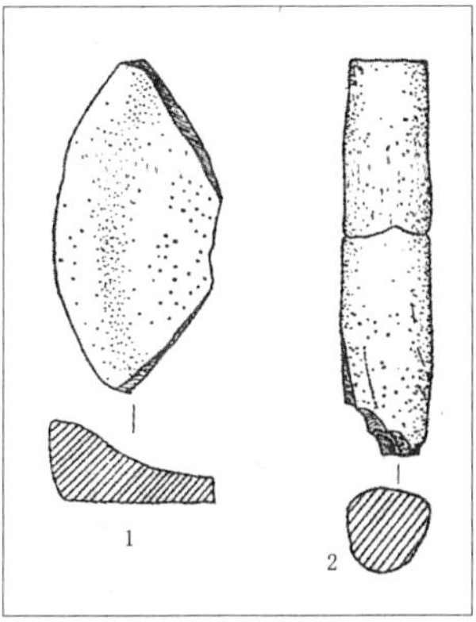

22 南庄头遗址出土的磨盘、磨棒
1 磨盘；2 磨棒

这些窖穴说明当时的社会状况已转向了相当成熟的农业社会，而非农业出现后不久的时期。那么很显然在之前的新石器时代前期就已经存在粟、黍农业。包括前述南庄头六层，农业在华北的出现可上溯至哪个阶段，这依然还是一个谜。

如前所述，华北史前社会的农业为粟和黍。读者或许会因此认为小麦等麦类作物也同时存在，因为现今华北的主食如馒头、饺子和拉面等多以小麦为原料。出人意料的是，小麦等麦类作物的出土事例只存在于较晚的阶段。在华北并不存在小麦的野生种，我们不得不把小麦看作是一种来自其他区域的作物。

在山东省兖州西吴寺遗址以及陕西省武功县赵家来遗址，虽未发现小麦子实，仍有学者指出龙山时代已有小麦的可能性。在甘肃省民乐县东灰山遗址，出土了属于四坝文化的小麦和大麦子实。四坝文化并行于中原地区的二里头文化，年代较龙山文化处于更晚的阶段。

直到最近，在属于山东龙山文化的山东省茌平县教场铺遗址以及日照市两城镇遗址，将发掘的土壤经过浮选，从中发现了炭化小麦。据此得以明确了华北自龙山时代已有小麦的事实。

稻作农业的起源

被否定的瓦维洛夫学说与小麦的新起源地

“水稻的栽培始于何地？”关于这个疑问，过去主要以农学家及生物学者为中心展开讨论。近二十年来，开始有考古学者对这个问题提出见解。

一直以来，说到栽培起源，要数俄国科学家瓦维洛夫的理论最受瞩目。瓦维洛夫对世界各地目前的栽培作物进行了广泛调查，并提出一个假说，即栽培作物的种类最丰富的区域才是栽培作物的起源地。这个假说被称为“变异多样性中心说”。

例如在埃塞俄比亚高原发现了多种古代小麦，种类的多样性正是长久以来人们的经验和选择的结果，因此认为埃塞俄比亚高原是小麦的起源地。培育谷物的时间越长，对其的利用开发也越发达，从而诞生出多样的品种。所以拥有某种谷物多样品种的区域很可能就是该种谷物栽培的起源地。

根据这个假说，瓦维洛夫认为世界上有七个栽培起源中心地。东亚是其中之一。

东亚的栽培作物首推水稻。水稻主要有长粒的籼稻和短粒的粳稻两大类。这是广为人知的稻谷的两大分类。

人们通常认为这是以子实的形态为基准而做出的分类。九州大学的加藤茂苞教授则认为，当初种类基准也包括叶、根等多种属性，子实的形态只是这些基准属性之一而已。而当今我们已经判明的一点是，子实的形态与遗传形质的分类并不一致，这个问题将在后文详述。这种不一致给后来的研究带来了许多混乱。

然而也有学者似乎依然尊崇瓦维洛夫的理论，认为拥有多种水稻品种的地域才是水稻的起源地。京都大学的渡部忠世教授等学者着眼于东南亚至云南、西藏一代的古代寺院所用的泥砖，对泥砖中掺杂的稻谷壳进行了分析，结果表明，云南至印度东北部的阿萨姆一带存在着多种多样的稻谷品种，从而断定该地域就是水稻的起源地。

瓦维洛夫理论似乎很有说服力，但是在 1960 年代，芝加哥大学的罗伯特·布雷德伍德教授等学者把地质学、孢粉学、植物学、动物生态学等各领域的专家组织起来，在西亚开展了跨越学科的发掘考察。他们从出土物中发现了具有栽培谷物的形态特征的实物资料。把发掘出的土壤经过仔细地浮选之后，从中发现了食物等自然遗物，然后通过对这些自然遗物进行科学分析以寻求答案。

从这个时期开始，学界开始采用“碳十四年代测定法”这种理化学的年代测定方法。在此之前，考古学研究只能判定相对的年代，而“碳十四年代测定法”能够给出确切的年代，这种测定方法因此成为考古学的最大武器。学者们在西亚进行了跨学科的精密发掘考察之后，取得了丰硕成果。他们发现，在大约一万三千年前的以色列累范特南部一带，在温暖湿润的气候条件下生长着野生大麦、野生二粒种小麦以及野生一粒种小麦。他们还明确指出，在从一万三千年至九千六百年前，即被称之为先陶器新石器时代 A 期的阶段，在累范特一带最早出现了栽培谷物。就这样，考古学的实证研究成果推翻了瓦维洛夫的学说。

在东亚，自二十年前开始，也发生了同样的现象。长江上游地区的云南以及印度阿萨姆一带曾一直被认为是水稻的起源地。随着中国的发掘考察的进展，学者们并未在长江上游地区的云南一带发现水稻存在于古老阶段的证据，反而在长江下游地区和中游地区找到了年代久远的水稻。首先在长江下游地区的浙江省余姚市河姆渡遗址发现了大量稻壳，其年代为公元前五千年左右。后来又在浙江省桐乡市罗家角遗址发现了年代大致相同的公元前五千年前的炭化米。这些发现作为栽培稻的证据受到世人瞩目。

运用植硅体分析解明稻作的起源

其后，北京大学的严文明教授根据这些在发掘考察得到确证的栽培稻的年代，对其起源地进行了推定。他把在各地发现的栽培稻的最古事例标注在地图上后发现，最古老的水稻出现于长江下游地区和中游地区，然后才从这一带逐渐波及周边地区。

严文明教授还提出了一个关于栽培稻的假说。他认为，从根据文献等复原的野生稻分布上来看，野生稻的北限位于淮河以南，而正是在野生稻的生长界限地带，人们开始了水稻栽培。在野生稻分布的边缘地带，其收获量较低，这一地带的人们为了在有限的生态环境下生存而出现了适应现象，即通过栽培水稻来确保收获量。这个假说发表于 1980 年代初期。

现在这个假说得到了进一步证实。长江中游地区出土的栽培稻的年代越来越早。其中之一是发现于代表着彭头山文化的湖南省澧县彭头山遗址。这里出土的陶器坯土中发现了炭化稻。由于陶器的烧制温度较低，制作陶器时掺入的稻壳炭化后得以留存。其碳十四年代的树木年轮校正值为公元前 6990 年（未校正值 BP7795±90）。由此可以断定，栽培稻早在公元前 7000 年前就已存在。（BP7795±90 =距今 7795±90 年。BP：before the present）

更值得注意的，是在中国东南部的江西省中美进行联合发掘考察的仙人洞遗址和吊桶环遗址。这两处均为洞穴遗址，对遗址中的人工遗物和自然遗物的变化可以开展多层位的考察。并且，该地区以出土了最古老的陶器而广为人知。

在这次发掘考察中，学者们以层位为单位对稻谷进行了植硅体分析。所谓植硅体，即稻谷的机动细胞（motor cell）内的植物硅酸体。稻谷的叶脉等部分含有硅质，许多读者一定有过被稻叶划伤手指的经历，这正是因为稻叶含有植物硅酸体。因植物种类不同，硅质的植物硅酸体也呈现不同的形态，因此可以加以区分。人们利用植硅体的这种形态差异，来确定稻谷的存在。

在这次考察中，学者们还在栽培稻和野生稻的植硅体形态差异可以确认的前提之下，试图弄清野生稻向栽培稻变化的过程。然而关于这种根据植硅体来区分野生稻与栽培稻的方法，许多日本学者仍持怀疑态度。

这项考察的具体成果如下：

首先是根据吊桶环遗址的层位区分，明确判明其年代自G层向B层逐渐递减。在属于全新世初始期的G层（BP12000—11000），据植硅体分析知其为野生稻存在的阶段。而在F层（BP11000—10000）却没有发现稻谷的植硅体。E层（BP10000—9000）是陶器出现的阶段。经植硅体分析，可知这也是栽培稻随同野生稻出现的阶段。在D层（约BP8000），植硅体分析显示，栽培稻明显多于野生稻，由此可以想见原始农业也始于此阶段。在C层（约BP7000），栽培稻的植硅体进一步增多。并且对人骨的同位素分析显示稻谷确实是该阶段的食物源。

这些证据表明C层阶段是初期稻作农业社会的开始阶段。另外这个阶段相当于彭头山文化时期。

以上研究成果之中关于各层位的实际年代的问题，在参与共同研究的中美学者之间还存在着年代观的分歧。以上说明均以中国社会科学院考古研究所的赵志军先生的观点为准（他支持的是新的年代观）。关于实际年代的问题以及野生稻和栽培稻是否能以植硅体进行区分的问题在今后还有可能发生各种各样的争论，但是如果目前的研究成果确实可信的话，就说明至少在1

万年前，人类就利用野生稻培育了栽培稻。

吊桶环遗址发现之后，又出现更加古老的稻谷的事例。这就是湖南省道县玉蟾岩遗址。这里也是一处可进行多层位区分的洞穴遗址。在这里还发现了中国大陆最古老的陶器。陶器形状为圜底深钵形，其年代经碳十四年代测定为一万三千年前。从同一层中还发现了炭化米，多数专家认为其形态显示出从野生稻向栽培稻过渡时期的特征。

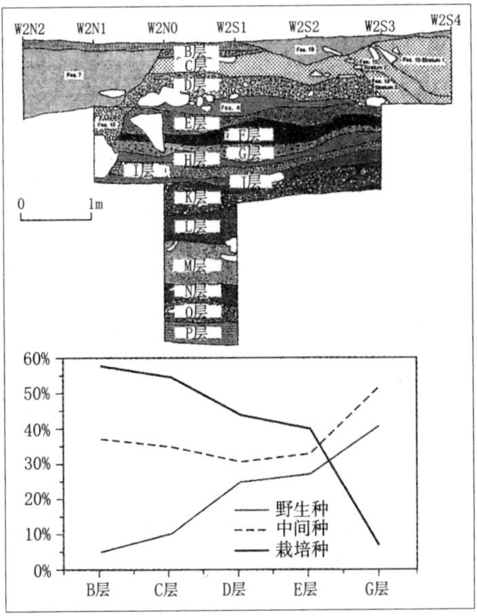

23 吊桶环遗址的层与野生稻、栽培稻比率　上图为层位断面图，下图为各层位中野生种与栽培种的植硅体比率

同样，在江西省鄱阳湖进行的钻探调查中，人们采集土壤样本进行了分析，并在距今12830年前的堆积层内发现了稻谷的植硅体。然而目前还不能区分这是野生稻还是栽培稻。

如前所述，野生稻还是栽培稻的问题虽尚未明确，但可以确定的是，在长江中游地区，自更新世末期至全新世初期，稻谷就已伴随陶器出现了。

一时的气候恶化期促使栽培稻的诞生

那么，栽培稻是如何自野生稻产生的呢？下面就来探讨这个问题。近年来备受关注的是全新世初期的新仙女木期。这个时期距今约一万一千年，气候环境曾一度变得寒冷而干燥。

如前所述，在更新世末期至全新世初始的一万三千年前，冰川期的冷温期气温逐渐上升，冰川融化导致了海平面的上升。但一般说来，冰川期的海平面与现在相比，仍然大约低 100 米以上，但之后由于气温升高导致海平面上升，在大约 6500 年前的日本，海平上升的程度达到了被称之为“绳文海进”的高峰期。在此期间内，气温较之冰川期，并非一直呈稳定的上升趋势，而是在距今大约一万一千年前，也曾退回到像新仙女木期这样的短暂寒冷期。

以色列的累范特地区被看作西亚的栽培麦起源地，学界认为，很可能就是新仙女木期的气候变动对野生麦向栽培麦的转换发生了作用。关于栽培化的成因，其必然条件当然也包括人类社会的内在因素，但环境变动作为外在的充分条件也日益受到重视。

总之在新仙女木期以后，栽培谷物的现象开始在西亚出现。在东亚出现的同样的现象近年也开始受到瞩目。前述吊桶环遗址的 F 层没有发现稻谷的植硅体，与之相对，其下层的 G 层发现了野生稻的植硅体，其上层的 E 层则发现了野生稻和栽培稻的植硅体。

赵志军先生在分析了这些稻谷的植硅体之后，尤其重视没有发现植硅体的 F 层。据他推测，该层位的时期正好相当于新仙女木期，并且在经过了这个时期之后，人们开始利用野生稻培育出栽培稻。赵志军先生认为，在一时的气候寒冷化期间，野生稻的生态环境也随之恶化，这种变化与人类的栽培行为之间一定存在着某种关联。

现在，从孢粉分析得出的古环境复原数据来看，中国大陆在全新世初期确实有过气候短期恶化的新仙女木期。其年代相当于一万一千四百年至一万年前。

中国大陆的新仙女木期并非是在全新世气候温暖化的过程中突然来临的寒冷期，而是以冬季冷温化和夏季温暖化的季节变化，即季节风的弱化为特征。具体说来，这种季节变化的特征是：夏季风变弱，导致气候转向冷凉，而冬季风增强，导致气候急剧变冷。新仙女木期一旦结束，强烈季风再度回复，又使气候转向了夏季高温多湿、冬季寒冷干燥的温暖湿润期。

新仙女木期这个一时的气候恶化期影响了果实类以及橡子等坚果类植物的生长，相对而言，人们对采集获得的野生稻大概也因此变得更加关注。人们也因此越来越重视作为采集对象的野生稻。

并且，新仙女木期之后夏季风的发达也为稻谷的生长创造了适宜的环境。结果是人类的食物采集方式越发受到了限定。可以说，正是这种环境变化给稻谷的栽培化带来了转机。

栽培稻按子实的形状通常分为短粒的粳稻(Japonica rice)和长粒的籼稻(India rice)。从新石器时代遗址中发现的炭化米同样也可按形状分为粳稻和籼稻两种。直到最近，一般都认为新石器时代遗址内也存在这两个种类的米。然而近年来对水稻DNA的研究日益发达，研究证明，长江中下游地区的新石器时代遗址的栽培稻全都属于粳稻。

不仅DNA研究证实新石器时代的栽培稻是粳稻，植硅体分析的结果也证明了这个结论。甚至从栽培化之前的野生种的阶段起，就已经存在粳稻和籼稻的分别，而后人们应当是从两种野生稻各自培育出不同的栽培稻。也就是说，人们从野生粳稻培育了人工栽培的粳稻。

综合地球环境学研究所的佐藤洋一郎教授指出，粳稻又分为热带型粳稻和温带型粳稻。并对中国大陆早期的栽培稻进行了DNA分析，结果表明中国大陆早期栽培稻属于热带型粳稻。

熊本大学的甲元真之教授认为，栽培化的有利之处在于：野生粳稻向一年生草本的变化及其胚乳的增大。新仙女木期一时的气候变冷促使野生稻从多年生草本变化为一年生草本，加之夏季风的减弱使其生长发育的时间受到限制，导致了胚乳的增大。

气候变冷不利于野生稻的生长发育，其产量因此减少，同时也因为这个原因，单个的胚乳反而变大。我想这其中一定包含着物种保存的原理。

但在另一方面，金泽大学的中村慎一副教授对近年中国发现的栽培稻的起源时间提出了慎重的看法。他认为，稻作的开始应该不是在气候一时变冷的新仙女木期。因为这个时期之后气候环境急速转暖，这反而为野生稻提供了优越的生长环境。并且指出，属于彭头山文化的湖南省澧县彭头山遗址以及八十垱遗址的炭化米都难以断定为栽培稻。而河南省贾湖遗址、浙江省河姆渡遗址以及江苏省高邮县龙虬庄遗址出土的炭化米确实属于栽培稻。

如果可上溯至公元前七千年的贾湖遗址的炭化米确实是栽培稻的话，在之前的阶段，野生稻向栽培稻发展的过程又是怎样的呢？对此，我们应当对近年来植硅体分析的成果给予一定的评价，在目前情况下来看，认为新仙女木期之后栽培化得以实现的观点是妥当的。

上述过程可简单归纳如下：

地球在最终冰期结束后迎来全新世的气候温暖化不久，即距今一万一千年前，曾有过一个气候短时期恶化的新仙女木期。气候变冷促使野生稻变为一年生草本，并阻碍了华中一带果实类和坚果类的生长。这应当就是人类开始把眼光投向野生稻的原因。加之气候变动使得天气条件发生了变化。夏季风减弱导致了短暂而低温的夏天，同时强烈的冬季风带来严酷的寒冬。这种气候变动促使野生稻变为一年生草本，并导致胚乳增大。面对野生稻的这种变化过程，人类的采集策略也必然会转向野生稻。并且新仙女木期以后，气候转暖，加之切合东亚地形环境的季风的发达促生了高温多湿的夏季，为稻谷生长创造了良好的生长发育条件。由于这种生态环境的变化，人类的采集策略开始逐渐转向稻谷的栽培。

栽培就是从人类的上述采集选择开始的。

东亚定居社会的三种形态

东北的粟、黍，华中的稻，远东及华南的采集和狩猎

出土了可以上溯至一万年前的陶器的遗址有：华北的河北省南庄头遗址、河北省阳原县于家沟遗址、北京市怀柔县转年遗址、北京市东胡林遗址；华中的湖南省道县玉蟾岩遗址、江西省仙人洞遗址和吊桶环遗址；华南的广西壮族自治区桂林甑皮岩遗址和庙岩遗址等。

于家沟遗址的陶片经热释光测定，其年代值为距今11870±1720年。在东胡林遗址，木炭的AMS年代为距今10350年到9960年。玉蟾岩遗址出土的陶片经AMS测定和碳十四断代，其年代值为距今12320±120年和距今14810±230年。庙岩遗址的陶片经同样方法断代，其年代值更为古老，为距今15560±206年和距今15560±500年。另外，不仅日本列岛绳文草创期的陶器，西伯利亚滨海边疆区的加夏遗址也出土了距今一万年以上的陶器。

在诞生了美索不达米亚文明的西亚，陶器的出现最早只能上溯至八千年前，而东亚各个地区陶器出现的时期从世界范围内来看也属于最早的地区。在东亚各地，陶器出现于从更新世向全新世过渡的时期。

在此时期，中国大陆的华北和华中地区分别开始了粟、黍和水稻的栽培。在东亚各地出现陶器的阶段，人们从之前那种为追逐猎物而迁徙的游猎社会转向了以采集植物资源为基础的定居社会。

在出现了谷物栽培的华北和华中，更新世的遗址多分布于高原和丘陵地带，而全新世的遗址分布中心则移至平原地带。这足以说明，由于生态系统的变化，在人类顺应环境的策略之中，对植物资源的依存度愈加提高了。

在上述背景之下，华北华中地区，属于禾本科植物的谷物开始成为重要的食物资源。

而在日本列岛至远东一带，有着从常绿阔叶林带到落叶阔叶林带的繁茂森林带，为人类提供了橡子、核桃等丰富的坚果类食物资源。因此在这些地区，以坚果类为中心的植物资源成为采集策略的主要部分。

另一方面，在涵盖亚热带至热带地区的华南一带，有着丰富的果实及根菜类等食物资源。多种多样的植物类食物为人们提供了安定的食物来源。各地开始了以植物类食物为中心的采集活动，并以狩猎和捕鱼补充其不足。在这种生活形态的基础上，定居社会开始出现在东亚各地。

其中在以禾本科植物为主要食物来源的华北及华中地区，新仙女木期这样的一时的气候恶化期更促使了人类对禾本科植物的依存，人类与植物类食物的关系也因此日益加深。人类的社会群体走向组织化，加之生物学上的因素，栽培形式的初期农业开始了。

在此意义上，初期农业并不是以富裕的社会为目的，而是人类群体为适应生态环境而不得不做出的选择之一。因此在此阶段，从食物采集与生产量的角度来看，东亚各地之间并不存在太大的差异。甚至可以说，只依赖采集的社会反而处于相当安定的社会。

全新世的初始期虽然出现了栽培化的动向，但在社会本身的内涵和意义上仍与之前处于相同的水平，各地都还处在向着新的社会群体构成变化的起步阶段。尤其应当瞩目的是，同样站在定居社会这条相同的起跑线上，东亚各地后来为何会在社会进化的速度上产生差异？下一章以后将探讨这个问题。

第四章

区域文化的发展

从地方志看地域

中国风土气候的八个自然区划

在大约一万三千年以前，更新世向全新世过渡的时期，古环境发生了巨大的变动。在这种环境下，华北和华中各自开始了粟、黍和水稻栽培。在这些开始了初期农业社会的地区周边，依然广泛分布着狩猎采集社会。这些周边地区包括远东、日本列岛或华南地区。可以推测，在缺乏该时期考古资料的甘肃省以西的西北地区、四川省以及云南省等西南地区也仍在继续着狩猎采集社会。但即便是这些以狩猎采集社会为主的地区，也很可能存在着小规模的群体定居或接近于定居的小范围内的季节性迁移。

如上一章所述，初期的农业和同阶段的狩猎采集社会如果以食物获取量为标准来衡量的话，两者并无太大差距。甚至可以说初期农业社会的食物获取处于更加不安定的状况。而这些区域根据其地理因素的不同，还可做进一步划分。

在最终冰期结束走向全新世的时期，地球迎来了激烈的环境变动，气候急剧温暖化，海平面也随之上升。各区域的变化过程虽然存在一定的差异，但在中纬度地带，距今两万年前的最寒冷时期的平均气温较现在低 5—6 度，海平面也比现在的海平面低 100 米以上。

之后的气温上升过程虽然在距今一万一千年的新仙女木期曾经一度转寒，但地球环境整体上一直持续转暖，海平面也逐渐上升。距今约 6500 年前，地球迎来了海平面上升的最高峰，较现在的海平面平均高 2 米左右。这在日本被称为绳文海进期。这个时期以后，海平面的下降和上升又反复过多次，但地形已大致安定下来。

然而在最终冰期结束后的 6500 年间，即一万三千年前海平面开始上升至 6500 年前的海平面上升的最高峰期，假使这期间海平面上升了 100 米，那么平均每年海平面上升的高度约为 1.5 厘米。海岸附近的地形环境发生显著变化，这对人类来说一定是非常惊异的变化。在这个时期，东海大陆架曾经陆地化的地带也完全淹没在海平面之下。其间的变化令人难以想象，同时人类在这些陆地上的活动痕迹也随着海平面上升而湮灭了。

从距今 6500 年前开始，地形环境到达了与今天大致相同的

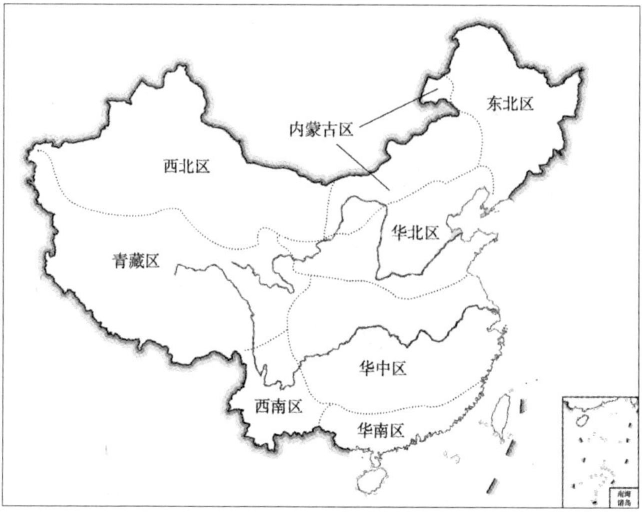

24 现代中国的自然区划

阶段。关于接下来将要记述的新石器时代，就目前已知的各种事实，大多也不过是这个时期以后的事。那么我们就首先根据现在的地理划分来认识有关的区域划分，这与上述新石器时代之前地理情况应该不会有太大的差异。接下来将根据今日的地理划分做一个综述。

现在的中国共划分有八个自然区划：东北区、华北区、华中区、华南区、西南区、内蒙古区、西北区和青藏区。

华北与华中的分界是位于黄河与长江之间的淮河以及耸立在西安以南的秦岭山脉一线。华中与华南的分界是南岭山脉。华北的北端在以万里长城闻名的黄土高原之上，大致沿着明代长城延伸地带即内蒙古区和西北区。

黄河迂回于黄土高原之上，其转而向南流去的一带即内蒙古中南部。黄河上游一带则是甘青地区，即甘肃、青海一带。河西走廊至新疆为西北区，现在大部分为沙漠地带。

西北区的南侧高耸着亚洲的屋脊青藏高原，这个区域即青藏区。青藏区的东南方是云贵高原，连接着华南和华中。这一带即西南区。这一带奔流着澜沧江、红河等通往东南亚的大河，与东南亚有着密切的关系。

再把视野转向北方，在大兴安岭以东，是广阔绵延的东北平原，即东北区。东北区中央有分水岭，以南有西拉木伦河、辽河等河流注入渤海。

分水岭以南又分为辽东和辽西。辽西同时也是长城地带的东端。分水岭以北有嫩江、松花江、第二松花江向北流，汇入黑龙江后流入鄂霍次克海。这一带包括滨海边疆区在内被称为远东地区。

我们在谈到中国大陆的新石器时代的时候，将以这些自然区划中的华北、华中、内蒙古中南部、甘青地区、辽西、辽东为对象进行论述。此外地区为不存在新石器时代资料或状况尚不明确的区域。

另外，还有像包括西伯利亚在内的远东地区那样的，在新石器时代也长久维持狩猎采集社会的区域。同样，华南地区也是长久保持了狩猎采集的区域。对远东地区和华南地区，有必要通过与上述地区的对比来加以把握。

分头论及这两个地区的同时，还要对上述地区加以探讨，才算是全面讲述中国历史上的新石器时代。

从陶器文化看区域

中国南部的圜底深钵形陶器和北部的平底深钵形陶器

如前所述，从更新世到全新世过渡的环境急剧变化的时期，东亚各地开始出现陶器。另外，中国大陆在旧石器时代石器技术的传统上，南方与北方各不相同。中国南部以砾石石器为主，而北部则出现了小型石片石器和石叶技术，这与北方欧亚大陆的石器技术的变迁存在着一定的呼应关系。南北不同的两种技术差异与古环境尤其是与植被等密切相关。砾石石器技术传统曾一度北上至华北，但在旧石器时代后期局面发生逆转，小型石片石器南下至华中，细石器技术南下至华北一带。而在华南，总体上仍持续着保守的砾石器文化。

正是在这两种各不相同的旧石器技术对峙的区域最早出现了栽培谷物。也就是说，在两种技术体系的周边或生态环境的周边，开始出现了栽培谷物。

正是在上述区域，人类在新环境中不断摸索，终于掌握了新技术，这一带可谓人类对于新环境的适应地带。

并且，陶器文化的技术系统也可放在旧石器时代以来的两种

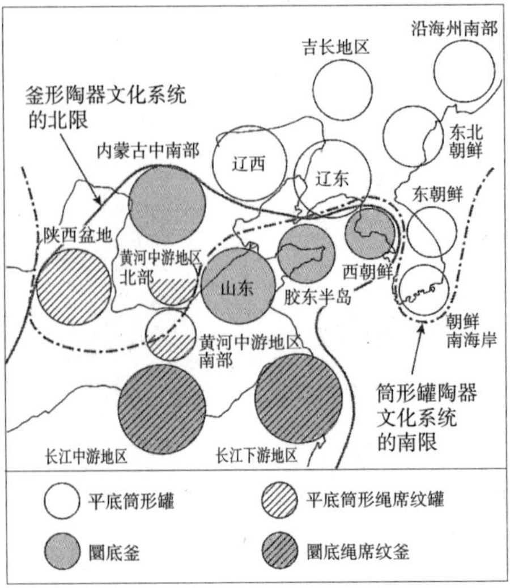

25 **陶器的系统性** 从远东到中国东北部的平底罐与华中、华南的圜底釜在华北一带呈交错分布

技术基础的谱系之中来理解。简单说来，即中国南部地区的圜底深钵形陶器和中国北部地区的平底深钵形陶器这两种不同的技术基础。

关于初期陶器，在东亚各地基本上都是烹煮用的深钵形陶器。在中国，通常把圜底深钵形陶器称为釜，把平底深钵形陶器称为筒形罐。釜通常以藤篮等编制物为原型，用黏土等挤压成型制成陶器的形状，或者用拍打的方法做成圜底的形状，这种做法多以绳席纹为特征。而筒形罐则以平坦的泥板为底，再用泥圈层层套接成罐形。两种陶器的形态差异起因于制作技术的传统差异。从这个意义上来说，釜诞生于砾石石器或小型石片石器文化圈，筒形罐诞生于细石叶文化圈。或者也可单纯地把釜看作诞生于野生稻分布区域的陶器。

旧石器时代末期的两大文化圈在陶器制作的传统特征上也依然保留着两种谱系关系，并开始发展。

华中至华南一带发现的初期陶器是表面分布着绳席纹的圜底

【陶器】

图二

图三

图二　彩陶罐，新石器时代——1954 年四川省巫山县大溪遗址 33 号墓出土（四川省博物院藏）

图三　人面鱼纹彩陶盆（仰韶文化）——仰韶文化是黄河中游地区最重要的新石器文化，因第一个发掘地在河南省三门峡市渑池仰韶村遗址而出名

图四

图四　黑陶釜（河姆渡文化）——炊具，1973年浙江省余姚市河姆渡出土（中国国家博物馆藏）

图五　鸟形双錾白陶鬶（大汶口文化）——陵阳河遗址出土（山东日照莒州博物馆藏）

图六　陶塑狗形提梁壶（大汶口文化）——红陶，山东泰安大汶口出土（山东省博物馆藏）

图五

图六

釜。而中国东北部至远东地区发现的则是平底的筒型罐，这种传统一直延伸至朝鲜半岛东海岸。

华北位于这两种陶器制作技术的传统圈的中间位置，正可谓两种技术和文化传统交错共存的地带，所以其陶器文化的区域系统较难把握。而且有的地方尚未发现最古时期的陶器。虽然因资料不足还须加以推测，我且把这一带陶器的系统发展过程及推想做一个大胆的说明。

长江下游地区处于南方陶器制作技术系统圈的边缘位置，在这里发现了席纹釜，而在相邻的山东地区却发现了不带席纹的釜。形态的类似显示着它们的系统性。从山东一直沿太行山脉东侧北上的地带都分布有这种釜。在山东的分布范围更包括山东半岛东端。显示着釜的系统形态的篦纹陶器的分布则延伸至朝鲜半岛西海岸。另外，从位于席纹釜分布圈的长江中游地区上溯至汉水流域都属于席纹釜的谱系，在渭河流域，席纹釜变化为附有三个短足的易于安放的形态，底部渐渐变为平底。另一方面，北方系统的筒形罐则顺太行山脉西侧南下，在太行山脉西侧和黄河中游地区均有分布。因此，在渭河流域到黄河中游地区或太行山脉西侧一带，陶器制作一方面吸收了南方的绳席纹陶器的技术传统，同时又以北方的平底筒形罐的技术传统为基础。值得注意的是，山东地区的无纹釜带有三个支脚，使其可以稳定摆放，同时还可以从支脚内侧燃火以便烹煮。后来这种釜与支脚的组合还衍生出带有三个支脚的鼎。

这种鼎的起源地是淮河上游地区的河南省南部以及山东地区。其分布区域在较早阶段就已顺太行山脉东侧北上，同时到达山东半岛东端，但并未到达东面的朝鲜半岛西海岸，因为中间有黄海这个巨大的天然阻隔。

鼎在后来逐渐扩散至黄河中游地区及长江下游地区以至渭河流域及长江中游地区，最后扩散至华南及越南北部地区。作为一种周边现象，这个种类的鼎在较新的阶段里仍然被保守地使用。

但是，仅凭着鼎的传播来判断文化传播的路径的观点未免太过急躁，因为鼎只不过是作为陶器样式的一个种类而存在的。随着年代增长，陶器的种类也逐渐增多，陶器样式开始呈现出复杂的样态。关于这些由多种多样的陶器种类组合形成的陶器样式，即便可以从陶器样式的传播来讨论文化传播，我们也不能仅以其中一个种类的传播引申出整个文化的传播。尤其需要强调的是，鼎的分布显示的是具有某种机能的生活样式的一个部分的传播，而并不是人类群体的扩散或迁移。

如前所述，关于陶器样式即考古学所认识的文化类型，需要放在中国大陆南部和北部的两种陶器制作的技术谱系与位于两者的中间地带的南北特色交织的技术谱系相混杂的状况中来理解。这种文化的类型正是中国社会科学院考古学研究所的苏秉琦先生等人于1980年代初期提出的区系类型理论的背景所在。在当今中国考古学界，这种观点基本上已经为众人所接受。

把上述观点加以简单概括，即中国大陆新石器时代的考古学上的文化类型分以下六个区域：黄河中游地区、渭河流域、山东地区、长江中游地区、长江下游地区、鄱阳湖至珠江三角洲以及长城地带。其中长城地带又可分为辽西、内蒙古中南部和甘青地区。辽西和以西的陶器样式从一开始就属于不同的系统，其样式更接近于远东地区。

关于新石器时代后期的区域间交流兴起之前的新石器时代前、中期的地域文化，本书将用“系统”这个词来表示。辽西地区将另以兴隆洼—红山文化系统来独立看待。另外，黄河中游地区和渭河流域也要作为两个系统来进行分区域的探讨。具体说来即渭河流域的老官台—仰韶文化系统和黄河中游地区的裴李岗、磁山—后岗文化系统。另外还有山东地区的后李—北辛—大汶口文化系统，长江下游地区的河姆渡、马家浜—崧泽—良渚文化系统，长江中游地区的彭头山、皂市下层—大溪—屈家岭文化系统，以及珠江三角洲的大坌坑文化系统。

其他如黄河上游地区以及四川盆地则要到新石器时代后期或新石器时代中期末尾才体现出区域文化的特征。这些地区并不包括在新石器时代前、中期的文化系统之内。

如果把以上文化系统按照上述陶器制作的两大系统来加以归纳的话，南方系统可见于长江中游、下游地区至珠江三角洲一带；北方系统可见于远东至辽西一带。而先于南方系统诞生了鼎的山东地区，分布有以位于南北接触地带的太行山脉为界呈东西对峙的裴李岗、磁山—后岗文化系统与老官台—仰韶文化系统。华北的这种复杂的文化区域关系与前述华北旧石器时代的区域间关系十分类似。华北一带在中国历史进程中一直处于南北地域文化的交汇之处。

新石器时代的时期划分

新石器时代前期形成的三种陶器

在中国大陆，南北两个技术系统自旧石器时代以来就已存在，由于继承了这种传统，陶器的制作传统也可分为南北两大系统。并且两种系统的交错地带位于华北的现象也是自旧石器时代以来的区域特色。

另外，在这个交错地带内出现了农业之后，继承了南北两种技术的基础的这一地区还保持着狩猎采集的生活方式。在农业出现的初期，拥有农业的区域与以狩猎采集为主的区域在食物获取量上并无太大差别，甚至可以说在开始出现农业的地区食物反而更受限制。

但后来农业出现地的社会进程发生了显著发展。这是因为社会的组织化与农业相辅相成，促成了社会的进化。之所以把新石器社会的历史放在与农业的关系之中进行评价，原因即在于此。

而本书也将主要以这些区域为对象展开叙述。在对新石器

地域 \ 时期区分（年代 公元前）	早期 10000　7000	前期 6000　5000	中期 4000　3000	后期 2000
辽东		新乐		长城地带的形成
辽西		兴隆洼	赵宝沟　红山—小河沿	
内蒙古中南部			石虎山　王墓山　海生不浪	老虎山　园子沟
黄河上游流域			石岭下马家窑—	齐家
渭河流域		老官台	仰韶——（半坡、史家、庙底沟、半坡二）	庙底沟二、客省庄二
黄河中游流域（淮河上游流域）	于家沟　南庄头	裴李岗（磁山）	后岗　大河村——	庙底沟二、王湾三
黄河下游流域（山东）		后李	北辛——大汶口——	—山东龙山
长江下游流域			马家浜　崧泽　良渚—	—（王油坊）
长江中游流域（汉水中游流域）	玉蟾岩	彭头山　皂市下层（城背溪）	大溪——	屈家岭　石家河
四川盆地				宝墩
华南	庙岩	陈桥	西樵山	石峡（昙石山）

26 新石器时代的时代区分与编年　本书论述均以该表的各地文化编年以及时代区分为准

时代进行时期划分的时候，将以这些区域的阶段性变化为准来进行时期的划分。所以这种划分不一定适用于远东或华南等地区的狩猎采集社会。

本书将首先在第五章中对农业地带的新石器社会加以考察，对非农业地带的远东及华南地区将在第六章进行论述。相信这两章将帮助读者理解东亚史前时代的特性，并在对比中了解到农业社会与非农业社会的不同之处。

如前所述，在东亚，陶器的出现可以说也意味着新石器时代的到来。陶器的变迁也可通过伴随纹样、形态的变迁而增加的陶器种类组合变化来把握。陶器出现以后的时期划分如图 26 所示。

新石器时代早期，在华北、华中、华南或远东出现了陶器。由于只有不连续的资料断片，该阶段陶器的详细变化过程还无法解明。另外，也是在这个阶段，除远东和华南以外，在华北和华中地区，人类从野生谷物中选择、培育了栽培谷物，开始了初期农业。

若以裴李岗、磁山文化为例，新石器时代前期的陶器种类主要有三种：用于烹煮的罐或釜、用于贮藏食物的壶和用于盛放食物的钵。在新石器时代前期这些陶器种类在各地都比较多见。另外，该阶段的农业在生业中所占比例也有所提高，从出土资料上也可看出，当时已开始出现稳定的栽培谷物。

新石器时代中期以华北的仰韶文化为标志。该阶段以仰韶文化半坡类型等尖底瓶的出现为特征。在此阶段，各地陶器种类增多，区域型的器种构成也开始特殊化。加之农业稳定发展，各地出现了活跃的区域间交流以及耕地面积的扩大等新动向。

新石器时代相当于龙山文化并行期。在此阶段，逐渐开始出现区域内的阶层化以及陶器制作的专业化，并且在西北地区和华北开始出现青铜器。北京大学的严文明教授把这个阶段称之为铜石并用期。

在此后的阶段，社会在政治统治上越发稳固，这就是二里头文化和二里岗文化的初期国家阶段。至此阶段，人类已从新石器社会向前迈出了一大步。关于上述初级国家阶段本书也将展开叙述。

古环境的变动

海平面达到最高水平的全新世高温期

如前所述，新石器时代开始于最后的冰川期结束后的全新世初始之时。其后的变化起因于海平面上升导致的急剧的地形环境变动。海平面上升趋于稳定的时期是在距今约6500年前，即公元前4500年左右，也是海平面达到最高的最高海平面期。当时的海平面较现在大约高2—3米。

以最高海平面期为界，曾急剧变化的地形环境开始趋于稳定。尤其是沿海地带的地形环境变得稳定，加上后来的河川冲积作用，人类开始在沿海一带繁衍生存。既然沿海地带地形环境趋于稳定，沿海地带的遗址就应该留存至今。从这个意义上来说，东海一带应该存在着从旧石器时代到最高海平面期的遗址。然而却未发现这类遗存，或者是因为被埋没于海底深处，总之，对当时的情况我们无从得知。

最高海平面期以后的古地形基本上趋于稳定，但其后海平面仍有变化，古环境也因此发生着细微的变动。在新石器时代，公元前6000年至公元前3000年的全新世高温期是全世界范围的温暖湿润期，气温上升，海平面达到了最高水平。这个时期的植被也发生了相应的变化，现在的温带林和亚热带林的北限均向北延伸。例如后文将要提到的属于后岗文化系统的北京镇江营

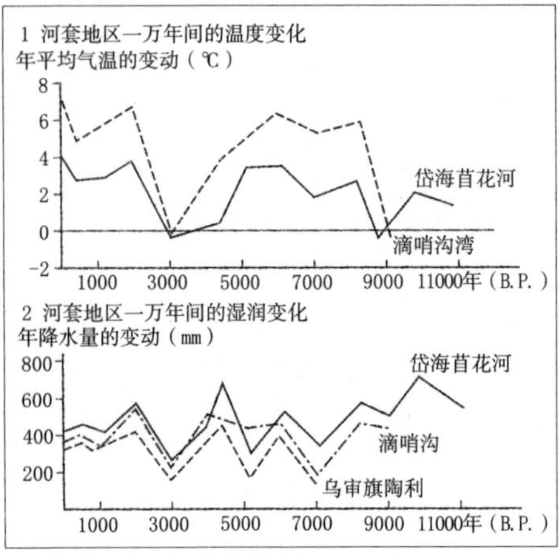

27 古环境的变动　根据内蒙古中南部土壤钻探资料的孢粉分析等结果复原得出的气候变动图。以上两幅图中，上图为年平均气温的变动，下图为年均降水量的变动

遗址和内蒙古中南部的石虎山遗址一带。可以想见，华北的陶器样式自南向北扩展的现象与暖温带林植被的扩大的现象是相关的。

然而从公元前3000年左右开始，气候逐渐变得干燥寒冷。古环境的变动对适应环境而生存的人类生活也产生了不小的影响。这种气候变动尤其影响到中纬度地带至高纬度地带的范围。

在华北内陆地带，尤其是长城一带的内蒙古中南部至甘青地区，由于气候干冷化的影响，生业比重逐渐趋向畜牧业，居住形态也开始出现变化。关于这种社会经济及生活样式的变动，将在第七章加以详述。以这种变动为契机，陶器所体现的文化样式以及陶器样式的出现范围也发生了变化。或者说是显示文化及人类群体关系性的文化信息带开始出现了变化。

这个阶段以后，出现了长城地带。这是苏秉琦先生首次提出的概念，其范围包括甘青地区、内蒙古中南部、辽西地区。长城地带范围内陶器样式出现了交流及相互影响的现象，也开始出现与其他文化要素的交流。在这个意义上可以说，在华北很少见到范围鲜有变化的陶器样式圈。而安定的区域圈可见于长江中游地区和长江下游地区以及山东地区。

区域的文化系统

以公元前 3000 年为界区域文化发生巨变

新石器文化开始以后，在中国大陆以区域为单位，曾经存在几种固有的新石器文化。这些文化各自显示着独具特色的变化过程。也就是说，中国大陆曾经存在过区域的固有文化系统。对此作出总结的是苏秉琦先生。他还指出，这些区域文化并非一成不变，而是在文化领域内不断发生着变化，或者说是区域间关系在方向性上存在着一定变化。

从冰川期结束后全新世初始期的新石器时代，到温暖湿润的全新世高温期的时期与其后的寒冷干燥期，区域间关系大不相同。也就是说，以公元前 3000 年左右为界，区域间关系发生了巨大的变化。

从区域的文化系统来看，这个变化的前后也出现了文化系统相异的区域。所以本书在论述新石器文化系统时，将以公元前 3000 年为界进行划分，之前为新石器时代中期，之后为新石器时代后期。

北京大学的严文明教授曾经以该时期青铜器以及纯铜(赤铜)器的出现为特征将新石器时代后期称之为金石并用期。关于这些金属器出现的意义将在第七章展开论述。实际上比起青铜器有无的问题，伴随古环境变动而产生的区域文化的变化在这一时期具有更大意义。

并且引发文化系统变化的诱因在于包括生业变化在内的社会经济变化。因区域不同而产生的社会经济的差异将各个区域导向了不同的文化系统。也就是说，该时期从之前体现于南北方向的文化系统的扩大阶段，走向了华北内部逐渐显现出南北分离倾向的阶段。这是由于东西方向的文化系统的连续性而产生的变化。

前文列举的新石器时代前、中期的区域文化中，从华中到华南一带，以该变动期为界，也曾在一定程度上留存了区域文化。如前所述，主要原因在于，气候变动对华中以南地区的影响较小，从而生业形态基本没有出现太大变化。在长江下游地区，自马家浜—崧泽文化系统出现了良渚文化；在长江中游地区，自彭头山、皂市下层—大溪文化系统出现了屈家岭、石家河文化。这些都显示着区域文化的稳定发展。另外，在长江上游地区还发现了同属这个阶段的新石器文化，宝墩文化由此而生。

四川地区的新石器文化，目前只能确认到变动期以后的年代。长江上游地区的新石器文化的出现应当可以从与长江中游地区的新石器文化的关联来把握。在华南地区也出现了昙石山文化和石峡文化等，显示出稳定的区域发展。同样的状况也出现在山东地区，自后李—北辛—大汶口文化系统出现了山东龙山文化。

而华北的区域文化在显示着区域性发展的同时，逐渐在区域间关系上产生了差异。在渭河流域，老官台—仰韶—客省庄二期的文化显现出稳定的区域特色的陶器变迁。而在渭河上游地区，新石器时代中期的仰韶文化庙底沟类型在扩展过程中形成了石岭下类型。至新石器时代后期，从中又出现了显示着固有的区域特色的马家窑文化以及齐家文化。出现于甘青地区的马家窑—齐家文化系统与其原本的起源即仰韶文化—客省庄二期文化系统在陶器样式上逐渐产生了差异。

内蒙古中南部从陶器样式来看，是一个显示着复杂的区域间关系的地区。在新石器时代前期，该地区属于裴李岗、磁山—后岗文化系统的范围，而新石器时代中期则属于老官台—仰韶文化系统，直接受到华北范围内南北方向的系统性影响。到了环境变动期之后的新石器时代后期，这一地区又发展成为区域特色更加浓厚的海生不浪文化及老虎山文化。

在此过程中，该区域逐渐脱离了从前那种属于华北的南北系统关系之北端的地位，确立了具有主体性的地域特征，同时也与辽西的小河沿文化及甘青地区的齐家文化保持了一定的相关特性，由此形成了连通长城一带的文化信息带。到了新石器时代后期，在与长城一带相邻的渭河流域的客省庄二期文化及晋中地区、晋南地区和冀北地区，这些地区与长城一带保持着一定的相关特性，同时渐渐衍生出复杂的区域特征。

在其衍生过程中，在曾经显示着庙底沟二期文化、大汶口文化和屈家岭文化等三地的区域性系统关系的黄河中游地区，逐渐形成了王湾三期文化。

王湾三期文化正是被鉴定为夏王朝的二里头文化的母胎。

第五章

社会的组织化与阶层化

仰韶、龙山文化

社会构造发达程度可通过聚落与墓葬进行比较探讨

在旧石器时代以来的两个文化系统相遇的华北与华中地区，分别开始栽培粟、黍和水稻的时间大约是在距今一万年前以后。旧石器时代末期以来，人类开始在分布于森林带边缘、生长着禾本科植物的草原地带获取食物，这是农业起源的一大要因。如前所述，还有一个促使农业诞生的更大要因是自然环境的变化。农业的摇篮期从新石器时代的分期来看的话，相当于新石器时代早期。

接下来将述及新石器时代前期以后农业社会的进展。新石器时代前期，栽培谷物已经有相当高的产量。如磁山遗址的窖穴

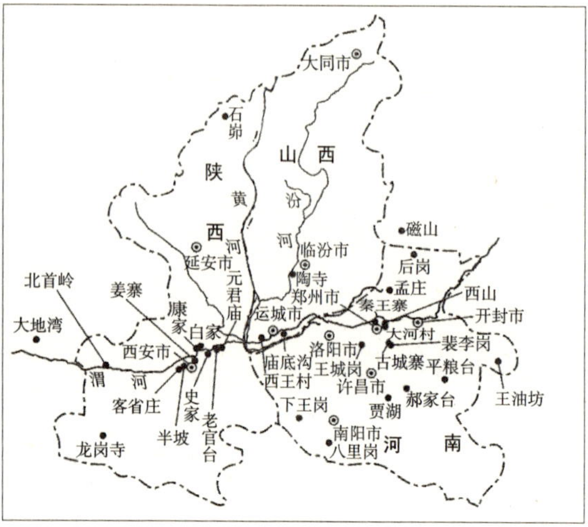

28 黄河中游地区新石器时代的主要遗址

中贮藏有大量的粟谷，八十垱遗址发现多达一万五千多粒的大量稻壳及稻叶。可见当时已达到初期农业阶段。

这个阶段之后社会进化极为显著，与第六章将要论述的狩猎采集社会的社会进化在进化速度上大不一样。不过，这里所说的社会进化也可称之为群体的组织化。接下来将把社会进化的具体情况放在中国大陆的农业社会在各自的区域文化中来加以分析。

要想把握社会的结构，把群体生活的聚落和群体成员的墓葬进行比较探讨是最为有效的办法。因为聚落和墓地敏感地反映着群体的规模以及群体的基础单位。而日墓葬构造和随葬品也反映出墓主生前的社会地位及经济能力。关于各区域文化中所见的聚落与墓地的比较如下：

新石器时代前期至后期，渭河流域有老官台文化—仰韶文化—客省庄二期文化，黄河中游地区有裴李岗、磁山文化—后岗文化—大河村文化—庙底沟二期文化—王湾三期文化，这两大文化系统之间存在着相互影响的关系。所以也可把两者合称为仰韶、龙山文化系统。下文将从聚落和墓葬的角度来观察该地区的社会状况。

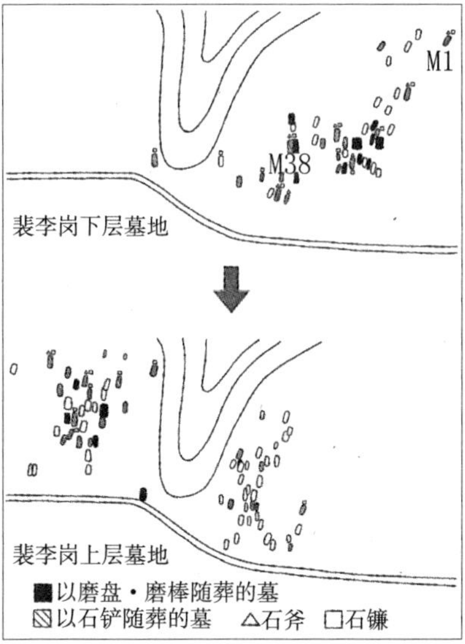

29 裴李岗墓地的变迁　墓地随着从旧阶段向新阶段的推移而逐渐扩大。并随单位群体扩大而出现了两极分化

关于新石器时代前期的老官台文化及裴李岗、磁山文化，已经发现了相当数量的墓葬。然而尚未发现聚落遗址。而在前述河北省武安县的磁山遗址，则发现了有贮藏粟谷的痕迹的窖穴。这些窖穴由位于长方形平面之上的八十八个竖穴土坑组成。

这些窖穴经过发掘确认，共分为两个时期，多以数个或十数个为单位分布。有学者认为这些窖穴有可能贮藏五万吨以上的粟谷。但是要复原以年为单位的贮藏形态则非常困难。但窖穴的存在足以说明这里曾贮存相当数量的粮食，由此可见当时此地已达到稳定的农业社会阶段。并且在窖穴周围未曾发现房屋的痕迹。说明这些窖穴集中分布在离聚落有一定距离的地方，可见当时栽培植物处于集体管理之下。

性别劳动分工

这一时期的墓葬主要有河南省新郑市郊外的裴李岗墓葬等被称为裴李岗文化的几处遗址。这些遗址显示出共同的特征，在此以裴李岗墓葬为例。

关于裴李岗墓葬的变迁，从陶器的样式研究上来看，大致可分为两个时期。较古阶段的墓葬群位于低矮丘陵的东侧斜坡之上，而较新阶段的墓葬不仅在东侧，还扩大至西侧斜坡，这是由于聚落群体扩大后分化为两个群体所导致的现象。其扩大应该是通过新群体分离而出的形式实现的。

在考虑该群体的社会进化水平的问题的时候，可以对应着墓葬的随葬品构成及其性别差异的问题来获得线索。随葬品中有磨盘和磨棒，是用来把粟、黍制成粉末的工具。另外还有用于开垦田地或土木作业的锄。在这一时期，以定型的石铲为锄头的石锄最为普遍。我把这类石铲以及磨盘、磨棒称为华北型农耕石器。其普及时期是在新石器时代前期。

有趣的是，在随葬品中，石铲与磨盘、磨棒从未有过一同出土的情况，而是分别随葬于不同的墓葬。并且通过人骨鉴定可知，石铲为男性墓，磨盘、磨棒为女性墓的随葬品。这与男性从事耕田、土木作业，女性从事磨粉工作的性别劳动分工有关。从现今世界民族的事例来看，这样的性别劳动分工仍普遍存在。我们由此可以对这种以性别劳动分工为基本、有组织地从事生产活动的群体的面貌有所把握。

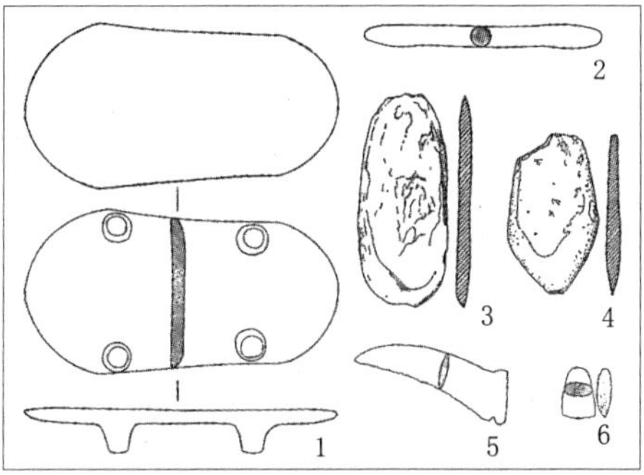

30 裴李岗墓地的随葬石器　1磨盘　2磨棒　3、4石铲　5石镰　6石斧

并且男性墓葬的随葬品除石斧、石镰等加工用具及收获用具之外，还伴有陶器。而女性墓葬的随葬品则是磨盘、磨棒加上陶器。男性墓和女性墓的随葬品的种类构成在各处墓葬有多寡之分，这与墓主生前的社会地位有关。这并不意味着因男女性别不同而存在着地位上的差距。其实如果仅从随葬品的件数来看的话，女性墓反而更有厚葬的倾向。

墓主生前因性别分工而担任的工作不同，在群体内有可能享有一定的社会地位。而这种地位绝非世袭，也并非以血缘群体为单位，而是因为个人生前的职能而获得众人的尊敬，或在群体内部成为权威。这说明当时的社会属于平等社会，群体的首领由拥有社会职能的人担任。另外，性别差异（gender）作为一种象征性的二元论，在群体内的社会生活中具有重大意义。

这样的群体不仅以农业，也以包括狩猎、采集的多种经济形态为基础，群体的人口逐渐增大。群体单位增大并分化的现

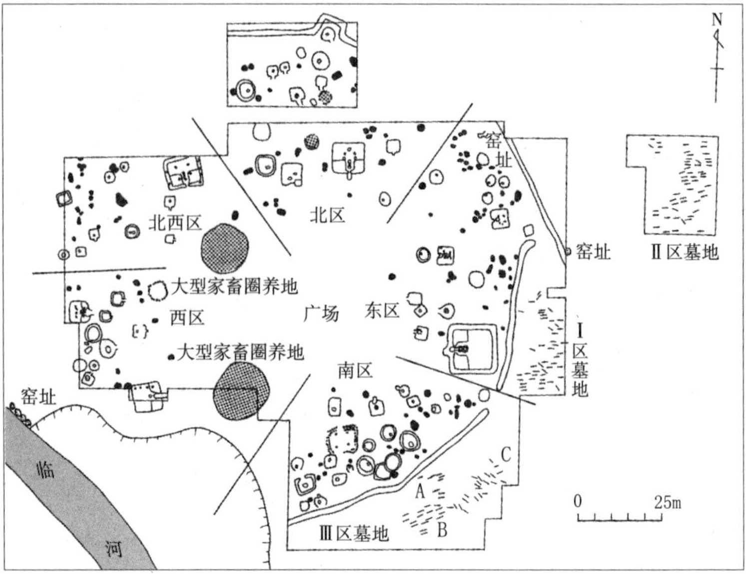

31 姜寨遗址中仰韶文化半坡类型的环壕聚落 如果把发现的房屋均看做同一时期，聚落就由五个建筑群构成

象在如裴李岗墓葬变迁的扩大与分化过程中也有所体现。群体某一时期内的人口规模应该并不太大，约以数十人为单位存在。

从姜寨遗址发现的环壕聚落可看出两个群体的存在

新石器时代中期的仰韶文化在渭河流域从仰韶半坡类型向史家类型变化，而后又变化为庙底沟类型。庙底沟类型以绘有花瓣纹的彩陶盆为特征。仰韶半坡类型的遗址主要有在半坡遗址以及在陕西省临潼县发现的姜寨遗址环壕聚落。在这个地区，环壕聚落出现于新石器时代中期的公元前4500年左右。正逢最高海平面期，是全新世最为高温湿润的时期。从环境条件来看，也属于农业更为发达的阶段。

然而环壕并非从聚落的初始阶段就开始存在。姜寨遗址的环壕聚落的发掘考察已基本完成，包括位于聚落周边的墓地也呈现出全貌，是一处可供进一步探讨的重要遗址。姜寨遗址经过复原，呈现出当时的原貌：中央的空白地带为广场，环绕周围的是面向聚落中心布局的房屋建筑。建筑群共五个，各建筑群内分别以一座大型建筑为中心布局。在这些建筑群周围环绕着环壕。

根据发掘情况，从建筑的重叠关系来看，聚落至少可区分为三个时期。此前对聚落的复原方案并未划分时期，而是将其解释为整个时期内同时存在的遗址，我对此无法赞同。

我把姜寨遗址按时期分为三个阶段，分别称为前期、中期和后期，并以建筑的重叠关系为根据来再现聚落的变迁过程。

在前期，环壕尚未建成，两组入口相对的房屋建筑群各自呈列状分布。可见聚落应该是由两组建筑群构成。这种结构可说是延续了前述裴李岗文化阶段的因单位群体的增大而产生的两极分化现象。即人类学称之为半族的两分现象，这种现象应当是存在于社会内部的两种分别持不同技能的群体之间。并且由于存在外婚规制，为避免同一群体内的婚姻关系，两个群体间以通婚维持稳定的社会关系。从列状分布的房屋布局来看，同一列内又分别可以一分为二。二者的中间地带可见一定的空疏地带。可以说房屋布局显示了在同一群体内半族进一步走向双分的过程。

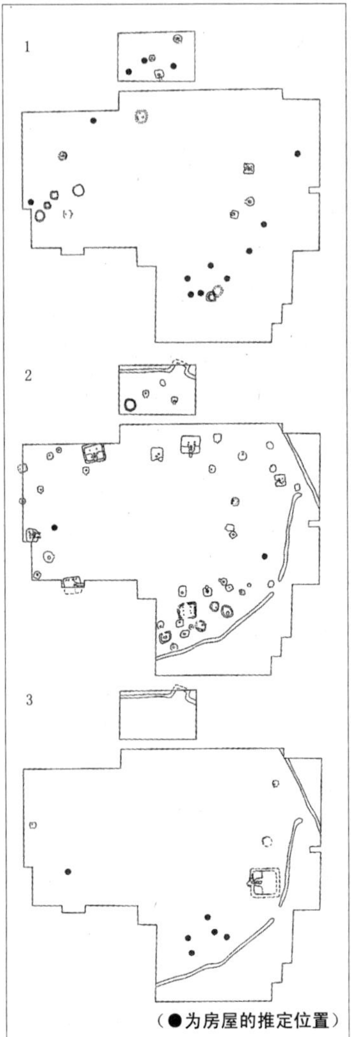

32 姜寨遗址的聚落的变迁　1 姜寨聚落前期　2 姜寨聚落中期　3 姜寨聚落后期

到了姜寨遗址的中期，由于同一群体内也开始半族分化，于是开始出现四个群体。群体内的房屋布局以一座大型房屋为核心，呈同心圆格局分布。从民族学角度来看，可见四个群体以外婚规制来维持安定的双分制的事例。由此可认为，以这四个群体为基本单位，在姜寨遗址形成了以安定的双分制为基础的平等的部族社会。至中期阶段，才建成了包围聚落的环壕。

环壕的作用在于阻挡来自聚落外部的野兽等威胁，同时又有团结聚落成员，助其产生群体意识的作用。如目前的复原图所示，房屋布局以大型房屋为核心，中小型房屋分布在其周围。中小型房屋的规模由单位家族的成员多少决定，而大型房屋作为半族内的集会场所而存在。

在中小型房屋的周围还发现

了大量的土坑，应该是用于存贮粮食等的窖穴。与新石器时代前期磁山遗址的共同管理的窖穴不同，姜寨遗址的窖穴很可能是以家族为单位进行分别管理。

广场附近有两个用于饲养家畜的大型围场。用栅栏围成圆形，饲养的家畜据推测是猪和牛等。如果这些围场存在于同一时期的话，姜寨遗址前期的群体单位即前期的以半族为单位的管理，同时也是家畜管理的基本形态。在聚落分化为四个群体之后的姜寨遗址中期，家畜管理的基本依然保持以前的两个群体单位，即以聚落初期的双分式的半族为基本单位。从这个意义上看，烧制陶器的两处陶窑如果也是并存于同一时期，即说明在陶器制作上也存在着双分式的生产形态和生产组织。

在姜寨的环壕聚落的周围，目前发现了三处墓群。如果这些墓群与群体单位相对应的话，就应该还有另外一处墓群的存在。然而聚落西南部已被河流冲毁，也许墓群也因此遭到了破坏。

三个墓群中尤其引人注目的是三区墓地。三区墓地依墓葬分布大致可分为A、B、C三群。A、B群与C群的被葬者的埋葬头位方向各不相同。由此可知A、B群与C群之间存在某种群体上的区别。

更值得注意的是，A、B群墓地有埋葬婴幼儿或幼儿的瓮棺墓，而C群却不存在埋葬小儿的瓮棺。根据这一点，山口县立美术馆·浦上纪念馆的今村佳子女士得出的解释是：A、B群相当于群体初始的母胎，C群为来自其他群体的外婚者。

那么是否可以认为A群体和B群体是有着共同起源的半族关系的群体单位呢？如果这个想法成立的话，三区墓地就可看作是由A、B两个主要家系构成的双分制群体，而来自其他群体的外婚者则被埋葬于C群。如此看来，一区墓地和二区墓地也可看作处于另一组双分关系的两个群体。这种解释才是如前所述，认为基于外婚规制的双分制曾经存在的、从墓地的角度来进行考察的根据之所在。

姜寨遗址后期群体扩大并开始分村

姜寨遗址后期的状况较中期大不相同。假设在此阶段环壕部分被埋没，能够确认的只有之前没有的大型房屋即一号房屋基址及其周围的中小型房屋构成的一个聚落单位。当时群体是否缩小了呢？其实不然。原因在于群体更加迅速地扩大了。这一时期用作聚会的大型房屋的规模大于姜寨遗址中期的同类房屋。从这一点也可看出群体人口的增加。

可以想象，发生分化后的四个群体之中，仅一个群体留在原地，其他三个群体向周边扩散，并形成新的聚落。也就是说，群体的扩大体现于分村这一现象之中。遗憾的是，可以证明这一想象的证据目前尚未发现。

但是，在姜寨遗址后期结束，聚落荒废之后的仰韶文化史家类型阶段，姜寨遗址成为由多处群体合葬墓构成的墓地。所谓群体合葬墓，是指暂时埋葬的遗体成为白骨之后，将多个遗体合葬于一个墓圹之中，即一种二次埋葬行为。这类群体合葬墓在当时的渭河流域是一种普遍的习俗。类似的合葬墓也曾见于多处遗址，比如广为人知的陕西省渭南县史家遗址和陕西省华县元君庙遗址等。

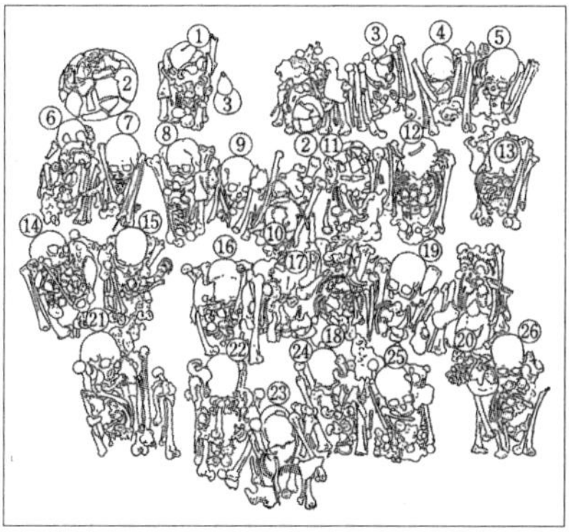

33 仰韶文化史家类型的合葬墓　史家遗址 25 号合葬墓中埋葬着 26 具二次葬的人骨

另外，人们对史家遗址的合葬墓中出土的头骨进行了测量，测定值经统计学分析得知，同一墓圹内的测定值类似度相当高，由此可以明确的是，这些多人埋葬的遗骨并非婚姻家族的群体墓，而是以血缘家族为单位的合葬墓。

在仰韶文化半坡类型阶段的姜寨聚落，群体发生了双分式的两倍分化，群体人口的增加又引发了分村的出现，聚落因此逐渐扩散。在原先的群体发源地特地建造血缘单位的群体合葬墓，成为促生同族意识的场所。建立合葬墓的意义在于，在祭祀祖先的同时，通过再度埋葬的行为来强调血缘纽带的存在。

也就是说，在群体扩大过程中，群体内的基本单位以血缘群体划分，其复杂发展导致了群体规模的增大，同时由于群体人口的增加，人们为寻求可耕地而建立新的村落，聚落因此逐渐扩散。然而在扩大后的群体之间仍然能感觉到同族意识的整体维系。

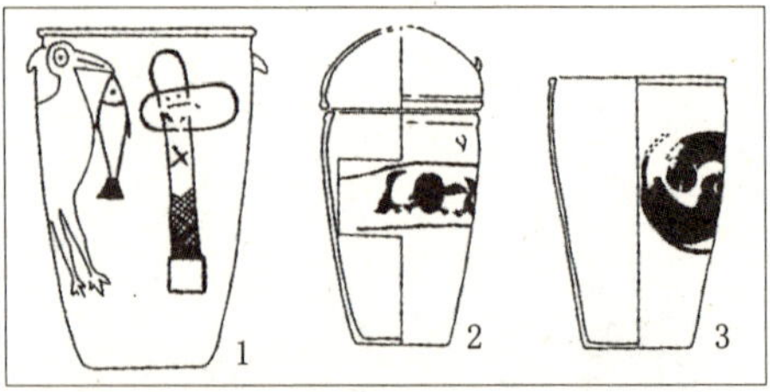

34 仰韶文化庙底沟期的成人瓮棺墓　1阎村遗址　2、3洪山遗址

以史家遗址的合葬墓为例，各处墓圹之中的再葬遗骨的男女比例以男性居多。而且在青年未婚者的墓葬中看不到这种男女差异，只有在已婚成人的墓葬中可以看出这种男性居多的倾向。

可见通过外婚这种与其他群体发生婚姻关系的形式来决定归属的人多为女性。简单说来，即女性倾向于结婚出嫁至其他群体，而男性则倾向于留在出生的群体，与来自其他群体的女性结婚。

这种倾向不同于较早阶段的姜寨遗址的三区墓地中、被认为是外来者墓地的C群墓地所显现的男女均衡的倾向。因此可以说，在女性因婚姻嫁入其他群体的仰韶文化史家类型阶段，男系的血缘群体开始逐渐成为社会的基本单位。从合葬墓出现以前的仰韶文化半坡类型期的姜寨聚落的墓葬随葬品分析来看，也可看出，在此阶段，新石器时代前期的那种因据社会性别差异（gender）为双分原理的特征已经消失。

男系血缘群体成为社会的基本单位的动向出现于新石器时代中期的后半段。虽然位置稍微偏南，在以淮河上游地区为中心的区域，发现了成人瓮棺墓。据河南省文物考古研究所袁广阔先生的研究，渭河流域的群体后来迁移到淮河上游地区。不论这种观点是否正确，从文化系统上来看，两个区域间存在着系统上的连续性。以上区域在新石器时代中期后半段的仰韶文化庙底沟期至仰韶文化秦王寨类型期出现了成人瓮棺墓。如新石器时代中期前半段的姜寨墓地所见的那样，相对于成人的土圹墓，瓮棺墓普遍用于儿童。

关于这种成人瓮棺墓的成因，今村佳子女士认为：用于埋葬儿童的瓮棺墓作为支撑父系群体组织的原理得到采用，因此形成了儿童与成人都以瓮棺埋葬的合葬墓地。这是一个显示男系血缘群体成为社会基本单位的事例。对这些墓地进行进一步分析后可知，在上述基本单位之间逐渐产生了贫富差距。男系血缘群体单位即氏族单位的贫富差距至少可从随葬品的内容组成上体现出来。这说明社会内部的阶层差距是以氏族单位为基础而逐渐产生的。

在另一方面，这个阶段的群体由扩大家族构成的事实也体现于长排连间式房屋等聚落构造。所谓长排连间式房屋，是以地炉连接各间房屋的长排形房屋。在河南省邓州市八里岗遗址，发现了新石器时代中期中叶的仰韶文化庙底沟期的长排连间式房屋。这种房屋在新石器时代中期后叶的河南省淅川县下王岗遗址以及河南省郑州市大河村遗址等处变得更加普遍。

典型的长排连间式房屋见于下王岗遗址，这种房屋也是新石器时代中期的姜寨遗址的聚落构造的发展形态。如前所述，在姜寨遗址中期，以四个作为集会场所的大型房屋为中心，中小型

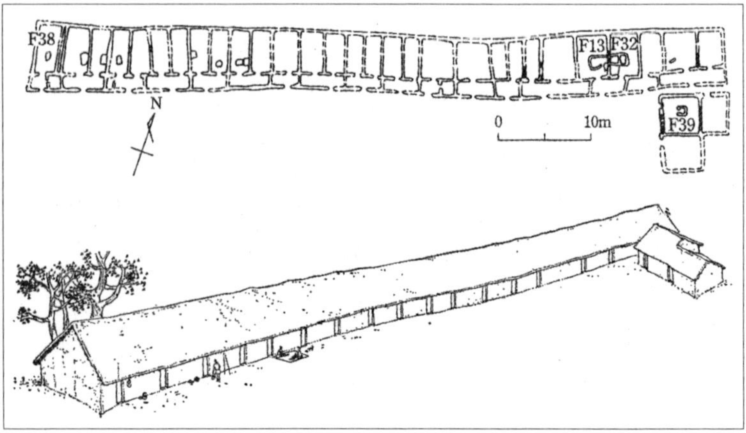

35 仰韶文化后半期的长排连间式房屋　下王岗遗址的长排连间式房屋的基址及其复原图

房屋围绕周围，形成四个群体单位。可以想见，由于这种群体单位的发展，姜寨遗址后期以后聚落不断扩大。

另外，这种长排连间式房屋使婚姻家庭单位的房屋更加紧密地聚集在一起。从遗物的组合可看出，每个住房单位中的住户以一对男女组成的婚姻家庭为中心。并且这种住户又因家庭成员的婚姻而分离出新的住房单位，房屋因此不断增多，长排连间式房屋体现的正是这种增加过程。

以父系血缘群体为单位的家族不断扩大的过程中出现的就是这种长排连间式房屋。这种新的房屋结构的出现与墓葬分析等资料显示的以父系血缘群体为单位的群体构成显然有着密切的关联。

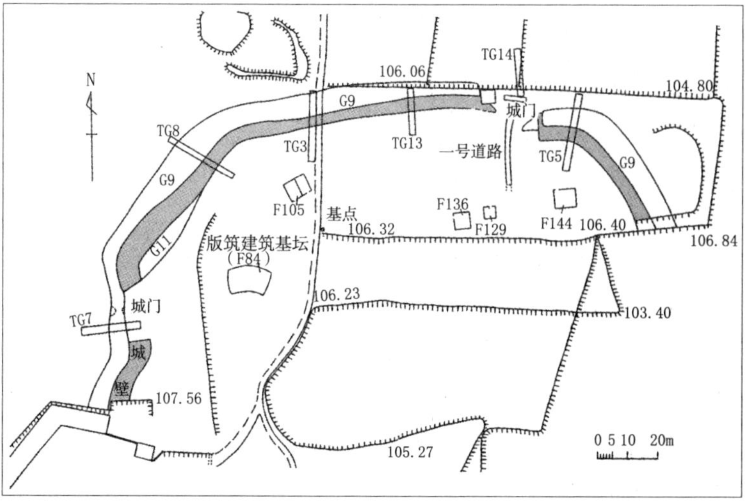

36 西山遗址的城址遗迹

有城垣环绕聚落的城址遗址

到了新石器时代中期末，聚落出现飞跃性发展。如河南省郑州市西山遗址的城址遗迹。城址遗迹是指夯土而建的城垣环绕的聚落。又叫城塞聚落或围壁聚落等。下文统称城址遗迹。

城址遗迹在新石器时代后期在各地普遍出现，在黄河中游地区较著名的有：山西省襄汾县陶寺遗址、河南省新密市古城寨遗址、辉县孟庄遗址、淮阳县平粮台遗址、登封县王城岗遗址、郾城县郝家台遗址等。这个时期从包括城址遗迹在内的聚落的大小，可看出阶层的差别。例如古城寨遗址，其周围的城垣规模巨大，长约 460 米 ×370 米，高约 15 米，幅宽约 40 米。

最近发现的山西省陶寺遗址的城垣也拥有相当的规模。其中

37 陶寺遗址中期的大城中所见的北城垣

陶寺遗址前期的小城城垣南北长约1000米，东西宽约560米。陶寺遗址中期的大城城垣南北长约1500米，东西宽约1800米。以这些大型且拥有具备防御功能的城垣的城址遗迹为中心，周围还存在着规模较小的聚落。这些聚落分布在大型聚落周围，并与其有机地结合在一起。

城址遗迹由新石器时代中期所见的环壕聚落发展而来，但环壕聚落的环壕主要用于防御周边的野生动物，并不具有聚合群体的意义。夯土而成的城址遗迹则不同。如果把同一阶段的石镞等武器化的石器考虑在内的话，城址遗迹拥有更强大的防御机能。有机地结合在一起的聚落群是扩大后的群体的聚合体，在聚落群之间也开始有包括战争在内的摩擦发生。关于这个问题，将在第八章加以详述。

从城址遗迹的内部来看，像平粮台遗址那样，除通常的半地穴式建筑和地面建筑之外，还发现了带有基槽的地面建筑。这样的建筑构造相当于二里头文化以后的商周时代的宫殿、庙宇建筑的前身。从中还可看出，聚落内部已开始广泛形成阶层差距。并且在王城岗遗址等处的城址中，还发现了建筑物下面埋有人牲的奠基坑。这说明当时已出现了阶层社会。

在新石器时代后期，不但出现了有城垣环绕的城址遗迹，阶

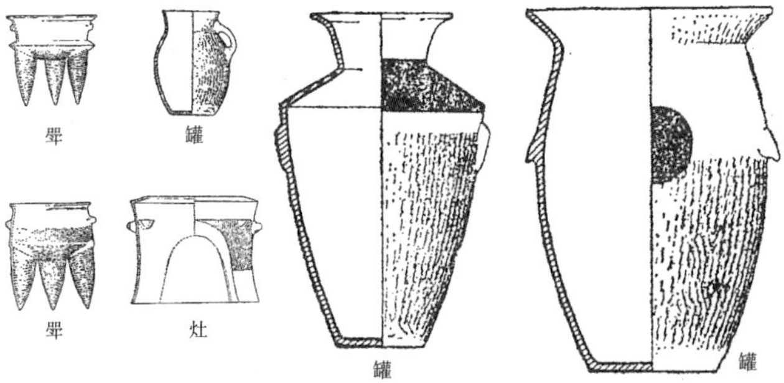

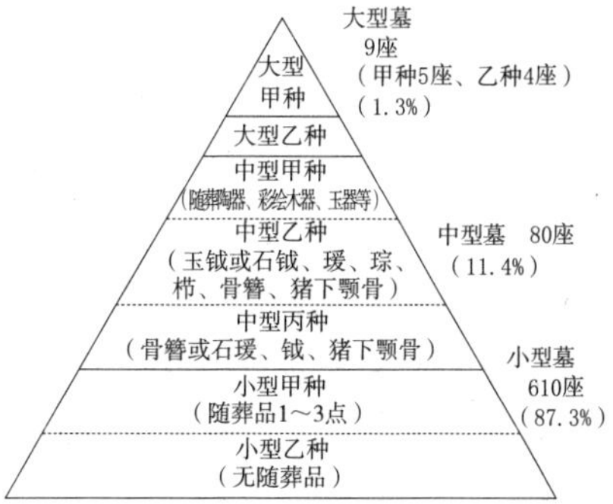

38 陶寺遗址的墓葬的阶层构造以及随葬陶器　图中陶器为属于大型甲种墓的3015号墓的随葬品

层差异的进展也体现于陶寺遗址的墓葬之中。该遗址的墓群由700余座墓葬构成，墓葬的大小与随葬品的数量构成大致呈正比。墓葬按规模分为大型墓、中型墓和小型墓。其中大型墓仅占总数的约1%，中型墓约占11%，小型墓占了大多数。三者呈现出金字塔形的阶层构造。大型墓为木棺，并拥有100—200件随葬品。

随葬品不但包括陶器，还有玉器以及施有彩绘的木器等。墓葬按随葬品是否包括鼍鼓和石磬分为甲、乙两种。拥有鼍鼓和石磬的大型甲种墓的阶层高于大型乙种墓。鼍鼓是用生长于长江以南的扬子鳄的皮制成的鼓。石磬以石板雕刻而成，是一种悬挂起来敲击演奏的乐器。至商周时代，石磬变化为不同音阶的石块组合而成的形式。

大型甲种墓的随葬品中包括了玉钺等代表军事权威的遗物，说明墓主是拥有祭祀权和军事权的首领。这种兼有军事权与祭祀权的权威地位也是构成商周社会王权的基本部分。也就是说，王权的萌芽早在新石器时代后期就已存在。而且大型甲种墓的墓主均为男性，这显然说明以父系血缘为核心的阶层构造已经得到进一步发展。另外大型甲种墓与大型乙种墓在墓地内分别建于不同的埋葬地点，各自成群分布。在墓地内因阶层不同，墓葬分布也因之固定并具有规则性，由此可知当时的阶层关系保持着一定的稳定性。这个阶段已达到了以世袭的父系血缘社会为阶层关系之基本的完全的首领制社会。

大汶口、山东龙山文化

后李文化与北辛文化以杂谷农耕为基础

山东半岛自新石器时代以来有着连续而系统的区域固有文化。从与周边地区的关系来看，山东半岛又与黄河中游地区即现在的河南省东部及河北省东南部在陶器等方面保持着一定关联。大汶口文化中期以后，其分布范围曾扩大至河南省西部一带。同

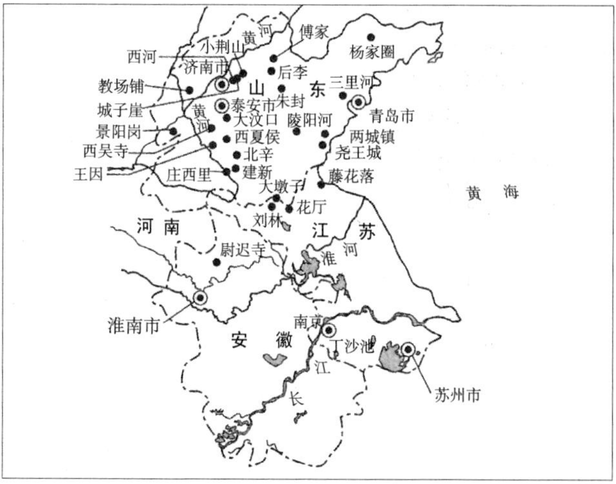

39 黄河下游地区（山东地区）的新石器时代主要遗址

时还与长江下游地区保有一定关系，其文化上的界限在淮河以南。而在东方，山东半岛的突出地带即胶东半岛一带，则一直受其影响，其影响甚至波及隔海相望的辽东半岛南部。

从胶东半岛到辽东半岛一带也可说是山东地区与辽东地区的接触地带。

如前所述，在山东半岛延续着具有一贯系统的区域固有文化。这个系统包括：该地区最古老的后李文化，以鼎的成立为特征的北辛文化，出现了彩陶、白陶和黑陶的大汶口文化，以黑陶为主体的山东龙山文化以及以褐陶为主体的岳石文化。

“二战”前傅斯年先生曾经提出夷夏东西说，主张黄河中游地区的仰韶文化和山东的龙山文化分别属于夏、夷两个文化相异

40 大汶口文化的彩陶　这个彩陶壶属于大汶口文化后期，表面的彩陶花纹已体现出当地独有的特色

的族群。即把彩陶与黑陶的不同理解为地域不同所致。然而二战后，1959 年在河南省陕县庙底沟遗址的考古调查表明，仰韶文化与龙山文化的差异主要在于层位上的时期不同。

类似的争论在二战前的日本也曾有过。一种观点认为绳文文化与弥生文化分别属于不同种类的史前民族，两者曾经并存。而后由京都大学的滨田耕作教授主导的鹿儿岛县指宿遗迹的发掘考察证明，两者之间的差别是层位上的时期差别。

虽然已知仰韶文化与龙山文化之间显示着时期的差异，但是正如傅斯年先生的观点，黄河中游地区和山东地区存在着一直以来各成系统的新石器时代文化，并且两地曾经存在不同区域群体的事实也是显而易见的。

属于新石器时代前期的后李文化的遗址，如山东省临淄县后李遗址以及山东省章丘市西河遗址、小荆山遗址等，尤以平面呈圆角方形的半地穴式房屋广为人知。然而这些遗址的聚落构造还存在诸多疑问。而该时期的氏族墓地的存在已得到确认。在小荆山遗址，墓葬可看出一定的分布原则。这些墓地的构造应进行进一步分析，然而因资料未曾公开，详细状况尚不明了。但是从随葬品的状况来看，虽然并不明显，这一阶段属于尚未出现阶层差别的公平的等质社会，可以想见，包括聚落在内，作为等质共同体的群体在当时已经形成。

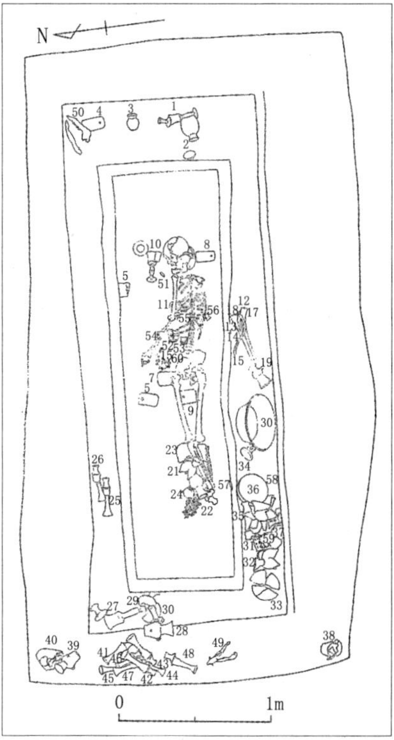

41 大汶口遗址 25 号墓

后李文化以及早期至中期的北辛文化的生业经济都是以粟作为中心的杂谷农业为基础。与黄河中游地区以及渭河流域同样，主要使用的是磨盘、磨棒和石铲等华北型农耕石器。关于后李文化和北辛文化的社会状况因聚落及墓葬资料的不足，目前尚难以把握，但是从后李文化的事例来看，大致可知其社会组织由等质的共同体构成。

这两种文化从陶器组合来看，与长江中、下游地区同样，是以釜为烹煮具的文化。北辛文化的陶器组合对位于山东地区西北部的河北一带也产生了影响，并且也影响了该地区被认为应属于仰韶文化系统的后岗文化。这种影响是包括了从陶器器种到陶器制作技术在内的综合性的影响关系。

到了新石器时代中期的大汶口文化期，这一带又受到了黄河中游地区的仰韶文化庙底沟类型的强烈影响。即绘有花瓣纹样的彩陶的盆和钵。这是一种普遍见于庙底沟类型的特征。在这个时期，庙底沟类型的彩陶广泛分布于东起山东，北至内蒙古中南部，西至渭河上游以及黄河上游的西北地区。然而庙底沟类型的陶器组合并未扩散至各地，不能算是一种文化复合体的扩散，而仅只是特殊的彩陶陶器的扩散。可以说作为文化信息的扩散，它并未包括所有的信息，而只是信息表层部分的扩散。具体说来，这是以特殊的彩陶盆及彩陶钵为媒体，黄河中游地区的人们与周边地区的各群体不断交流的结果。

这种交流可能是以具有贵重感的特有的彩陶为媒体的交易，也可能是通过提供彩陶来增进与其他群体的友好关系。就好像人与人的友好交流，也常常通过向对方赠与珍贵之物来进行一样。总之从现象上来看，黄河中游地区的仰韶文化庙底沟类型的彩陶也传入了大汶口文化的社会之中，在另一方面当地也开始把彩陶技术加以吸收，并开始制作具有自身特色的彩陶。

大汶口文化形成了墓制的身份标志和墓葬的基本构造

在公元前 4200 年至公元前 2600 年的大汶口文化期，以稳定的农业生产为背景，开始广泛出现阶层分化。从这一时期墓葬随葬品的数量及种类多寡即可看出阶层的差别正不断扩大。另外，墓葬构造除了之前的土圹墓（挖坑将遗体直接埋葬的墓）之外，还出现了使用木棺安葬的木棺墓。进而又出现了木椁墓。木椁墓不仅有土圹，还在地下设置一间木制的

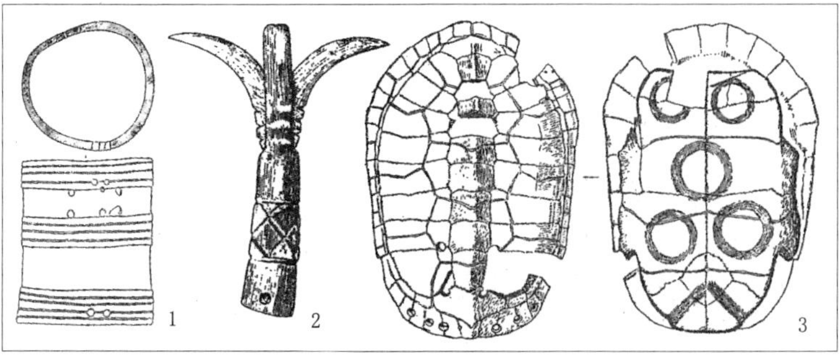

42 大汶口文化的特殊的随葬品　1 骨牙雕筒器（大汶口遗址）2 獐牙勾形器（刘林遗址）3 龟甲器（大墩子遗址）

椁室，再将木棺置于其中。大汶口文化后期的大汶口遗址 25 号墓等墓葬即属于木椁墓。木棺与木椁不可分的所谓二层台的墓葬构造在属于大汶口文化前期后半段就已出现于大汶口文化遗址 2005 号墓。

山东龙山文化可见更为丰厚的埋葬事例。例如山东省临朐县朱封 1 号墓等，棺木置于两重构造的椁室之中，形成二椁一棺的墓葬构造。

在日本，木棺墓和木椁墓在弥生时代曾作为来自大陆的墓制传入，而这种墓制在大陆的诞生则可上溯至远古的数千年前。这些等级不同的墓葬构造也体现出当时的阶层差别。简单说来，阶层由高向低分别为：木椁墓、木棺墓和土圹墓。这种墓制的身份标志及其基本构造也被后来的商周社会所继承。对上述基本构造出现于大汶口文化的事实我们应当予以重视。

然而在江苏省邳县刘林遗址及该县的大墩子遗址等处，从

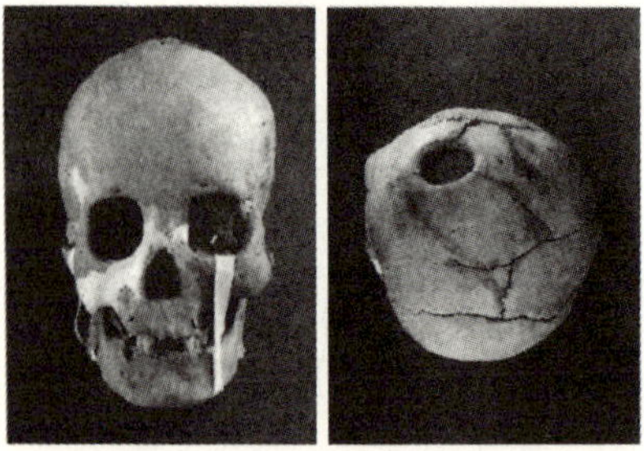

43 傅家遗址　392 号墓的人骨上遗留着外科手术后伤口痊愈的痕迹（后头部）

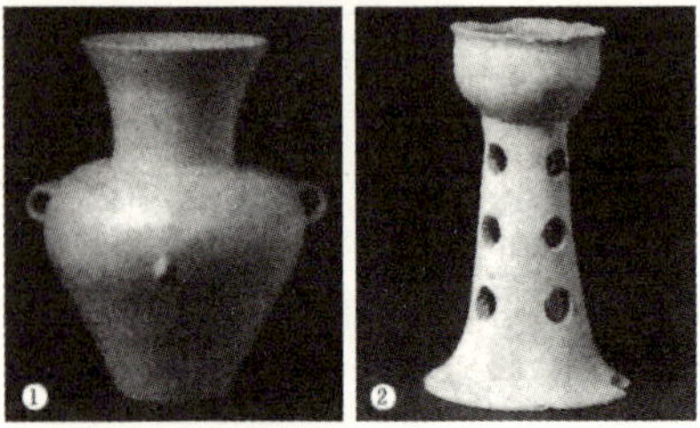

44 大汶口文化的陶器
1 白陶背壶　被誉为白陶最高杰作；**2 红陶高柄杯**　杯是大汶口文化独有的器种；**3 灰陶觚形杯**；**4 红陶袋足鬶**；**5 白陶三足盉**（1 为济南市博物馆藏 2、3、4、5 为山东省博物馆藏）

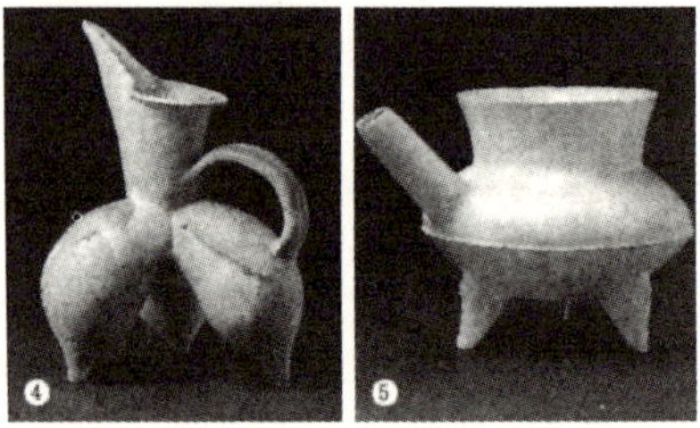

对大汶口文化前期的墓地分析来看，当时的社会还处于较为均等的状况。但是到了大汶口文化前期后半段，在前文已提到过的大汶口遗址 2005 号墓等墓葬中，出现了二层台的特殊墓葬构造，并伴有丰富的随葬品，可见当时已部分出现了明确的阶层差别。

在大汶口文化中期，这种阶层差别变得更加明显，阶层分化逐渐确立。这一点体现于大汶口墓地的实例中。在大汶口文化中期前半段，墓葬的规模几乎没有差别。到了大汶口文化中期后半段，逐渐出现墓圹大小的不同。至大汶口文化后期，分别出现了墓圹规模较大的墓群和墓圹规模较小的墓群，在墓葬分布也显示出差异。这个变化说明，以家族为单位的阶层差别正逐渐扩大。而墓圹规模的差异又与随葬品中的随葬陶器的数量多寡相呼应，体现出明显的身份差别。

阶层差别并非只体现于墓圹规模及随葬品的数量。例如骨牙雕筒器、龟甲器、獐牙勾形器这类特殊的遗物在绝大多数情况下都是男性被葬者的随葬品。骨牙雕筒器是用大型动物的四肢骨或象牙加工成筒状后施以精致的雕刻制成。一般认为，骨牙筒器是一种祭祀用具，用于与神灵交流的巫术。龟甲器之中多放有骨锥、骨针和石子，很可能是治疗疾病的工具。山东省广饶392号墓的墓主的头盖骨上有孔状伤痕，但伤口已然痊愈。

在世界其他地区的史前时代也有类似的事例。比如我曾见过的北欧史前人骨，其头骨上虽留有洞眼却已经治愈。估计是为治疗脑挫伤等引起的内出血而进行手术治疗留下的痕迹。南美秘鲁的印加文明虽然年代稍后，也有众多类似事例，估计是战争导致的结果。想到针灸的起源也可上溯至这个阶段，怎能不令人兴致盎然。

獐牙勾形器用牙獐的牙镶嵌于骨筒上的器物。牙獐是栖息于水边的一种小型鹿科动物。獐牙勾形器出土时的形态是握在被葬者手中。由此可以推测，这是一种用来驱邪的守护神的瑞符。

总之，不论是与神灵交流、治疗疾病，或是护身瑞符，都显示着某种特殊能力。不论持有者是否真正拥有这些能力，但是被社会公认为能够发挥这些能力的工具都处于这个男性被葬者

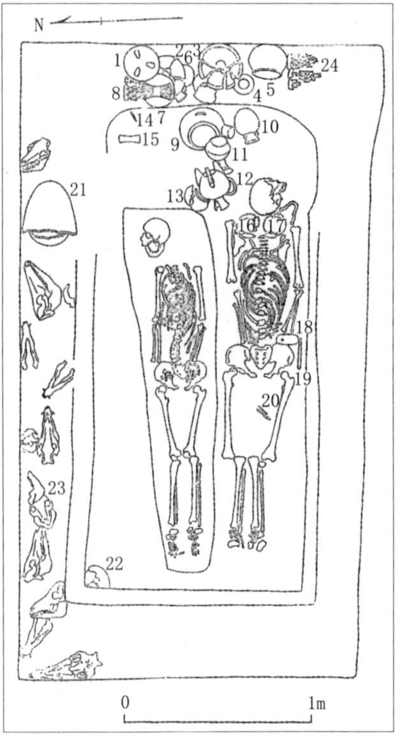

45 大汶口文化的男女合葬墓　大汶口遗址 13 号墓

独占之下。可以认为主持这类祭祀行为的人就是男性首领。由此可以推测父系氏族社会已经形成。对男女合葬墓的考察进一步证明了这个推测。

合葬墓是指男女同时被埋葬的墓葬。通常认为是男性死亡时女性也被一同殉葬。不过，如大汶口遗址 13 号墓的合葬墓那样，女性的埋葬位置稍高于男性的情况，有可能是女性入葬时间晚于男性。

同时埋葬还是有时间间隔的埋葬，是一个事关殉葬这个解释是否妥当的问题，所以在发掘考察时应当加以慎重讨论。但是，合葬墓中的安置位置已有男左女右的固定原则。并且从墓葬构造、随葬品的数量及种类来看，男性被葬者都处于相对优势的立场。

关于这类合葬墓，从性别上来看基本都是男女合葬，两者关系应当不是父母或兄弟姐妹之类的直系亲属关系，而是通过

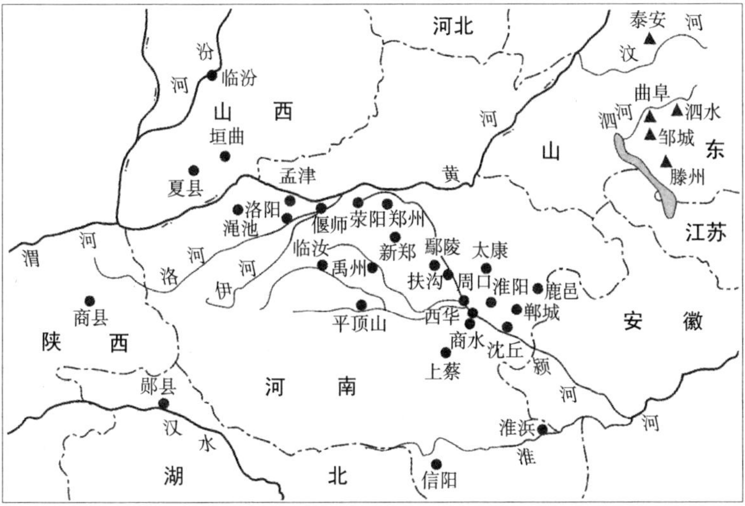

46 大汶口文化的向西扩散（杜金鹏 1992）　大汶口文化后期，大汶口文化的分布圈扩展至淮河上游地区等河南省西部地区（▲大汶口文化的典型遗址　●受到大汶口文化影响的遗址）

对偶婚结成的夫妇关系。这个事例说明，婚姻家族中已有父系占优势的现象，也可说这意味着男尊女卑的社会差别在此阶段已经诞生。以父系血缘家族为单位，社会差别已开始逐渐深化。

另外，在属于大汶口文化中期的江苏省新沂市花厅遗址，十座大型墓葬之中的八座除墓主之外还葬有殉葬者。例如在花厅遗址 20 号墓中，男性墓主的脚下同时殉葬有一只狗和两个少年。这明确显示着阶层社会的到来。

然而如前所述，大汶口文化时期已出现彩陶。此外还有传统的烹煮用具鼎，以及壶、豆（高杯）等普通器种。尤其引人注目的是鬶、杯和背壶等酒器。鬶用于温酒，杯则用来斟酒、饮酒。背壶的胴体有一面形状平坦，而扁壶则有一面呈壶状膨起。两者都用来装酒等饮品，单面平坦的外形应该是为了贴合身体，以便于携带。

还有用来酿酒的大口尊，即器壁较厚的陶瓮。有的大口尊上绘有表示火焰或斧头形的记号。很可能是各个氏族的标志，也可能是与祖先神祇相关的标记。

这类大口尊应当是由父系首领直接管理，并以酒为媒介，利用鬶、杯、背壶等进行相关的仪式。可以想见，通过这些仪式，掌握巫术和医术的父系首领的权威越发得到提高，从而促进整个氏族的团结。独占着与神灵的交流权的父系首领一定是同时也把大口尊的文字记号置于自己的管理之下，并由此掌握包括祖先祭祀在内的各种仪式，以稳固氏族的团结，从而有可能开展更为集约的生产活动。

但是在大汶口文化中后期的代表性的墓葬中，从随葬品的统计来看，就会发现陶器随葬品占了多数。尤其在大汶口文化后期，已普遍出现使用高岭土窑制而成的白陶。酒器之中的鬶、盉等多使用白陶，可见白陶比较高级。也就是说在此阶段，白陶成为一种地位较高的陶器。

在以这些酒器为中心反复进行祭祀活动的大汶口文化中后期，大汶口文化的分布范围向西扩大，其影响力直至黄河中游地区。这种文化领域的境界地带在位于河南省郑州市的大河村遗址等处也可见到。大河村遗址有着之前的仰韶文化王湾二期（大河村四期）的文化系统，但也吸收了扁壶等具有大汶口文化特征的陶器。另外，从墓葬来看，该处遗址还有作为外婚者加入的大汶口人的墓地，这些墓葬地与仰韶文化王湾二期的人们的墓地位于不同的地点。由此可见当时人们严格区分着氏族与部族，但不同族群之间已开始通婚。

在大汶口文化后期，聚落规模出现三个等级的阶层

在新石器时代后期的大汶口文化后期，从墓葬构造及随葬品构成即可看出，这类以父系氏族社会为中心的社会阶层差别正逐渐扩大。从新石器时代后期的大汶口文化后期到山东龙山文化期，血缘家族单位的阶层差别，即氏族单位的阶层差别越加扩大，在此阶段，以氏族为单位的区域族群单位的序列化得到不断发展。

在属于大汶口文化后期的安徽省蒙城县尉迟寺遗址，可见平面图呈椭圆形的环壕聚落。环壕范围内建有地面建筑。房屋呈行列状，形成所谓的长排连间式房屋。这种样式的房屋共有十二组。这类房屋主要分布于以淮河流域为中心的地区。如在论及黄河中游地区时总结的那样，这种房屋形式是扩大家族的体现，反映着具有相同血缘关系的群体单位。这个阶段成为证明血缘关系是社会单位之基础的根据。

山东大学的栾丰实教授认为，这种大汶口文化后期的聚落规模形成了三个等级的阶层构造。至新石器时代后期的山东龙山

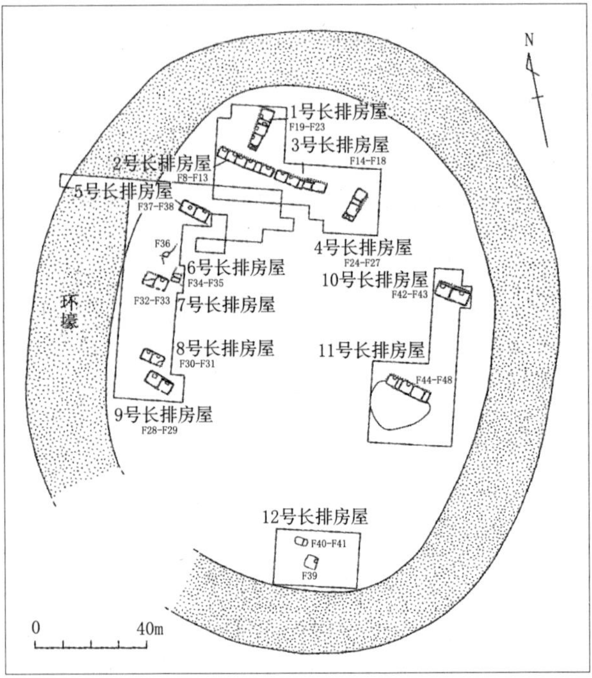

47 安徽省尉迟寺遗址的聚落

文化期，山东地区开始出现城垣围绕聚落的城址遗迹。城址遗迹按规模大小可分为三个等级：大规模、地处中心位置的遗迹；中等规模、位于中心大规模城址周围的卫星城式的城址遗迹；处于更加外围的、没有城垣的普通聚落，三者的分布呈现出金字塔式的阶层构造。

区域社会组织以包括祖先祭祀的信仰为核心形成，并且以区域间族群的统合为目标、包括政治同盟关系在内的区域社会的统合已逐步开始。大汶口文化以来的鬹、杯等酒器此时在祭祀活动中发挥着重要作用。另外区域族群之间的摩擦促使用于防御的城垣逐渐发达。同时，用于战斗的镞（一种箭形武器）等也开始大型化，其作为武器的功能也逐渐进化。

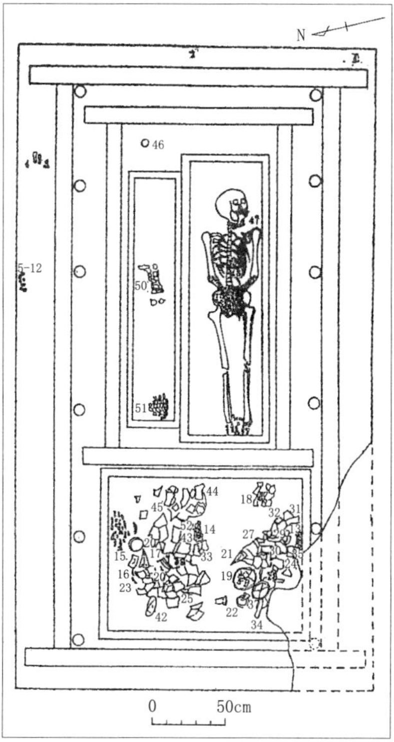

48 朱封 1 号木椁墓

在大汶口文化阶段，地域组织的首领的墓葬通常设于与普通阶层的墓葬相同的墓地之内。而在山东省临朐县的朱封遗址，首领墓已形成单独的墓地。可以说在阶层差别日渐扩大的过程中，首领墓与之前的以氏族为单位集中安葬的群体墓不同，已形成拥有特殊化的墓葬构造及随葬品的墓葬，并从普通成员的墓地中分离出来，专门建成新的墓地。从集中了朱封 1 号墓、2002 号墓、2003 号墓等首领墓而形成的墓群中即可看出这种现象。

而以往被看作是河南龙山文化的一个区域类型的王油坊类型的遗址也见于河南省东南部的淮河支流流域。王油坊类型也

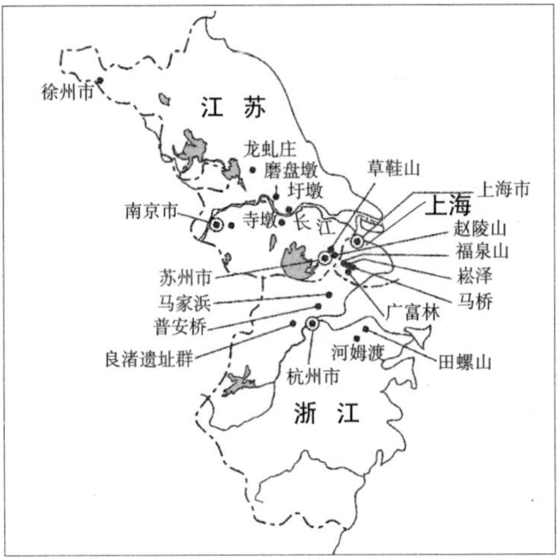

49 长江下游地区的新石器时代主要遗址

被称为造律台类型等，在认定其特性时还存在一定程度的混乱。山东大学的栾丰实教授指出：王油坊类型的分布区域在大汶口文化后期位于大汶口文化的分布区内，其陶器样式等文化形态是以大汶口文化为基础诞生的。近年来更有学者以陶器样式为根据，认为王油坊类型从属于山东龙山文化。

并且，王油坊类型的分布范围不断扩展，直至良渚文化曾极度繁荣的长江下游。在上海市的广富林遗址，良渚文化包含层之上广布着王油坊类型的文化层。这说明长江下游的良渚文化迅速衰退之后，王油坊类型从淮河以北向南逐渐扩散开来。

从这个意义上可以说，山东龙山文化的文化领域范围扩大到了东至山东半岛顶端到辽东半岛顶端一带，西至河南省西南部的淮河上游到长江下游的上海附近的地区。新石器时代末期的这种文化形态在发展形成了诞生殷商社会的关键的二里头文化时期，作为二里头文化的文化要素，具有重要意义。关于这个问题，将在后面的章节中加以详述。希望读者对此暂且留下一个印象。

田大致可分为两个区域。沿着自然地形的坡度，长约2—3米的长方形浅坑成行分布。在土坑旁，是灌溉用的水沟，水沟途中设有蓄水的水井。水沟连接着土坑，土坑之间有水口相连。每一处土坑都出土了大量的水稻的植物硅酸体以及大量的碳化米。由此可知，这些拥有灌溉设施的遗迹应当就是早期的水田。

51 菰田　草鞋山遗址附近现在仍有栽培。沿着小河岸边成行生长的景象与草鞋山遗址的水田相仿

主持发掘工作的学者之一、宫崎大学的名誉教授藤原宏志认为，从遗址附近至今可见的菰田（即茭白。与水稻同属禾本科）的栽培景象来看，可以想见遗址的水田也曾显示着同样的景观。沿着小河呈列状延绵分布的菰田所呈现的应当就是草鞋山遗址当年的水田景象。

这一时期的墓葬要数江苏省常州市圩墩遗址最为著名。其随葬品据墓主性别不同差异尤其明显。男性为鹿角靴形器，女性为纺锤车。鹿角靴形器以鹿角制成呈小巧的靴子形状，其用途不明。其出土时被置于男性墓主的脚下，估计是一种装饰品。

另外，从该处墓葬的人骨资料来看，当时有拔齿的风俗。这是标志成人的一种仪礼。拔齿的形式有一定规律，限于上牙的中、侧切齿。这种形式也存在着性别差异，男性拔除上牙左侧的两颗切齿，而女性则拔除右侧上牙的两颗切齿。在埋葬位置上也按性别不同大致分东西两列埋葬。

在新石器时代中期的马家浜文化阶段，社会性别即性差成为基本单位，据性别不同进行社会分工的现象越发普遍。

因而这个阶段的稻作农业作为采集活动的延续仍以女性劳动为主要对象。可以想见，该阶段稻作作为经济主体部分的地位尚不明确，而很可能只是包括狩猎采集在内的多种经济方式的一部分。男性劳动所承担的渔猎应当还占据着相当的比重。

集结女性劳动和男性劳动的集约型农业出现

到了新石器时代中期后半段的崧泽文化期，较之从前的性别差异为主的社会形态，血缘家族群体成为社会基础单位的倾向更加显著。这种倾向从上海市青浦县崧泽遗址的墓葬的各时期变迁中可以窥见一斑。崧泽第二期墓葬由三个墓群组成，与圩墩墓葬不同的是，在此阶段，墓群之间在随葬品的构成及数量上出现了贫富差距。与此同时，在随葬品丰富的墓葬较多的I群，女性被有意识地埋葬于此，可见在该阶段，依然稳固地存在着性差的因素。但是到了崧泽第三期墓葬的阶段，在墓群之间已见不到性别偏重的现象，而墓群之间的随葬品内容及数量上的差距愈加扩大。墓群很可能是由以血缘关系为纽带的群体单位构成。这种看法从其他区域的社会组织的变迁来看也是合理的。

在此之前，农具主要有用于土木作业或耕田的骨角制或木制的铲状农具。自崧泽文化期开始，出现了新的耕田工具石犁。最

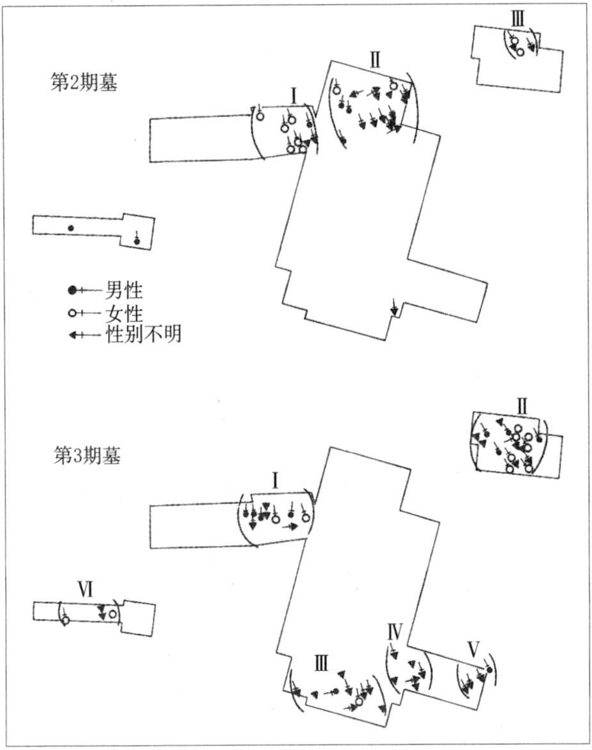

52 崧泽墓地的变迁　随着第 2 期墓向第 3 期墓的变迁，在墓群单位上逐渐显现出阶层差别

初阶段牵引犁耕的很可能是人。那么从犁耕的劳动量来看，这项工作应当是由男性承担。因此可以认为从前以女性为主体的稻作农业因男性的加入而开始走向有组织的集约式农耕。

这种有组织的群体即前文所说的由血缘关系形成的氏族单位。氏族单位作为劳动单位重新组织之后，相互间开始出现差距。正是氏族单位的这种变化促使了社会的进化。这也关系着稻作农业经营单位的问题。对于结合了女性劳动与男性劳动的集约式农耕而言，支撑其存在的经营单位非常重要。开展农耕活动时，稻作农业的经营单位很可能就是以婚姻为基础单位的血缘群体即氏族单位。这些经营单位之间收获量的差距继而引发了氏族间的贫富差距。从墓葬中所见的血缘群体单位的贫富差距也体现了这一点。

另外，稻谷本身的变化也显示着集约式稻作农业的发展。

在江苏省高邮县龙虬庄遗址，层位资料明确显示出新石器时代中期的稻谷的阶段性的形态差异。具体说来即稻壳逐渐增大，而在第四层的崧泽文化期，稻壳的大小发生了飞跃性的增大，达到了接近今日的水准。这种稻壳大小的变化可以说也是与集约式稻作农业的出现相一致的人为现象。

新石器时代中期末至后期的良渚文化可说是集约式稻作农业进一步发展的阶段。这一点从遗址中出土的动物遗存体的分析也可得到证明。在此之前的阶段，动物遗存体包括一定程度以上的野鹿等野生动物。至良渚文化阶段，家猪等家畜所占比例有了飞跃性提高。并且在农耕用的石器之中，用于收获的石镰也得到普及。有学者认为，由于切割稻穗的石刀几乎未曾普及，所以石镰应该是切割稻谷根部的工具。属于良渚文化前期的浙江省湖州市钱山漾遗址第四层出土了一种名为“千篰”的工具，是用来往水田放水及和泥的工具。由于这种工具与前文提到的用来切割根部的石镰一同出现，金泽大学的中村慎一副教授认为，可以想象当时已出现有田埂包围的平坦的灌溉水田。也就是说，相对于草鞋山遗址的接近于天水田的水田，这里已出现正规的灌溉水田，开始了集约式农业。

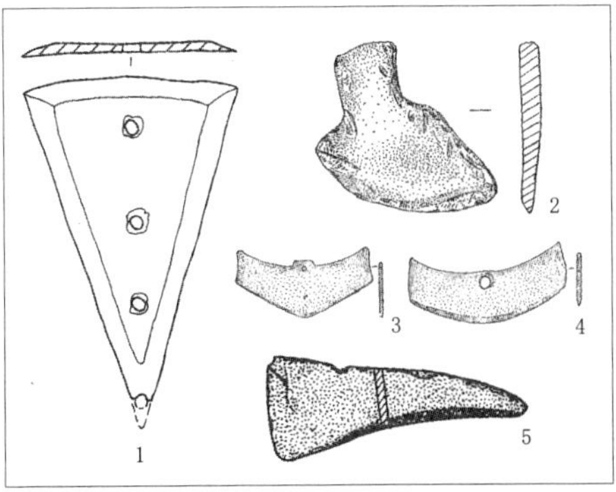

53 良渚文化期的农耕石器 1 石犁（烟墩山遗址） 2 破土器（孙家山遗址） 3、4 耘田器（孙家山遗址） 5 石镰（绰墩遗址）

此外，良渚文化期还出现了被称之为破土器和耘田器的定型化石器。这些石器虽然是其他地区所没有的种类，但在当地很可能是相当常见的农具。用于翻耕土地的石犁，在放了水的水田里用于平整田泥的“千篰”、用于收获的石镰以及现今尚不能明确其用途的破土器和耘田器。从这些农具的存在来看，我们可以想象出当时的劳动程序，并且这种已经发生分化的劳动程序是由一整年的水田农耕过程中有组织的劳动形态所支撑的。

这些石器正意味着集约式水稻农业的出现，我们不难想象，生产力的进步引发了人口的迅速增长。实际上，良渚文化阶段的遗址数量的增加程度相当明显。另外，这些遗址的劳动基础单位很可能是由血缘群体组成，当时正处于劳动趋于组织化并向着社会的组织化发展的阶段。

如前所述，在稻作农业的经营单位之间产生了生产量的贫富差距，由此更产生了作为经营单位的血缘群体即氏族之间的贫富差距。这说明，该阶段产生了此前不曾有过的严重的社会阶层分化。

阶层上位者墓葬中多有大量随葬玉器

社会的阶层分化也明确体现于墓葬构造之中。土墩墓的成立时期也是在良渚文化阶段。土墩墓的特征是：并非为某个特定的个人而建，而是一种由多人墓葬组成的特定的群体墓。如在新石器时代中期后半段的崧泽墓地所见的那样，单位群体之间的贫富差距已经出现。也就是说，当时已存在家族单位上的身份差别。可以认为，土墩墓的出现正反映了这种贫富差距进一步扩大的趋势。而且，在浙江省桐乡市普安桥遗址的考察显示，土墩墓是由圆丘状的单个坟墓集中建于一处，最终形成巨大的土墩。如崧泽墓地那样，由于单位群体在某个特定的地点建造坟墓，该地点由此最终形成特定群体的土墩墓。由于是原有的坟墓聚集而成，所以土墩墓又可称作原有土墩墓。

另一方面，除了因上述成因形成的土墩墓之外，同时还出现了把原为祭坛的土丘转而用作特定群体的土墩墓。在土墩内，有着估计是用于祭火的烧土台，在后来的殷商时代，这种祭祀被称之为燎祭。烧土台四周还围有壕沟。良渚遗址群中的浙江省杭州市余杭区反山遗址、瑶山遗址、汇观山遗址等均属此列。且简称为祭坛土墩墓。

54 福泉山土墩墓

上海市福泉山遗址、江苏省昆山市赵陵山遗址、江苏省常州市寺墩遗址等处的土墩墓很可能是普安桥遗址那样的原有土墩墓样式与祭坛土墩墓样式的综合样式。但是这些祭坛土墩墓的墓葬内随葬品在内容及数量上均比普安桥样式的原有土墩墓更为丰富，并显示出阶层上的贫富差距。另外，祭坛土墩墓出现于良渚文化中期，是在社会阶层化进程中产生的阶层上位者的墓葬。

这些阶层上位者的墓葬随葬品中尤其引人注目的是大量的玉器。其种类主要有饰以兽纹的玉琮、用作武器的玉钺以及用于驱邪的玉璧等。玉琮是一种呈方筒形、内侧为圆柱形空洞的玉器。玉琮用于祭祀，其中空部分被认为是连通天神与地神的通道。

玉璧呈圆盘形，中有圆孔，形状精致而奇特。与体现着当时人们的宇宙观的玉琮一样，玉璧也是祭祀用的礼器。玉琮表面精雕细刻，刻有一种名为神人兽面纹的精细纹样。而且这种兽面纹也见于分数段雕刻成长方柱形的玉器。京都大学名誉教授林巳奈夫先生认为，良渚文化的兽面纹就是见于殷商社会的青铜器上的饕餮纹的原形，而玉钺则是按照原为武器的钺的形态制成的玉器，所以玉钺应当是一种显示军事权的瑞器。

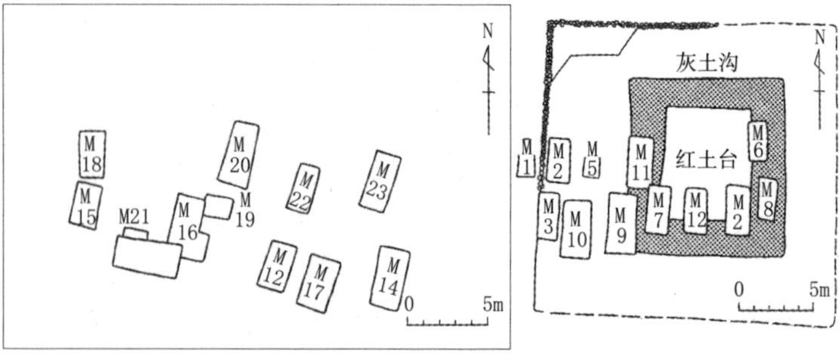

55 祭坛土墩墓　右图为反山土墩墓，左图为瑶山土墩墓

王权社会尚未成形，尚处于首领制社会的良渚文化

在瑶山及反山土墩墓，墓葬呈列状分布，各列之间的随葬玉器在内容上均存在差异。例如瑶山土墩墓有南北两列墓群，两者在随葬品上显示着区别。南列的随葬品有玉琮、玉钺和三叉形冠饰，北列则随葬有玉璜、纺车。遗憾的是，被葬者的人骨已经腐化，未能保留下来，所以无法用体质人类学的方法加以鉴定。南列特有的玉琮等随葬品在北列不曾出现，两者为排他性的墓列关系。这种关系显示，空间分布的差异很可能依据的是男女性别的差异。也就是说，因为玉璜及纺车这类随葬品在崧泽文化阶段对应着女性墓的附葬品，由此可知直到这个阶段，男女性别差异依然是决定墓葬差异的重大因素。

如果说有着玉琮、玉钺、三叉形冠饰等随葬品的南列是男性墓，那就说明男性掌握着祭祀权、军事权等首领权力。但是在另一方面，男性和女性被有规则地埋葬于同一土墩墓之中，说明这些群体中存在着血缘关系等一定程度的群体关系。那么就可以说，良渚文化的阶层构造也与其他地区同样，正向着以父系为中心、以血缘关系为单位的阶层社会进行进化，并说明掌管祭祀和军事的首领权掌握在父系手中。

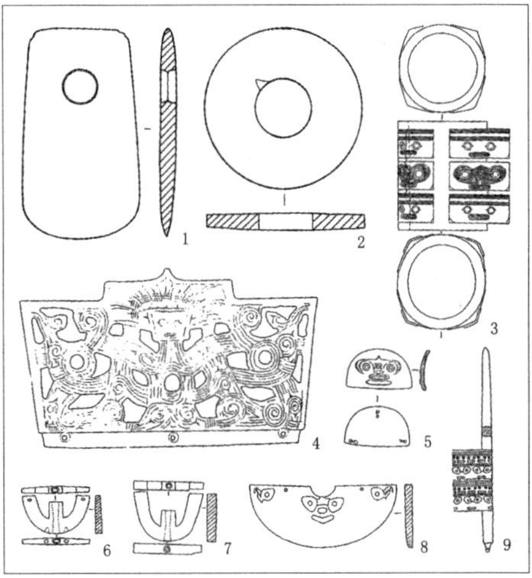

56 反山土墩墓出土的良渚文化玉器 1 钺 2 璧 3 琮 4 冠状饰 5 半圆形冠状饰 6、7 三叉形冠状饰 8 璜 9 锥形饰

位于良渚遗址群中心地带的莫角山遗址是一座壮观的人工土台。东西宽760米，南北长450米，高10米。在莫角山遗址的土台上又有大莫角山、小莫角山和乌龟山三座土台。在这三座土台之间发现了一处大型版筑建筑物基坛和一座柱穴直径达60厘米的建筑遗迹。关于该处建筑遗迹具体以何种方式筑成，目前尚不明了。很可能是用于祭祀的场合或是供人们聚会、誓约群体团结的地方。以这种祭祀性的建筑物为中心，周围建有独立的土墩墓。

关于这些遗址是否是在整个良渚文化期内相继建成的问题，根据金泽大学的中村慎一副教授的复原可知，虽然从目前的考古资料来看尚有空白的时期，在这些空白期内曾存在土墩墓的可能性依然很高。因此可以认为良渚遗址群曾经繁荣于整个良渚文

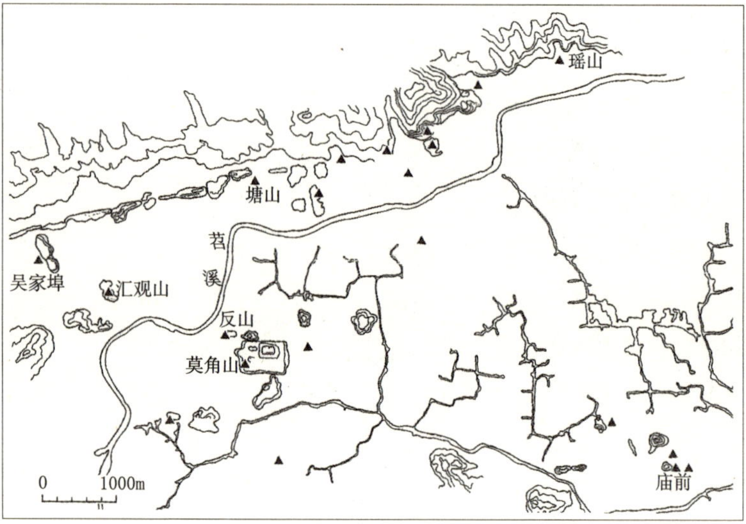

57 良渚遗址群的遗址分布 ▲表示遗址，广泛分布在以莫角山祭祀遗址为中心周边地带

化期。与后来商代的殷墟相同，在相当于祭祀空间和宗庙等的莫角山遗址及其周边，历代以来处于上层阶层的家族墓葬也就是土墩墓分布其周围。并且这些墓葬与莫角山的距离越远，墓主阶层就越低。这也与殷墟有着相通的阶层构造。

另外，在良渚文化期太湖周边的各个区域都发现了土墩墓，说明在区域单位中存在着首领阶层。土墩墓以及随葬品中的玉琮、玉璧和玉钺等瑞器标志着首领墓的存在。前述反山土墩墓的 20 号墓拥有大量玉器随葬品，总计达 547 件。显示该墓应为反山土墩墓中的最高首领的墓葬。玉琮等玉器属于威信物，其拥有数显示着墓主的首领权威。

58 太湖周围的良渚文化遗址　从拥有土墩墓的遗址来看，这类遗址在太湖周围至少存在五个组群

然而比较各个地域首领的玉器数量等瑞器的数量时，还必须考虑到，随着时间流逝，首领层的霸权也有可能在区域间发生移动。例如在良渚文化中期，太湖南岸的良渚遗址群处于最具优势的地位，而到了良渚文化后期，权力的重心移到了太湖北岸常州地区的寺墩遗址一带。这是奈良国立文化财研究所的今井晃树先生的观点。也就是说良渚文化期各区域之间绝不是一种稳定不变的关系。

另一方面，据中村慎一先生的推测，目前在良渚遗址群一带虽很少发现有良渚文化后期的遗址，但这些遗址应当曾经存在。这些跨越整个良渚文化期的良渚遗址群才是整个良渚文化的主体所在。另外，因为玉琮上可见曾被切割的痕迹，也有学者认为，玉琮作为一种威信物，在区域首领间缔结政治同盟时曾被切割分配给各方。

问题是这些玉器是否被统一生产、统一管理并统一分配给各区域首领？迄今为止，在良渚遗址群的塘山背遗址及江苏省句容市丁沙地遗址都发现了玉器加工作坊遗迹。另外从玉琮内侧切割下的废材即玉芯的存在来看，常州地区的磨盘墩遗址附近也可能存在玉器加工作坊的遗址。看来没有必要认为玉器在当时就一定是统一生产。

这一点不同于后来二里头文化及二里岗文化期统一生产青铜礼器的特点。

可以认为，在良渚文化期，环绕太湖的各个地区形成了以父系血缘单位为核心的阶层构造，地域首领拥有着玉琮等玉器，通过向位居下层的区域首领分配玉器，形成了依靠祭祀统治系统维持的同盟关系。

获得玉器分配的区域首领们很可能又在区域内部继续进行赠与活动，将玉琮进一步分割。在这些区域之中，太湖南岸的良渚遗址群当初占据着盟主的地位，然而到了良渚文化后期，或许由于玉材的枯竭，玉器的赠与活动难以继续，因此落入难以掌握霸权的局面。从这种意义上来看，在良渚文化后期，太湖北岸常州地区的寺墩遗址一带的势力变得相对强大。

但是，这种区域单位中首领阶层的成立以及区域间首领的势力格局虽逐渐成形，但其势力格局是不稳且流动的。由此看来，良渚文化还未达到形成王权的阶段，只能将其划分在首领制社会的范畴之内。

良渚遗址群至少在良渚文化中期曾居盟主地位，从莫角山遗址等处的建筑遗迹来看，社会群体的团结通过祭祀活动得以实现，已形成了宗教祭祀国家的原形。如果说见于商周青铜彝器之上的饕餮纹的原形就是玉琮的兽面纹的话，二里头、二里岗文化的包括祭祀活动在内的祭祀统治权的原形也许就来自良渚文化。

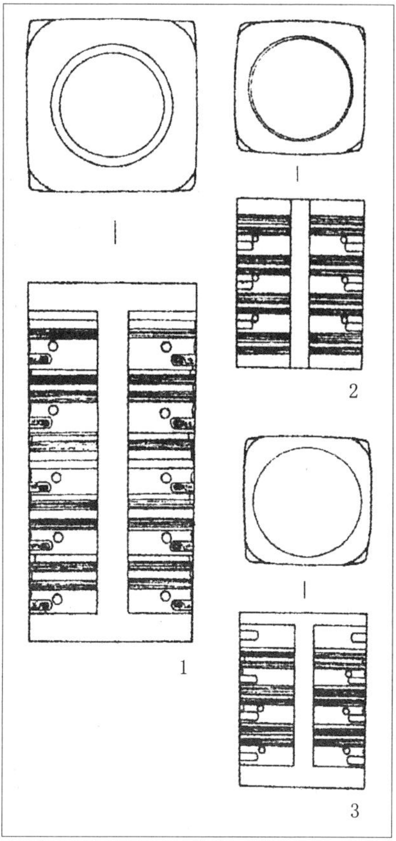

59 被分割的玉琮　浙江省余杭市横山遗址 2 号墓出土的玉琮当中，1 为完整形，2 下端的兽面纹无眼、口，3 上端的兽面纹无眼。后二者为分割后的形态

良渚文化虽然形成了发达的首领制社会，却突然间走向衰落，被文化发达程度较低的马桥文化所代替。关于良渚文化走向终结的原因，水灾等自然灾害说是较为有力的观点。公元

前 3000 年前的中叶阶段，由于气候转凉，很可能引发了大规模的洪水灾害。实际上多项考察事例显示，良渚文化的包含层上覆盖着厚重的冲积层。

然而更重要的是，随着自然灾害造成的稻作农业生产力急剧下降，面对这种社会变化，玉器所代表的祭祀统治权已无法维持社会的秩序。我认为这是良渚文化衰退的一大因素。应该说是以祭祀统治权和军事权为基础的良渚文化首领制体系的崩溃导致了良渚文化的终结。

在逐渐衰退的良渚文化的周边地区，例如上海市的广富林遗址，则属于自淮河流域扩展而来的河南龙山文化王油坊类型。而良渚文化之后的马桥文化时期，陶器的制作技法中独具特色的印纹陶已经普及。许多学者因此认为马桥文化继承着自华南等南方地区北上而来的印纹陶文化等不同性质文化的谱系。学界普遍认为，由于良渚文化的衰退，来自南方的新文化顺势北上。

我认为，马桥文化的部分要素也包含着良渚文化的延续成分，同时马桥文化中所见的石刀等农具与其说是南方，倒不如说延续着其北方邻接的王油坊类型的系谱。马桥文化之所以广受瞩目，不但因为印纹陶的发达，更因为用高岭土高温烧制而成原始瓷器的存在。如今这种原始瓷器也发现于二里头遗址（这个问题将在第十章详述）。我认为上述江南与中原的关系与二里头文化之前的、属于河南龙山文化的王油坊类型向长江下游地区的扩展有所关联。

希望读者能对我的这个推测留下印象。另外，我认为王油坊类型中较普遍的拍印方格纹等陶器制作技法才是使印纹陶得以发展的技术基础。可以想见王油坊类型向南扩展的过程中，形成了延续着良渚文化的谱系的马桥文化。这是我个人的推测。

彭头山、大溪、屈家岭、石家河文化

石家河文化的玉器以特殊的人物像和动物像为特征

长江中游地区很可能是稻作农业开始的核心地区。新石器时代前期的彭头山文化是湖南省澧水流域的文化。而在湖北省则被称之为皂市下层文化。两者皆拥有以绳席纹技法制成的釜、壶、钵构成的陶器组合。皂市下层文化出现于较晚的阶段。在彭头山文化的八十垱遗址出土了大量稻壳。中国的农学者们认为这些稻壳属于栽培稻。中村慎一先生则以稻壳较小，认为很可能是野生稻。但不论是栽培或野生，大量稻谷被采集并贮存的事实是确凿无疑的。

在八十垱遗址，聚落周围有环壕环绕。这里是迄今为止在中国大陆发现的最古老的环壕聚落之一。环壕是规模相当巨大的土木工事，这意味着该阶段的社会组织已经具有相当高的凝聚力。另外环壕聚落的环壕可能用于防御野兽等，保护采集来的稻谷，以便更稳定的贮存。同时环壕很可能也具有保护聚落本身的功能。

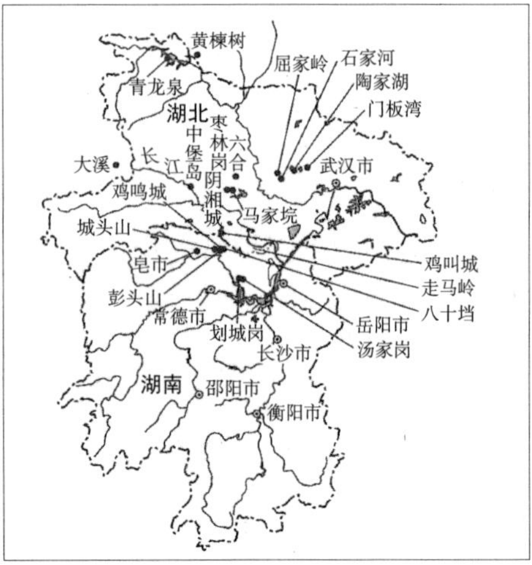

60 长江中游地区的新石器时代主要遗址

新石器时代中期汤家岗文化期（大溪文化并行期）的城头山遗址也属环壕聚落。在城头山遗址还发现了设有灌溉用水沟的水田。这些水田与所述长江下游地区的草鞋山遗址的水田在构造上各不相同。城头山遗址的水田可见用畦埂分割的阶梯式水田区划。在天水田里还设有畦沟，可对排水引水加以调节。由此看来，各地的人们根据不同的地形，精心地栽培着水稻。

这种初期农业社会的实际状况究竟如何呢？首先来看一处大溪文化阶段的墓葬遗址即四川省巫山大溪遗址。大溪墓葬分前期和后期两类，两者的性别比率皆以女性墓葬居多。长江下游地区直到崧泽文化期也具有同样的倾向。同时期在黄河中游地区以及渭河流域的墓葬则是男性比率较高。这或可说明在长江中下游地区的稻作农业地带此时尚处在母系社会。

说到母系社会，云南的纳西族是有名的实例。在当地，母系家族曾是社会的基础单位。

另一方面，大溪遗址的随葬品以陶器为中心，但并不像黄河中游地区那样随葬品在性别区分上存在明显的差异。大溪墓葬前期在随葬品数量上差异较小，而大溪墓葬后期则在随葬品数量上出现多寡悬殊增大的倾向，显示出群体内埋葬等级的差异逐渐扩大的过程。但是这种埋葬等级的差异并非因性别而异，而是在群体内以血缘关系为单位发生的阶层分化。

上述分化进一步加剧的进程在湖南省安乡县划城岗墓葬中有所体现。这里属于大溪文化末期至屈家岭文化阶段。其埋葬地分布可分为南区和北区。如吴汝祚先生以及后来北京大学赵辉教授所证明的那样，墓葬按纵列分组排列。赵辉先生认为，这些墓群是以一对夫妇组成的小家庭为基础单位，而像淮河流域的长排连间房屋的大家庭则相当于墓葬排列中的纵列组织，因此这些墓列聚集一处的墓葬区可看作是扩大家庭的上级构造即氏族。

然而证实这些墓群的基础单位是单婚家庭成员的证据还未找到。根据随葬品的多寡可以明确的是，各个排列单位显示着血缘单位，在这些单位之间阶层分化正在加剧。另外，分化为一南一北的两个墓群之间也在随葬品构成上出现了差距，说明氏族之间的贫富差距也在增大。并且在这种由血缘关系构成的单位组织内也出现了拥有玉钺等随葬品的位居首领地位的成员，可以想见阶层分化处于多层次的进展之中。另外在属于同时期的湖北省公安县王家岗遗址以及湖北省钟祥县六合遗址，也同样可见有两个墓群构成的墓地。在此阶段，社会组织发生一分为二的半族

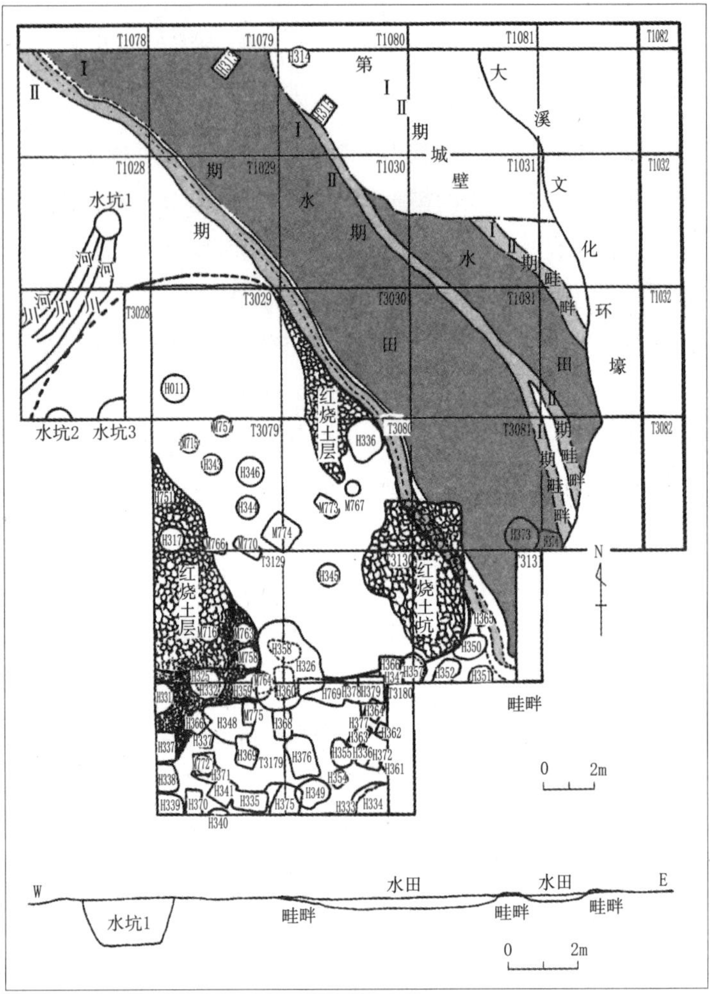

61 城头山遗址的水田　可以推测这些水田是由沿等高线而建的田埂围成的阶梯式水田

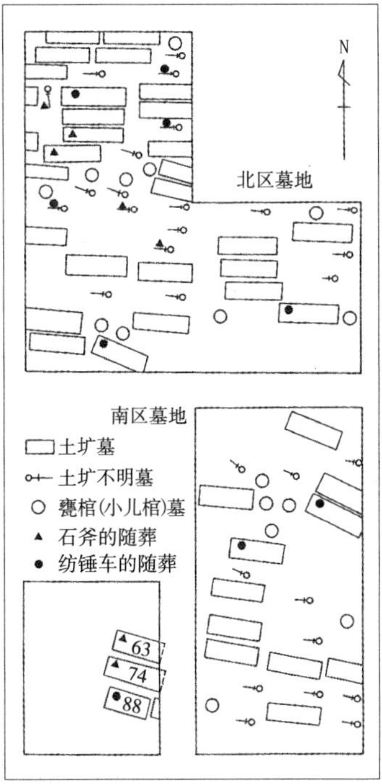

62 划城岗墓地的位置区划　北区墓地与南区墓地的距离约40米，南区墓地的随葬品相对丰富

分化，即双分制社会单位很可能已经存在。

从这种双分制组织单位的平等社会开始，稻作农业的经营单位即血缘家族之间产生了贫富差距，在特定的血缘单位内部出现了族长。在这个过程中分化形成了阶层，显示着阶层社会的到来。

墓葬中可明确认定是属于阶层上层者的最早的墓葬是在新石器时代后期屈家岭文化之后的石家河文化前期阶段。在石家河遗址内的邓家湾32号墓以及肖家屋脊7号墓，均为所谓二层台的特殊墓葬构造。同时还随葬有大量陶器。邓家湾32号墓中，埋葬着一个十岁左右的少年。同时还有与单刃石斧一同出土的四十多件随葬的陶器，分别放置于二层台上以及棺内。肖家屋脊7号墓的墓主为男性，拥有作为威信物的石钺，同时还随葬有106件随葬品。

这些显示着首领的存在的墓葬不是群体墓而是独立开辟立地，说明首领的存在非同一般。并且这些墓葬的墓主均为男性，

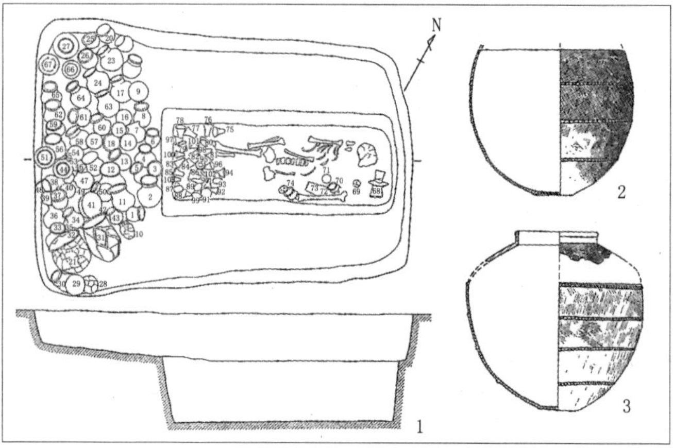

63 长江中游地区新石器时代后期的首领墓　1 肖家屋脊 7 号墓　2、3 肖家屋脊 6 号瓮棺墓

由此可知，这里与长江下游地区同样，父系阶层社会已经到来，但当地不存在像长江下游地区那样的土墩墓。该地区还出现了一个区域性特征，即之前仅用于埋葬儿童的瓮棺开始用于成人的埋葬。这些特征可见于肖家屋脊遗址，与聚落遗址石家河遗址处于分离的特定地点，是一处用于埋葬特定个人的墓地。这个阶段开始用于随葬的、石家河文化特有的玉器来看，我们大致可知，拥有这些玉器的成人墓主在当时社会中属于特定阶层。

石家河文化的玉器的形态不同于长江下游地区的良渚文化的玉器，多由特殊的人物像和动物像构成。

人物像用整块玉雕成，佩戴圆形大耳环，蒜头鼻、眼梢向上，牙齿外露，形象独特而鲜明。动物像多以蝉、鹰为原形。这些玉器是当地特有的威信物。当地独有的大型瓮棺墓就是作为拥有这些玉器的特定阶层的成人墓葬而出现的。

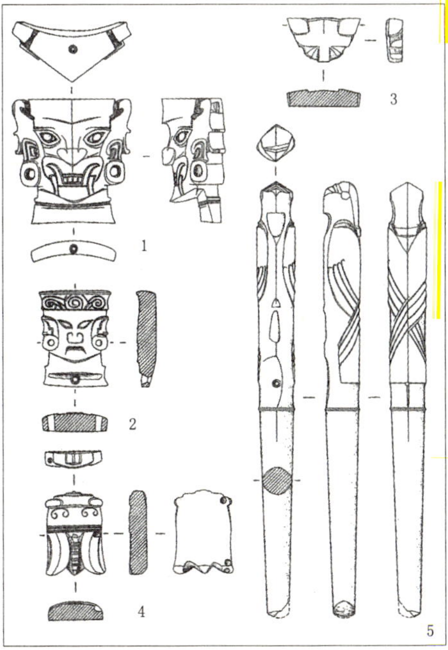

64 石家河文化的玉器　1、2 人物像 3 虎 4 蝉 5 鹰

说到成人瓮棺墓，也许有读者会想起弥生时代的日本列岛也曾在九州北部出现过同类墓葬。饶有兴味的是，瓮棺用于埋葬儿童的习俗在世界范围内十分普遍，而成人瓮棺墓则是突然变异且互无关联的部分区域的现象。但是石家河文化的瓮棺墓属于二次葬，即在成人死后，将其遗骨安置于瓮棺内的埋葬方式。这样的成人瓮棺墓也见于在湖北省荆州市枣林岗遗址及湖北省钟祥县六合遗址等处，两者都随葬有特殊的玉器。

在枣林岗遗址，向东约 2 公里处即阴湘城的城址遗址。这里特定阶层的人们被与其他群体分离开来，独立葬于成人瓮棺之中。瓮棺这种特殊的墓葬形式以及用作威信物的玉器随葬的厚葬之风，还有与普通墓葬立地分离等，由上述变化可看出该地向着阶层社会进化的状况。

如前所述，在大溪文化阶段就已出现了拥有引水沟的水田。但是关于石制农耕用具却没有相当的发达水平。在这个阶段，收获工具只发现了用蚌壳侧缘加工而成的蚌镰，而用作农耕的石器却并不发达。很可能当时的农耕工具使用的是难以留存的木制品或骨角器。但是在长江下游地区的崧泽文化和良渚文化时期已出现了新的石制农耕工具。与之形成鲜明的对照，长江中游地区的屈家岭文化以后的阶段，也仅只是普及了石刀而已，并未见到太多的变化以及对新的石制农耕工具的开发。另外用作收获工具的石刀也只一种引进的石器，即在屈家岭文化的分布领域沿汉水流域上溯，北上至该地区时，与黄河中游地区的新石器文化发生相应的接触时引进的。总之，到目前为止，在长江中游地区还未发现如长江下游地区那样的、显示出集约式农业化的石器生产的进展。

如前所述，在长江下游地区，稻作农业中产生了集结男女劳动的集约式农业。而在长江中游地区，则没有体现同样的社会发展的证据。从墓葬分析来看，大溪文化末期至屈家岭文化时期，可以说尚处于等质的公平社会。

长江中游的遗址群可见兼具防洪功能的巨大城垣

关于长江中游地区的房屋构造，发现了彭头山文化期的半地穴式建筑。而大溪文化以后则普遍可见建有墙壁的地面建筑。这种地面建筑是在房屋的基础上挖掘沟状的基槽，在基槽中立柱，作为墙壁的芯柱。再编以细木、竹条，形成墙壁的竹骨胎，最后抹上墙泥加固而成。用于地板和墙壁的泥土均经过烧烤加固，具有防湿气的效果，同时还可使房屋更加坚固。

65 阴湘城 10 号房址　方形区划的沟相当于地面建筑的墙壁基槽

我在阴湘城遗址的发掘考察中曾参与发掘屈家岭时期的地面建筑。对烧土制成的墙壁和地板质地坚固如陶器窑的窑壁，发掘用的铁锹也挖不动，这令我震惊不已，留下至今难忘的深刻印象。如此高强度的烧制一定使用了非常大的火力。

在屈家岭文化期的地面建筑中还出现了拥有复室构造的建筑。即河南省淅川县黄楝树遗址和湖北省郧县青龙泉遗址等处所见的用墙壁将室内隔为两间的房屋。两个房间的入口处分别设有炉灶，构成可供两代同堂的住房。例如从黄楝树遗址的 11 号建筑遗址中出土了代表男性分工的斧和代表女性分工的纺车。可想而知这是一处男女组成的家庭单位。将之理解为婚姻家族也是合理的。并且这是由两个婚姻家族隔壁相邻构成两户同堂的居住方式。可以想见这两户婚姻家族之间很可能存在某种关系，即血缘上的关联。也许是一个婚姻家族的子女又组成新的婚姻家族的扩大家族的形态。

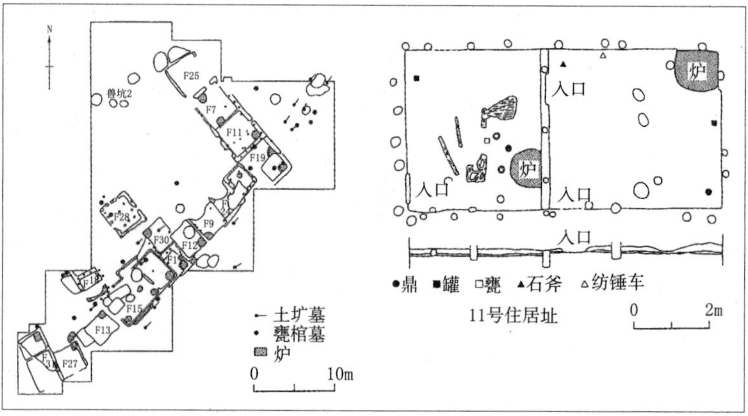

66 黄楝树遗址的聚落 左图为扩大家族的呈半包围形排列的扩大聚落，右图为其中之一的 11 号屋址（F11）的两室住房，很可能是两代同堂的住所

在黄楝树遗址，这种复室住房呈线状排成一行，形成半包围结构的聚落。这应该是一种以血缘关系为背景、由扩大家族构成的氏族单位的群体。这种居住状态与前述的均等的墓葬构造相符，可以想象，这些氏族单位通过集约式的稻作农业来维持生活。也就是说，可以认为稻作农业的经营单位即为这样的氏族单位。

而关于聚落构造的问题，新石器时代前期的彭头山文化就已经出现了环壕聚落。

阴湘城遗址与城头山遗址都是在新石器时代后期地屈家岭文化时期，把大溪文化期的环壕填埋之后，在上面修筑土垒，然后又在土垒外侧修建环壕的城址遗址。与环壕聚落相比，后者是由垒土而建的土垣环绕的城址遗址，拥有较高的防御机能。

建设时所需的劳动量也更巨大。

从城头山遗址大溪文化时期的地层中发现了船桨等木制品。与黄河中游地区的姜寨遗址等环壕聚落不同，这里的环壕并非只是用于围绕聚落以防止野兽对食物资源等的侵害。另外，长江流域的聚落大多是在同一地点经不同时期常年居住，往往如同西亚的台形土墩那样最终形成土墩状的高地。这种居住方式的目的在于使聚落免受洪水侵袭。因此，城头山遗迹的环壕应当与河川相连，并可以乘船而入。我认为，环壕就像日本的轮中[4]那样，可作为沟渠式的通道使用，同时也是防止洪水侵害的水利设施。

67 城头山遗址

实际上大溪文化后期河川的泛滥变得十分频繁。从湖北省宜昌市中堡岛遗址以及四川省巫山大溪遗址的发掘考察中发现了水成堆积层。城址遗迹拥有由环壕发展而来的土垒，如果认为环壕是用于防御洪水的构造的话，拥有土垒的城址遗迹就应当是得到了更进一步发展的构造。另外，在湖北省荆门市马家垸遗址，土垒外侧的壕沟与外部的河川相通，可以从河川顺壕沟进入城内。这里的壕沟与城头山遗址有着同样的功能。

但城址遗迹则不尽相同。例如湖北省天门市石家河遗址，其土垒即城垣的边长为1100米×1200米，城垣底部的幅宽约50

米，城垣高 6—8 米。如此规模的建造物，所需土量和劳动力之多是在令人难以想象。

从前述墓葬构造来看，目前尚未发现该时期的首领阶层的墓葬，这些建造物应当不是在强大的权力监督之下建成的。在石家河遗址，城垣内部的地形并不平坦，其中有小山，也有低谷。低谷部分很可能就是可以用作天水田的地方，而像邓家湾、谭家岭那样的山丘部分则是适宜的居住地。并且在位于城垣内部平坦地带的三房湾，虽未发现建筑遗存，但出土陶器的大部分都是陶杯，而且数量非常多。地势平坦，并有大量陶杯出土，这说明该地应当是各群体的集会场所以及举行祭祀活动的地方。当然，这个时期已经有了氏族的首领，可以想见，建造活动是在各群体的协力之下完成的。很可能是近邻的群体面对洪水的威胁，凭着共同信仰的凝聚力开展了建造活动。

石家河遗址则是集中在南北长 3 公里，东西宽 2.4 公里的范围内的四十余处遗址。这些遗址如果是由血缘群体组成的氏族单位的聚落，那么城垣的建造就应当是由这些氏族共同完成的。那样的话，城垣的意义与其说是用于防御群体间因对立导致的战争，不如说是为了抵御洪水的侵袭而进行的集体合作。建造城垣的合作事业是针对洪水这种自然灾害而展开的活动，也是一项具有宗教意义的行为。近邻各群体一定曾反复进行着集结群力建造城垣这种宗教行为。

现在在长江中游地区，共发现了九处据推测建造于屈家岭

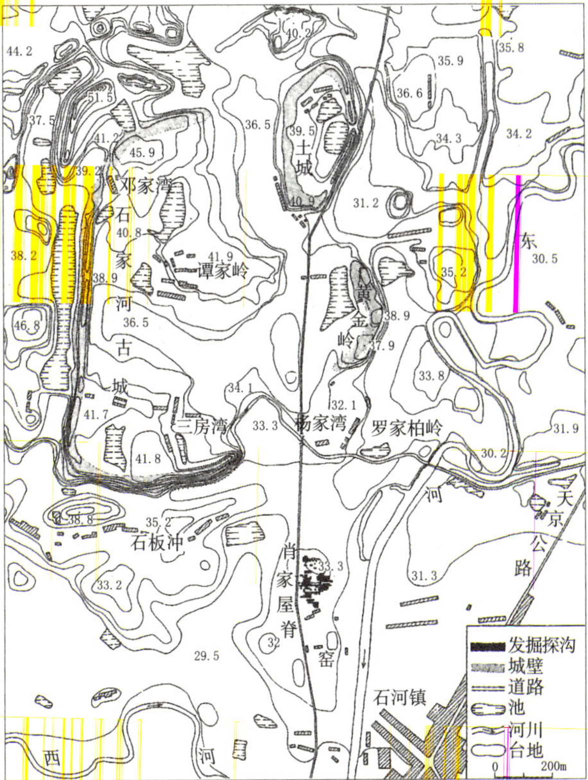

68 石家河遗址的平面图

时期的城址遗址。如图 70 和图 71 所示，在这些遗址当中，集中于汉水流域的城址遗址有三处：城址遗迹单边长超过 1000 米的石家河遗址，其次是单边长约 900 米的陶家湖古城，单边长约 500 米的门板湾遗址。在沮漳河流域，单边约 500 米的城址遗址有两处；而在澧水流域至洞庭湖北岸一带，密集着四处单边长

69 石家河遗址的城垣以及三房湾　右图为石家河遗址的西城垣，左图为石家河遗址三房湾的出土杯（现在在遗址表面仍能这样采集到大量的陶杯）

300—400 米左右的城址遗址。

单从规模来比较的话，其立地特征很显然是以汉水流域的石家河遗址为中心。距离石家河遗址越远，城垣规模就越小。可见这些城址遗址在规模大小的差距上显然存在着金字塔式的阶层构造。如果石家河遗址处于中心城市的地位，那么该处也应该存在着强有力的首领或王者。然而在石家河遗址内并未发现显示出强有力的首领或王者的存在的宫殿建筑物。耐人寻味的是，城址遗址均筑造于屈家岭文化时期，且不存在之后的时期新建的城址遗址。

这些城址遗址说明当时在汉水流域、沮漳河流域和澧水流域三地分别形成了不同的区域单位，而且不同的城垣规模很可能对应着各个区域的人口比率。从这个意义上可以说，汉水流域是一片足以繁衍最多人口的肥沃土地，是人口密度相当大的区域。

省名	遗址名	所在地	规模（东西宽 × 南北长）米	筑造时期
湖北省	石家河	天门市	1100×1200	屈家岭文化
	陶家湖古城	应城市	850×950	屈家岭文化
	门板湾	应城市	400×550	屈家岭文化
	马家垸	荆门市	580×700	屈家岭文化
	阴湘城	荆州市	580×500（估测）	屈家岭文化
	走马岭	石首	370×330	屈家岭文化
	鸡鸣城	公安县	430×480	屈家岭文化
湖南省	鸡叫城	澧县	400×370	屈家岭文化
	城头山	澧县	直径约 325	屈家岭文化

70　长江中游地区的城址遗址的规模

这三个区域的群体相互竞争，通过建造防御洪水的城垣，其中一定存在着一种体现为社会合作的宗教性的群体意识。这绝不是说，汉水流域以盟主地位君临着屈家岭文化，而是说各区域内的群体规模及其合作上的竞争意识引发了相对的规模差距。因此我认为城址遗址的规模差距并不表示政治性的盟主关系或同盟关系。

从墓葬分析来看，到了屈家岭文化期之后的石家河文化期，才终于出现了首领墓，明确显示出社会阶层的差距。在这样的石家河文化阶段，如果城址遗址是防御聚落的话，其数量应当更多，然而实际并非如此。

在这个问题上，长江下游地区自新石器时代中期末至后期初始阶段就出现了阶层分化和社会结构的多重化。而长江中游地区却停留在均等的血缘氏族群体这种部族社会阶段。虽然通过防

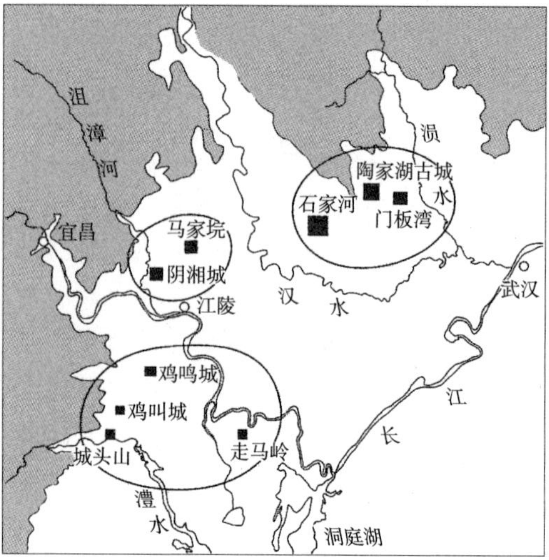

71 长江中游地区的城址遗址分布 圆圈中三个区域的城址遗址自北向南规模相对缩小

御洪水的宗教性合作筑造了巨大的城垣，但该阶段长江中游地区的社会阶层构造并未出现相应的进化。

直到石家河文化阶段才出现首领以及阶层社会，而出于维持这种群体关系的必要，体现于玉器和动物性塑像的特别的宗教性应运而生。并且石家河文化阶段的玉器受到山东龙山文化和良渚文化的纹样构思和象征性的影响，开展了当地独有的玉器生产。值得注意的是，到了石家河文化阶段，长江中游地区才到达了需要固有玉器的社会阶段。

社会进化的相异与相似

男女分工体制在农业中走向专业化的过程

旧石器时代以来在两个文化圈的边缘部出现了粟、黍农业和稻作农业，两种农业在各自的区域内由社会群体集约投入劳力，并以这种形式逐渐形成了劳动的专业化。关于上述发展过程的情况，我想在本章中读者已有了一个大致的了解。其发展过程也是男女社会分工的体制在农业中的集中体现的过程。而在农业专业化过程中，又出现了管理和掌握剩余生产物资的首领，并产生了支撑首领权威的社会阶层分化。构成这种阶层关系的母胎绝非个人，而是社会群体单位。决定群体单位的是以血缘关系组成的群体单位，相当于所谓的氏族。农业的经营单位也属于氏族单位，并在此基础上有进一步细分化的倾向。为了维持氏族这个血缘群体，稳固其团结，就像于黄河中游地区等地的再葬墓所见的那样，祖先祭祀被反复进行。

关于上述社会进化过程，如果以各区域文化的时间轴即文化编年为基础进行比较的话，可知这些区域文化并非同步发展，而是因区域不同而存在一定的时间差，或是在体现于社会经济形态单位的社会组织形态上也存在一定程度的差异。在强调这些差异的同时，还需提及一个具有历史意义的现象，即随着时间流逝，区域间的交流日趋活跃。

如前所述，农业的开始时期绝不是在生产率走向提高的阶段，也并不是说，农业一旦开始，就立刻实现了安定的食粮生产。可以说农业的产生是在更新世向全新世过渡的时期，由居住于一定环境区域的边缘地带的新人类所做出的环境适应而已。

在此过程中，出现一种效率较高的劳动形态，即之前的社会形态中所见的小群体内的性别分业。这种变化从人类学家默多克（G. P. Murdock）等人出示的民族例即现代的无文字社会的人群中所见的性别分业中也可看出。初期农业的从事者很可能是女性。因为收获野生谷物原本就是女性的主要工作，初期农业即处于这项工作的延长线上。而且谷物栽培化的过程中也需要女性独有的细致和耐力。并且保留用于翌年的种子的食料保存工作存在着一定的风险。为了减少群体内的这类风险，就必须有能够团结群力的组织。若非如此，遇到天候不顺时，就很难留下足够的种子并克服饥荒。没有社会组织的约束，食料就会被轻易地消耗殆尽，导致群体的瓦解甚至灭亡。

上述由群体性和性别分业构成的社会群体经过全新世之后，迎来公元前 6000 年以后的高温期，当时的气候较现在更加温暖湿润，就像黄河中游地区所见的那样，发展至栽培谷物开始增产和产量趋于稳定的阶段，两性之中女性的社会地位较高。这一点体现于黄河中游地区裴李岗文化墓葬的性别厚葬之中。

到了这个阶段，擅长土木作业及狩猎活动的男性也在农业生产活动之中共同投入了有组织的劳动。因此黄河中游地区得以达到新石器时代中期初始的仰韶半坡类型期。同时以此为经济基础，形成了以父系血缘组织为基础的家族形态。

以父系为中心的血缘家族以祖先祭祀为宗教的关键事务，以此保持团结，并通过扩大家族使群体不断壮大。血缘家族之间即氏族间的经济差距以及群体内社会地位的差距也由此而生。阶层关系走向复杂化的同时出现了首领，并在生产资料统合再分配的过程中，出现了专业从事手工业的人群。这是黄河中游地区新石器时代后期的社会状况。

关于社会进化的阶段性，把黄河中游地区和黄河下游地区两相比较的话，两者并无太大差异。也就是说，从现象上可以认为，在粟、黍农业社会中，两者有着同样的社会进化速度。

而在长江中、下游地区，以性别分业等性别差异为社会标志的阶段一直存续至崧泽文化阶段的新石器时代中期前半段。在长江中游地区，该阶段可能依然属于母系社会。这大概是因为稻作农业社会在此阶段即便未投入太多有组织的劳动，却依然能够获得较粟、黍农业更高的产量。从这个意义上来看，在之后的农业中，长江流域开始把栽培作物仅限于水稻，因为水稻显然拥有的较高的生产效率和营养价值，同时也可能是因为长江流域的生态系统较华北有着更加丰富的植物资源。

但是社会群体的组织化一旦发生转换，随之而来的是急速的发展。崧泽文化后半期以后开始出现的新型农具，以及良渚文化中的出现的综合型农具，说明稻作农业生产已开始成为当地的经济基础，也显示着农业中社会群体单位的劳动正向着集约化发展的趋势。另外，由于这些变革，在长江流域也发生了父系群体单位的阶层化，良渚文化等开始出现首领阶层。

首领阶层的出现是新石器时代后期最显著的特征

新石器时代后期是在各地区的区域文化中开始出现首领阶层的阶段。同时如玉器的设计构思等所体现的那样，为维持首领权所出现的宗教性及信仰等，在各地区之间又存在着各自的差异。人们的宗教及精神生活也因地区而各不相同。另外，即使各地农业社会在时间轴上存在先后关系，但在各地区之间渐渐出现另一引发社会进化的起爆剂，即地区间交流的开始。与其他群体保有某种交流也可使交流者在群体内的地位得到提高。并且这种因交流扩大而产生的信息共有才是促使各群体组成同样的社会组织、缩小社会进化的地区差距，带来同一化的原因所在。

新石器时代中期末至后期初，即公元前 3000 年以后，在各区域文化之中的阶层关系出现多层化的同时，群体的统合化也开始出现在各地。各地气候逐渐转向寒冷干燥，属于气候恶化的阶段。但我们也可以想象，在这个阶段食料的生产效率反而得到了提高。

在黄河中游地区的陶寺遗址，出现了以首领墓为顶点的明确显示金字塔形阶层关系的墓地。在距离墓地 400 米的地点，还发现了与之对应的城址遗址，该处城址的规模达 1000 米 ×560 米。

在黄河下游地区，如山东省文物考古研究所的张学海先生所述，城址因规模不同，其阶层差距可分为三个等级，以第一级规模最大城址遗址为中心，周围有第二级的规模较小的城址遗址，第三级则是呈卫星状分布的普通聚落遗址。随着聚落遗址的社会秩序出现的同时，还存在着如朱封墓地的首领墓那样的木椁墓。

在长江下游地区，以出现于良渚遗址群的巨型祭坛遗址即莫干山遗址为中心，分布着反山遗址、汇观山遗址、瑶山遗址等土墩墓。这些土墩墓原为举行祭祀祖先等活动的场所，而后逐渐形成一族的家族墓地。

在由玉器为中心的随葬品构成及数量上，显示出一定的差距。最为丰富的土墩墓依然是反山遗址，其次是汇观山遗址和瑶山遗址。

与土墩墓的相对差距对应，墓葬与作为祭祀中心的莫干山遗址的距离也逐渐遥远。以莫干山遗址为中心，周围分布着首领家族的墓葬，更外围分布着贵族家族的墓葬。良渚遗址群也包括拥有防洪功能的土垒和玉器作坊的塘山遗址，呈现出拥有作坊区域的城市形态。然而这里并未发现通常城市遗址中可见的首领阶层及贵族阶层的住宅等上层阶层的房屋遗迹，其形态更偏向墓葬及作为祭坛建筑的人工土台，其特征更接近于祭祀中心。

总之，我们可以容易地看出，这个时期已达到了阶层秩序高度发达的社会。

在长江中游地区，与长江下游地区同期相比，尚处于阶层关系较为均等的部族社会，他们以血缘群体相互协作的形式建成了巨大的城垣。城垣的用途应当是防御洪水，可以想见规模巨大的工程中投入了庞大的劳力。城垣的建设工作是作为一种宗教行动来进行的，是由多个群体共同参与的建设活动。在这里，社会的阶层化还未发展到长江下游地区的水平。城址规模的不同是因为参与建设活动的基本群体的人数不同所造成，而城址的建设也是在区域群体间等质的竞争中展开的。在长江中游地区，以首领为中心的阶层化社会的到来还要待到新石器时代后期后半段的石家河文化时期。

凭借玉器维系的祭祀政治出现的同时，在石家河文化圈分布着印证了同样宗教观的动物塑像。这其中一定存在着反映于祭祀活动的、精神世界之上的群体的统合。

如此看来，在各区域社会内，伴随着安定的农业发展，阶层关系日渐复杂化。与此同时，出现了统管人们通过生产活动所得的收获物的首领。而且首领率领着生产手工业品的特定技能群体，掌握着生产物资的再分配。首领的特殊地位由特定的氏族和家族独占，首领还独占了保证社会秩序的祭祀权和军事权。并且通过特定的宗教祭祀来实行生产物资的再分配，以维持社会和群体的安定。

我想正是上述农业社会中急剧的社会进化使得中国大陆与日本列岛同时期的社会与文化产生了巨大的本质的不同。

第六章

非农业地带与农业的扩散

北方的非农业地带

与非农业地带相邻的粟、黍农业社会的特质

以旧石器文化的两个文化系统为基础，在与其邻接的地区各自诞生了粟、黍农业社会和稻作农业社会，社会由此继续向前发展。在这些地区的外围，自旧石器时代以来就存在着狩猎采集社会。本章涉及的就是这些地区。但我并不打算强调这些地区在历史进程上落后于农业社会。如前文多次论及的那样，初期农业开始之时，农业地带与非农业地带在食料的生产效率上并无差距，毋宁说非农业地带拥有较高生产效率的可能性更大。尤其是在华南地区，长期以来形成了不需要农业、依靠狩猎采集就能安定存续的社会。本章将首先讨论非农业地带的特征。

农业这种技术及其所包含的生活样式等从农业地带向着非农业地带传播是普遍存在的现象。在此论及的地区虽然在时间上各有出入，但都是农业得到逐步扩散的地区。当然在接受农业之后，其中一部分地区依然持续着狩猎采集活动。比起以农业为中心的地区，上述地区对农业的依存度也较低，随着时间的推移才得到不断扩大。因此就同时代的农业依存度而言，离农业中心地越远的周边地区，其依存度也就越低。本章将论及这种农业的扩散过程，并将着重论述农业地区因农业化而发生的社会变化。

从陶器制作技术来看，中国考古学界基本上把辽西至远东地区看作筒形罐的地区。筒形罐是一种平底深钵形的陶器。其制作技术所属系统的分布一直延伸至华北地区。东京大学的大贯静夫教授把这种筒形罐称之为“远东平底陶器”。如果在本书中也沿用这个称呼的话，在远东平底陶器分布圈的南端或者说是边界地区即黄河中游地区和下游地区，早在新石器时代早期就诞生了粟、黍农业，这在前文曾经提及。所谓粟、黍的初期农业地带，从远东平底陶器分布圈来看虽处于周边地带，但粟、黍农业是从周边地带逐渐向着远东平底陶器分布圈逐渐扩散的。远东平底陶器文化圈的主体区域位于中国东北部至远东的俄罗斯滨海边疆区南部一带。

中国东北部至滨海边疆区南部一带从地理上可分为两个部分。简单说来即注入渤海湾的河流的流经的地区和嫩江、第二松

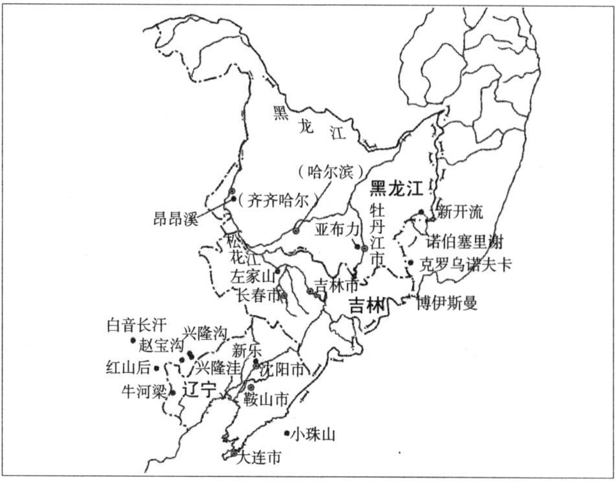

72 中国东北部至远东的主要遗址

花江、松花江等注入阿穆尔河（黑龙江）的河流流经的地区。

注入渤海湾的河川所经流域相当于现在的辽宁省，这一地区又以辽河为界，分为辽西和辽东。辽西的西端有燕山山脉，北部包括今内蒙古自治区东部一带至西拉木伦河流域的地区。在第二章提到的二战前东亚考古学会曾经考察过著名的赤峰市红山后遗址，该遗址也位于西拉木伦河支流的流域。西拉木伦河下游汇入辽河后注入渤海湾。辽东是指自辽河以东到鸭绿江流域以及清川江流域一带。

与这些河流均注入渤海湾、面向渤海湾的地区不同，一旦越过辽宁省北部的铁岭一带的分水岭，河川均属松花江流域，最终汇入黑龙江，流入萨哈林岛附近的鄂霍次克海。松花江流域又可分为三个部分：黑龙江省西部的嫩江流域以及松花江流域和第二松花江流域。第二松花江流域是指与辽东隔着分水岭相接、以吉林市和长春市为中心的地区。另外还有如豆满江流域那样，河川直接注入日本海的朝鲜半岛东北部至滨海边疆区南部一带的区域。

如前所述，这些地区在整个新石器时代基本上全都属于远东平底陶器的区域，依照其陶器纹样系统又可大致分为三个区域。

以新石器时代前期为例，三个区域及其代表陶器纹样为：在辽西与辽东兴隆洼文化及新乐下层文化还有分水岭以北的第二松花江流域所见的连续弧线纹陶器；广布于嫩江平原至黑龙江中游地区的堆纹陶器；广布于松花江及黑龙江下游地区及其支流乌苏里江流域的阿穆尔编织纹陶器。

第二松花江流域虽属连续弧线纹陶器地带，但其中一部分地区也可见到堆纹陶器，呈现着两区域接触地带的特征。

另外，在阿穆尔编织纹陶器文化圈以南的豆满江流域到滨海边疆区南部一带存在着以连点刺纹为特征的博伊斯曼文化。这也可称作是朝鲜半岛东北部的区域文化。连点刺纹陶器也见于朝鲜半岛东北部的西浦项遗址第一、二期，可将其归入博伊斯曼文化。

至于远东地区的划分，朝鲜半岛西海岸与辽东地区，朝鲜半岛东海岸与豆满江至滨海边疆区南部分别保持着经常的接触关系，因此可以笼统地把朝鲜半岛看成是受到辽东地区和滨海边疆区南部影响的区域。

本章将对以上区域中最为接近华北的辽西、辽东地区做一个概观的描述。关于辽西地区，如第四章中已指出的那样，该地区的兴隆洼—红山文化系统是一个独立的区域文化系统。

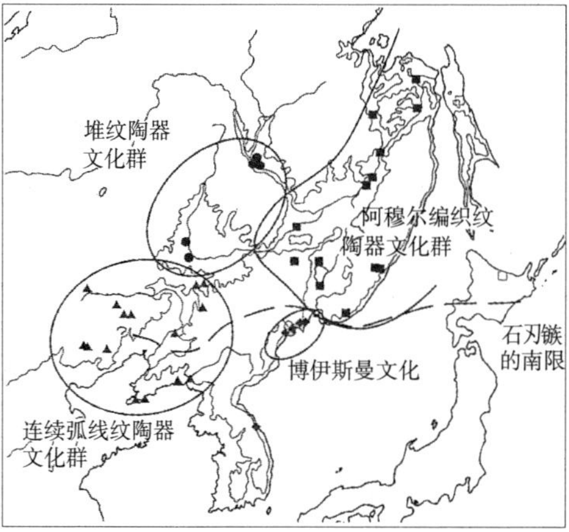

73 远东的陶器样式分布圈（据大贯 1998）

辽西地区

祖先墓葬设于住居内的兴隆洼文化

该区最古老的陶器文化被称为千斤营子类型，其陶器属于筒形罐，多为纹样尚未发达的素面或仅在器口饰以少量的压印线纹的平底深钵形陶器。但其实态尚未解明。近年来也有学者将其称为小河西文化或新井文化。在华北及远东发现了距今 13000—10000 年的陶器，说明在这个区域内也很可能存在原始陶器。但是关于原始陶器，还留有许多亟待研究的课题。

关于小西河文化的石器器类组合，因资料较少，具体情况尚

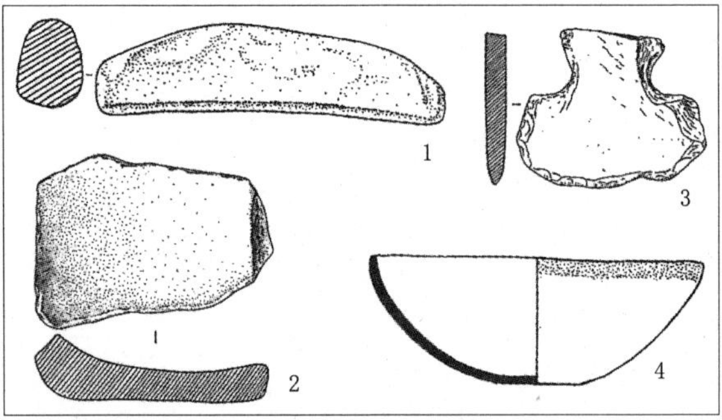

74 华北型农耕石器 · 红顶碗　1 磨棒　2 磨盘　3 石铲（1、2、3 为兴隆洼遗址）4 红顶碗（4 为内蒙古敖汉旗小山遗址）

不明确，从已知材料来看，已发现了磨棒、杵和臼形器。而磨盘、石铲这类华北型农耕石器却还不够完整。目前该地区明确可知的新石器文化始于新石器时代前期的兴隆洼文化阶段。在该时期已拥有磨盘、磨棒、石铲等华北型农耕石器，说明这里很可能已经开始有初期农业。在属于兴隆洼文化的内蒙古敖汉旗兴隆沟遗址发现了黍、粟等栽培谷物，初期农业的扩散情况正逐步得到证明。

公元前 6000 年至公元前 3000 年前后气候温暖湿润，即所谓高温期，诞生于华北的粟、黍农业开始逐渐向南北两方扩散。新石器时代前期（公元前 6000 年前后）粟、黍农业也逐渐扩散至辽西、辽东的狩猎采集社会。例如位于辽东、年代为公元前 5000 前后的辽宁省沈阳市新乐遗址发现了黍。并且新乐下层的陶器文化是在辽西的兴隆洼文化的陶器样式的影响下形成的。也就是说，这可看作是陶器样式和华北型农耕石器自辽西向着原为狩猎采集社会、以石叶为代表的石叶文化区域扩散的一个现象。新乐下层的陶器文化是一种包含着初期农业的文化复合体，也可理解为在高温期温暖湿润的气候环境影响下，由南向北的文化扩散现象。

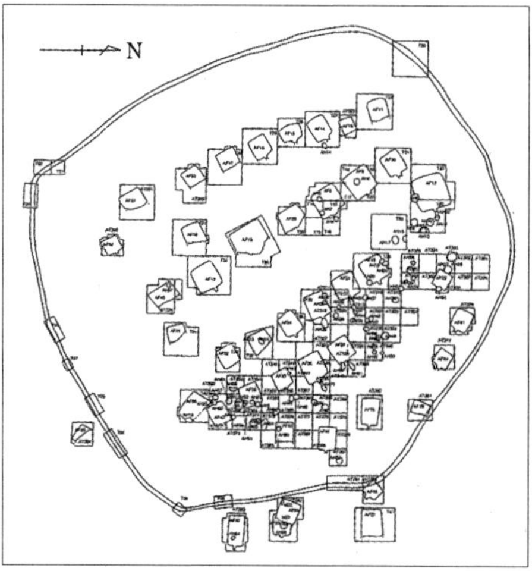

75 辽西的环壕聚落（内蒙古自治区林西县白音长汗遗址A区环壕聚落） 在环壕围绕的内部，入口朝向同一方向的住居呈南北两行排列

另外，新石器时代前期出现于华北、名为红顶碗的特殊陶器也扩散至辽西并融入当地。这说明不只是农业技术及华北型农耕石器，包括特定的陶器器种也显示出由南向北扩散的现象。

如前所述，石叶文化这种远东地区独具特色的石器文化体现着当地的区域性。除此之外，兴隆洼文化的玉玦及匕形玉石制品也广泛见于整个远东地区。从上述现象也可看出，远东地区统一的文化样态或精神世界是辽西所共有的社会背景。

远东地区的食物采集以栎树、橡树的坚果为主，正是在这种生业经济的背景之下，该地区显示出共通的文化表象和精神世界。在属于日本绳文时代前期的福井县桑野遗址也发现了玉玦、匕形玉制品，可以想见这里与远东曾隔着日本海有过交流。这些

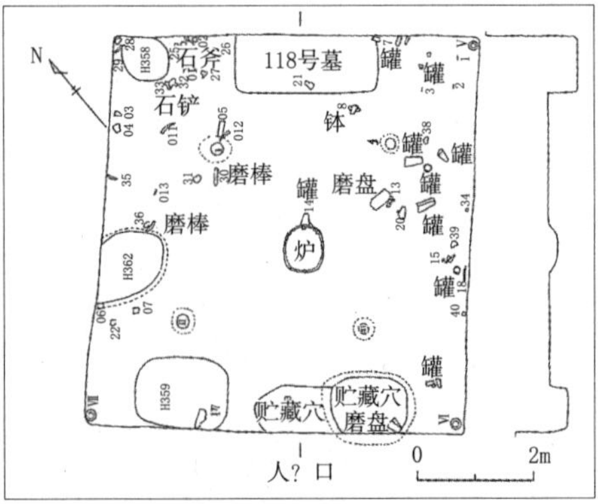

76 兴隆洼遗址 180 号住居　房址的内墙一侧附设有 118 号墓葬

共同的装饰品的存在是以栎、橡坚果为背景的一种共通的文化现象。

辽西地区也是以坚果采集活动为主的社会，并在此基础上融入了来自华北的粟、黍农业文化。

新石器时代前期的兴隆洼文化已出现环壕聚落。在华北，仰韶文化的环壕聚落是以广场为中心，房屋入口均面向广场，呈向心构造。兴隆洼文化的环壕聚落则不相同，房屋入口均面朝同一方向成行排列，并有多个行列。每一行的房屋之间的关系以及行列间的社会关系尚不明了，且每一行中并不存在大型房屋。同样规模的房屋并列一行说明当时社会还处于住户单位之间不存在差距的公平社会。

尤其值得注意的一点是，兴隆洼遗址的房屋内发现了墓葬。这种在房屋内设有埋葬设施的事例也可见于以西亚累范特地区为中心的初期农业文化即纳吐夫文化。在当地，第一代祖先埋葬在房屋内，这应该是为了供奉祖先以保持家庭或同族的团结。兴隆洼文化房屋内墓葬的事例很可能也有着同样的性质。

例如兴隆洼遗址的 180 号房址，屋内面对入口处最里面的部分设有 118 号墓。墓中仰面埋葬着一名成年男性，其身旁随葬有两头类似野猪的动物。野猪或许显示着被葬者的财力，也可能具有宗教上的意义。墓上方是房址的坚硬的地板。入口处有窖穴。据大贯静夫先生的解释，房屋里间为神圣空间，外间为世俗空间。

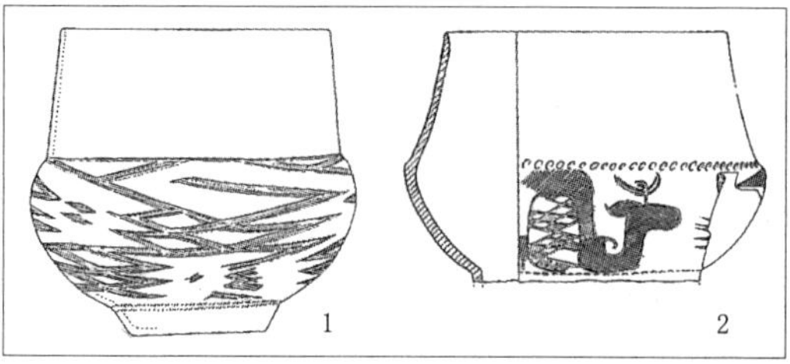

77 赵宝沟文化的尊形器　1、2 为赵宝沟遗址出土

从入口处面向屋内的右侧集中着用于加工食物的磨盘以及用于烹煮的陶罐。左侧内部集中有石铲、石斧等用于土木作业和木工的用具。在已存在性别分工的当时，炊事和食物加工用具代表女性劳动，而土木工具和木工用具则代表着男性劳动。房屋的左手边为男性空间，右手边为女性空间，这些配置反映出整个家庭的生活状况。第一代祖先被供奉于神圣的空间，并发挥着家庭纽带的作用。

而兴隆洼文化之后、属于新石器时代前期的赵宝沟文化时期，华北型农耕石器之一、用于耕地的石铲较之兴隆洼文化阶段，其加工更加细致并趋于定型化。

这个时期还出现了名为尊形器的特殊陶器。尊形器的表面刻绘有几何纹样以及鸟、野猪、鹿等动物纹样，体现出当时人们的精神世界的变化。在此阶段，如在赵宝沟遗址所见的那样，房屋多沿山坡的等高线而建，并成行排列。房屋群由数个行列构成，与之前的兴隆洼文化相同，延续着多列型的聚落构造。聚

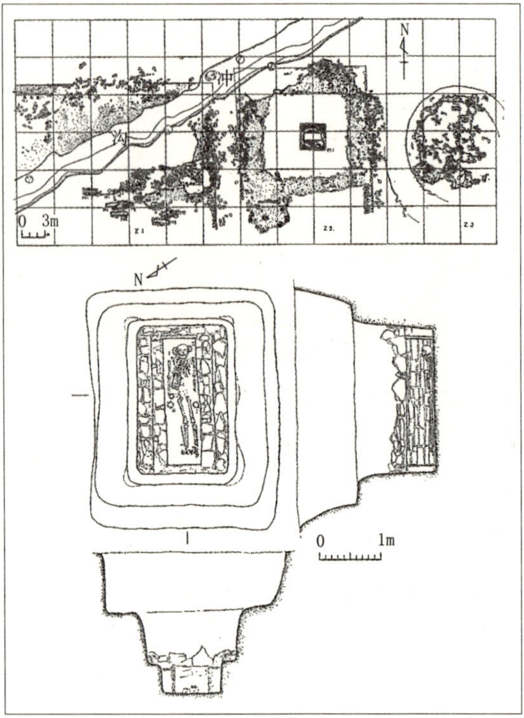

78 红山文化的积石冢　上图为牛河梁第 2 地点积石冢，下图为牛河梁第 5 地点 1 号积石冢中心大墓（1 号墓）

落内有可能存在着以两三户为一组的相当于家族上位组织的氏族单位。

聚落中也有较大型的房屋，或可认为是聚落统率者的房屋，但也可将其看成是具有聚落成员集会场所的功能。两种看法对该阶段的社会构造的解释存在着相当大的分歧。我的想法偏向后者，认为当时的社会内部运营着没有身份差别的、均等的共同体。

另外，许多学者都曾指出，在赵宝沟遗址的房址内，与前一阶段相同，在入口部分与内部分别存在着世俗和神圣的空间。

第五章曾经提到，以花瓣纹彩陶盆、钵为特征的仰韶文化庙底沟类型在新石器时代中期曾以一定的规模向各地农业社会扩散。在同一时期，仰韶文化庙底沟类型也曾对内蒙古中南部地区甚至辽西地区产生了一定的影响。

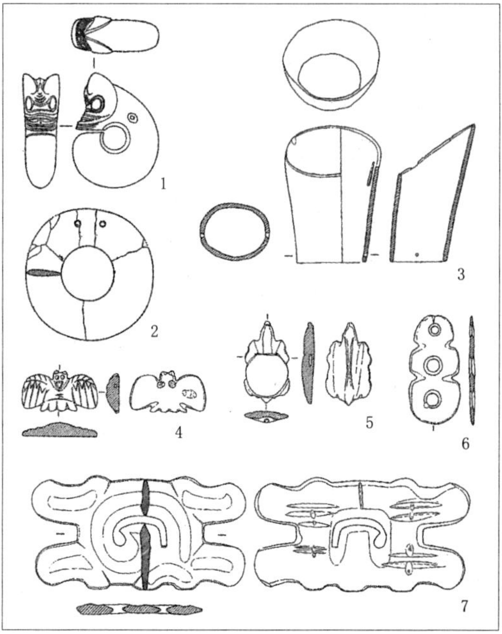

79 红山文化的玉器 1 猪龙 2 璧 3 箍形器 4 鸟形器 5 龟形器 6 三连环璧 7 勾云形佩饰

红山文化有着卓越的彩陶，这也是在一定程度上受仰韶文化庙底沟类型影响的结果。然而在另一方面，出现了龙鳞纹等红山文化独有的彩陶纹样，由此可看出红山文化自身作为融合了新文化的区域文化的自立性。

“女神庙”的存在决定了牛河梁遗址的特征

新石器时代中期的红山文化时期，该地区的农业处于前所未有的发达阶段。除此前的华北型农耕石器之外，其农耕石器中又增加了用于摘穗的石刀。

红山文化以农业的发展为背景，出现了该地区固有的墓葬即

80 牛梁河遗址“女神庙”出土的人头塑像

积石冢，显示出明确的阶层分化。积石冢是一种个人墓葬，用石头堆积成垒，其地下掘有墓圹，内设箱式石棺。在石垒边缘，为标识墓葬的范围，按一定间隔埋有底部中空的彩陶筒形罐。令人不由想到日本列岛古坟时代所见的“埴轮[5]”。

除了这类细致的墓葬构造，随葬品中还包括了红山文化特有的玉器。这些玉器的种类主要有玉璧、玉环以及勾云形佩饰、箍形器等装饰品。还有模仿龟、鸟、猫头鹰等动物形象的玉制品，以及被称之为猪龙和龙的想象中的动物形象。这些玉器在作为威信物的同时，应当也存在着宗教上的意义。

拥有玉器、葬于积石冢的被葬者正是当地社会的领导者，当时社会已进入阶层分化十分明显的阶段。

积石冢内部得到发掘的墓葬目前共六十一座，其中三十一座为拥有随葬品的墓葬。拥有随葬品的墓葬设有箱式石棺，无随葬品的墓葬只有简单的土圹，在墓葬构造上也显示出阶层差距。另外拥有随葬品的墓葬当中有二十六座是只随葬着玉器的墓葬。占拥有随葬品的墓葬总数的84%。这反映了玉器作为随葬品的特性，同时也意味着被赋予宗教含义的正是社会的领导者。玉器与其说是用来显示被葬者的在经济上的优越地位，不如说是用来显示其宗教上的权威。

81 辽宁省沈阳市新乐下层聚落 现在半地穴式房屋得到复原，呈列状排列

而集中建有六座积石冢的牛河梁第二地点，则是长期用于埋葬这些社会首领的墓地。关于这些被葬者之间的关系是一个非常重要的问题。遗憾的是，我尚未得到关于被葬者性别年龄等情况的信息。

在牛河梁遗址群，到目前为止，在得到发掘的四个地点，积石冢均筑于丘陵顶部。包括未发掘的地点在内，共有十三个地点建有积石冢。

在牛河梁遗址群分布有积石冢的地带，其北部中央附近的山坡上发现了一座被称之为“女神庙”的祭祀用建筑物。在一处大型的半地穴建筑的遗存中，与墙体一同发现的还有动物及人物形象的塑像。其中一座巨大的女性塑像也是该处祭祀用建筑物被称之为“女神庙”的原因。“女神庙”与多处积石冢组成的牛河梁遗址群形成了红山文化社会的中心聚落群。

也就是说，不仅涌现了拥有宗教支持的突显于社会的个人，在聚落构造上也出现了占据中心地位的存在。宗教权威者的墓葬和“女神庙”反映的是，牛河梁遗址在祭祀中居于中心地位，相对其他聚落显示出聚落间的差距。

但是，该阶段的社会构造尚未达到世袭的首领制社会，而应当只是由在宗教行为上拥有个人权威的强者统领着社会群体。

一方面，聚落规模的等级变得更加明确，以中心聚落为中心的区域单位趋于稳固则要待到该区域的青铜器时代，即夏家店下层文化阶段。在与二里头文化并行的夏家店下层文化时期，这里出现了由石垒以及土垒围绕的城址遗迹。

辽东地区

气候温暖化促进了农业的向北扩散

以辽河为界，西侧为辽西，东侧为辽东。辽东又以鸭绿江为界与朝鲜半岛相接。辽东较辽西多山地，没有广阔的平原。山岭一直延伸至海岸线附近，仅在河川的河口附近有少量的冲积地带。这种地形类似于朝鲜半岛及日本列岛的地形环境。辽东也属于远东平底陶器文化圈。从特征来看，论及文化领域时通常可以把清川江以北的朝鲜西北部也包括在内。因此，辽东作为与朝鲜半岛相接的地区，在考察华北粟、黍农业文化是如何传播至朝鲜半岛的时候具有重要意义。

关于该地区的陶器文化，目前已知的最古的陶器仍然是在辽西的兴隆洼文化的影响下出现的。不论是以深钵为主的陶器器形，还是纹样形态及所施纹样的结构，都类似于辽西的陶器。显然辽东的陶器也处在兴隆洼陶器文化的强烈影响之下。另外，其聚落构造也类似于辽西兴隆洼文化的聚落，房屋入口均面向同一方向，呈直线排列，且有多行排列。辽宁省沈阳市新乐遗址就是这种聚落的典型。

新乐遗址的 2 号房址出土了粟，与华北型农耕石器一样，证明这里已确实开始了一定程度的农业。来自辽西的陶器的影响，华北型农耕石器的传入等，都明确显示华北的粟、黍农业通过辽西传入辽东的事实。并且在新乐下层遗址还发现了石叶，由此可知这里与辽西及内蒙古中南部同样属于远东的狩猎采集民的石器和石器技术的交错地带。或者说这些显示该区处于交错地带的考古学事实反过来也证实着农业向狩猎采集社会的扩散过程。

这个农业扩散期之所以处于新石器时代前期至中期，其诱因在于前述公元前 6000 年至公元前 3000 年出现的温暖湿润期即高温期。也就是说，与开始农业的区域的生态系统向北延伸相呼应，农业也随之扩散。农业因此扩散至远东平底陶器文化圈这个与华北文化样式相异的区域。然而农业在该区域的发展与同时期的华北相比，尚处于较低的水准。一方面坚果类的采集活动依然盛行。另外，如在辽西地区的红山文化中所见的社会阶层化在辽东地区尚未出现。这说明，该地区虽然引入了农业，但农业尚未发达。

与新乐下层同样有着连续列状弦纹的远东平底陶器的分布范围一直达到辽东南端的辽东半岛。我把这种陶器归为新石器时代中期初始期的小珠山下层陶器。辽东、辽西作为华北型农业地带与远东地区的交错地带，交错分布着华北型农耕石器与细石叶这两大系统的石器技术。但是在辽东半岛，未曾发现磨盘、磨棒这类粉食加工用具，也未曾发现细石叶。可以说辽东半岛并未显示出华北与远东交错地带的样态。该区域未见华北特色和远东特色的文化要素、显示出更具边缘性的特征。

从陶器样式来看，辽东半岛可归入辽东范围，但是因为石器样式不同，生业经济也随之不同。辽东半岛的生业经济应该说更类似于对岸的山东半岛顶端一带。山东半岛的顶端地带又称胶东半岛。

在全新世前半期的绳文海进期，胶东半岛青岛附近胶东湾的海平面曾经由南面深入陆地。现在的胶莱河一带，海平面也曾从北面深入。可以想见当时胶东半岛的地形呈现着海岛的景观。绳文海进期之后，这一带逐渐形成冲积平原，与山东半岛连为一体。也就是说在新石器时代中期初始时期，胶东半岛曾经是一座岛屿。

不论是在辽东半岛还是胶东半岛，石器中都未见磨盘和磨棒，只有近似于绳文时代的研磨盘和磨石一类的石器。并且发现了一种名为矢柄研磨器的骨角器制作工具。这说明当时处于渔猎采集社会阶段，其中渔业占主要地位。被两个半岛围绕其间的渤海湾是共同渔场。虽然如此，胶东半岛当时属于陶器文化，受到山东新石器时代中期初始时期北辛文化的影响，当地陶器的信息源与辽东半岛并不相同。

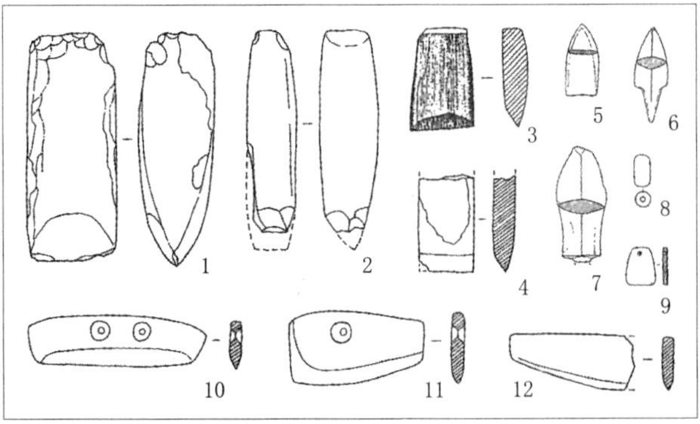

82 胶东半岛新石器时代后期的石器群　1 石斧　2 柱状片单刃石斧　3、4 扁平单刃石斧　5、6、7 磨制石镞　8、9 坠饰　10、11、12 石刀（杨家圈遗址出土）　这些石器形成了朝鲜半岛无纹陶器文化以及日本弥生文化的石器的原型

其后，胶东半岛在新石器时代中期后半段转向深受山东半岛大汶口文化影响的陶器样式，地形的冲积化也使当地与山东的联结得到加强。与此同时，石器不仅有磨盘、磨棒，还出现了石刀等新的农耕石器以及扁平单刃石斧、柱状单刃石斧等新磨制石器。并且如植物硅酸体分析所显示的，在胶东半岛还发现了栽培粟的证据。

胶东半岛也在新石器时代后期以后实现了真正的农业化，此前所见的代表渔猎社会的贝冢逐渐变得罕见。据说贝冢消失的年代大约在公元前 2680 年左右。这种与胶东半岛的粟、黍农业化同时发生的农耕石器的变革并非只限于胶东半岛，辽东半岛在新石器时代后期以后，也受到巨大的影响。

在此阶段，辽东半岛在出现新型农耕石器的同时，陶器样式也发生了构造上的转换。这种转换令我不禁联想到九州北部从绳文时代向弥生时代转换也有着与此类似的现象。

然而在另一方面，可以明确的是，辽东地区在新石器时代后期以前，至少是在新石器时代中期初始时期，农业就已从辽西扩散而来。对这个时期辽东地区的文化要素和农业传播途径的把握都具有相当的难度。我们必须注意的是，关于东北亚的农业化，在阶段性扩散的同时，还要注意这种扩散的系统性变化。下文将对上述农业扩散的途径做一番考察。

华北型农业的扩散

华北型农业的扩散也朝向东方

华北型农业自辽西向辽东的扩散继而向东方推移，华北型农耕石器则从辽东向朝鲜半岛西海岸的大同江下游地区及汉江下游地区扩散。虽然朝鲜半岛西岸的新石器时代早期、前期阶段的样态尚不明了，但在新石器时代中期并行的智塔里遗址等处已确认了粟的存在，说明农业是与华北型农耕石器一起传播的。我在这里所说的华北型农耕石器是指石铲、磨盘、磨棒这些见于华北早期、前期的粟、黍农业社会的基本石器。石铲是在播种时或耕地时用来掘土的工具。也可称之为耕田具。磨盘、磨棒如前所述，是把粟、黍加工成粉末的工具。

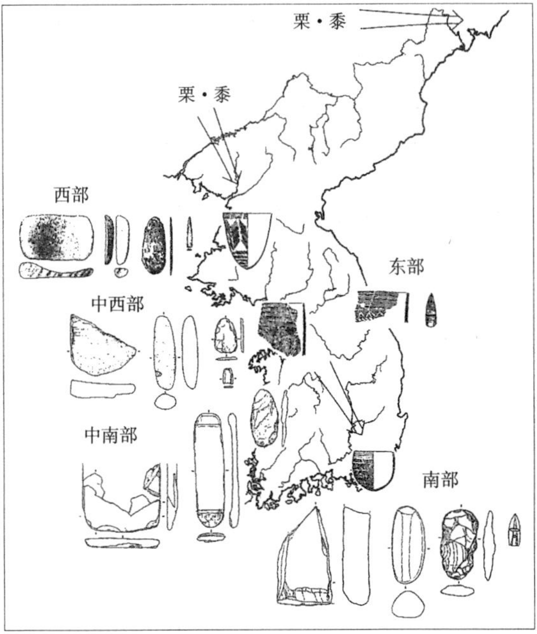

83 朝鲜半岛初期农业化的第一阶段

与上述华北的新石器时代早期、前期的常见石器一起传入朝鲜半岛的还有见于辽东的柳叶型磨制石镞。与这些石器群同时，在大同江下游地区成型、以尖底深钵为特征的篦纹陶器也从朝鲜半岛西海岸的北部向着南部或东南扩散。而且扩散开来的是一个文化整体。陶器样式和石器样式以及粟、黍农业等生业经济也包括在这个文化整体之中。也就是说，这种扩散并非仅由一部分文化上的属性形成的文化传播，而是一种由综合性的文化属性形成的文化传播。

84 滨海边疆区南部克罗乌诺夫卡 I 遗址的考察

我把这种由综合性的属性形成的文化样态表述为文化复合体。也就是说，农业是作为一个文化复合体传播的。当然，传播所到的区域在吸收文化复合体的同时，依然充分具备着将其加以区域性改变的、接受者的自主性。关于这种黍、粟农业，在位于朝鲜半岛南端的洛东江下游地区的釜山市东三洞贝冢 1 号房址，也发现了粟和黍。出土的粟的年代经放射性碳素年代断代，为公元前 3360 年。当然，黍、粟农耕的扩散并不意味着该地具有与华北同时期的农业社会相同产量的农业。与华北地区的农业初始期相同，狩猎采集经济依然有重要的补充作用，从狩猎采集社会向农业社会的转化并非短期内突飞猛进的结果。

黍、粟农业以朝鲜半岛西海岸为中心，通过辽西、辽东向朝鲜半岛传播的情况得到确认是最近的事。以往的学说因此产生了巨大的变化。我把这种扩散现象称之为朝鲜半岛初期农业化的第一阶段。

而远东地区的农业化向来被认为是发生于相当晚期的阶段。也就是说，要等到铁器时代初期，才确认到粟、黍等具体显示农业存在的证据。但是，从滨海边疆区南部的石器组合来看，农业存在的可能性由此可上溯到新石器时代的扎伊萨诺夫卡

（Zaisanovka）文化阶段。这个问题近年来多有论及。例如在新石器时代末期的诺伯塞里谢Ⅳ遗址发现了482颗黍粒。

与河川皆流入渤海湾的辽西、辽东不同，现在的吉林省和黑龙江省位于汇入黑龙江的松花江流域。如前所述，从大地形的区分来看，这一带应划分在远东地区。由辽西、辽东朝向远东地区的文化交流入口是位于第二松花江上游、以吉林和长春为中心的吉长地区。体现华北自南向北扩展的文化影响力的矢量线显示，辽西的陶器样式向该区的扩散是在新石器时代前期。在此阶段，华北型农耕石器也一道传入，由此可知，在吉长地区此时粟、黍农业技术很可能在部分区域扩散开来。

但是，这条矢量线之外的嫩江流域属于堆纹陶器文化，而滨海边疆区南部至豆满江流域属于点刺纹陶器和阿穆尔编织纹陶器文化圈，在这些地区不曾发现华北型农耕石器的存在。可以想见这些地区长期维持着渔猎和采集社会。

于2002年至2003年在滨海边疆区南部的乌苏里斯克郊外的克罗乌诺夫卡Ⅰ遗址进行的日俄联合发掘考察中，发现了新石器时代中期后半并行的哈恩什Ⅰ文化期的两处房址。同时还在房址内部发现了学者们期待已久的约十颗粟、黍的遗存。对房址的炉灶中的木炭进行的放射性碳素测定表明，其年代为公元前3620—公元前3480年，与朝鲜半岛南海岸的东三洞贝冢1号房址的年代大致相同。

这次考察的领队分别是熊本大学的甲元真之教授和俄罗斯

科学院远东分部的伯斯托雷茨沃夫先生。我也参加了这次考察。考察中由于被成群的蚊子叮咬，面部奇痒，留下的疤痕就像长了满脸粉刺一般。严酷的自然条件使发掘考察非常艰辛，令人印象深刻。如今仍不由得回想起住宿在遗址附近的简易帐篷之中的生活，以及在冰冷河水中洗澡、与俄罗斯学者们围着篝火交谈至深夜的情景。这是一次除了发掘活动之外也留下难忘回忆的考察。而且最后还出乎意料地发现了十粒粟、黍。这般收获可说是发掘考察最大乐趣。

上述发现说明在远东也和朝鲜半岛同样，华北型农业通过辽西、辽东地区一直传播到滨海边疆区南部地区的可能性大为提高。

稻作农业文化的扩散

稻作农业传播的据点是山东半岛

水稻的栽培化可说是开始于距今1万年前的长江中游地区。水稻走向栽培化的过程前文已作论述。水稻栽培化的初始期相当于新石器时代早期，此后稻作农业逐渐从长江中游向长江下游及淮河流域扩散。新石器时代前期的河南省贾湖遗址属于裴李岗文化，这里除了粟、黍之外还拥有作为农作物的稻。华北的农作物虽以粟、黍为主，但在华北与华中的交界地带，随着栽培稻的扩散，开始了综合式的农作物栽培。在开创了稻作农业的华

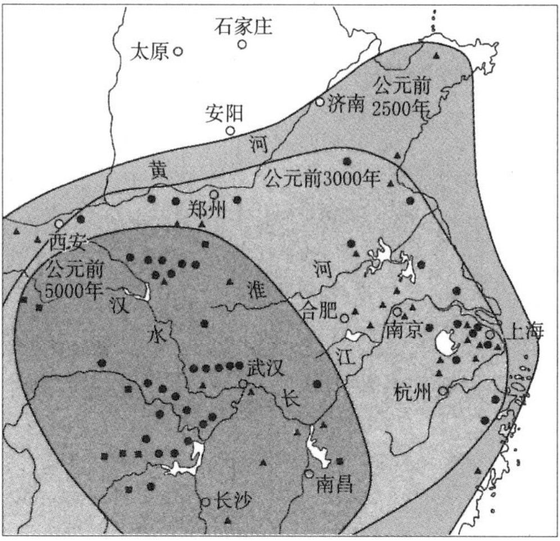

85 **栽培稻的传播**　栽培稻以长江中游地区为发源地，逐渐向周边地区扩散（■为新石器时代前期，●为新石器时代中期，▲为新石器时代后期）

中，栽培谷物基本只有稻一种，此外还有菱角之类的采集植物，以及养猪、猎鹿、猎獐以及淡水渔捞等生业经济。稻作农业随着时代推移，以长江中、下游地区为核心逐渐向周边扩散。

尤其是新石器时代前期和中期的温暖湿润期即高温期，不但促进栽培稻的植物进化，也成为栽培稻向北方扩散一大诱因。

新石器时代中期沿汉水北上至淮河流域的仰韶文化也开始有栽培稻传入。在同一时期，栽培稻也传入沿淮河支流流域上溯至黄河中游流域的地区。但是其传播过程决非前述粟、黍农业在辽西、辽东以及朝鲜半岛所显示的那样，通过包括石器组成的文化复合体达成，而是栽培稻的单独扩散。也就是说，对这

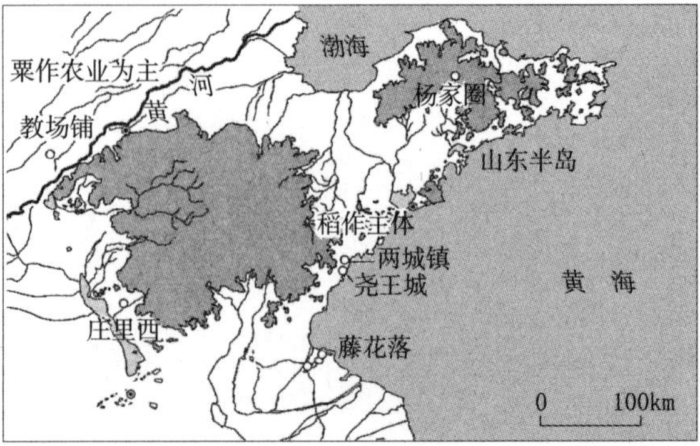

86 山东半岛新石器时代后期的主要遗址和栽培作物

个现象我们可以理解为：粟、黍杂谷农业社会顺应水稻生态系统的最北界限向北延伸的变化，在栽培谷物之中引入了水稻。

而水稻向山东半岛的传播则年代较晚，大约在新石器时代后期的龙山文化期。属于该时期的滕州市庄里西遗址及位于山东半岛沿海的日照市尧王城遗址出土了水稻。另外，位于山东半岛东部栖霞杨家圈遗址也在红烧土中发现了水稻遗存。由此可知在龙山文化期，水稻的传播已到达山东半岛东端。尤其是庄里西遗址，不但出土了黍，还出土了大量的稻。从该处面临沼泽的立地条件也可看出这里比起旱地栽培的黍，更适合把水稻作为主要作物。

然而在属于同时期的枣庄市建新遗址，其立地条件更接近庄里西遗址，从出土谷物来看，这里进行的是粟、黍等杂谷农业。可以想见，山东半岛在新石器时代中期的大汶口文化期，农业基本是以粟为中心。而龙山文化期以后，则在杂谷农业中引进了水稻，并且因立地条件不同，如沼泽地这类适宜栽培稻谷的地点则开始转而以稻作农业为主。

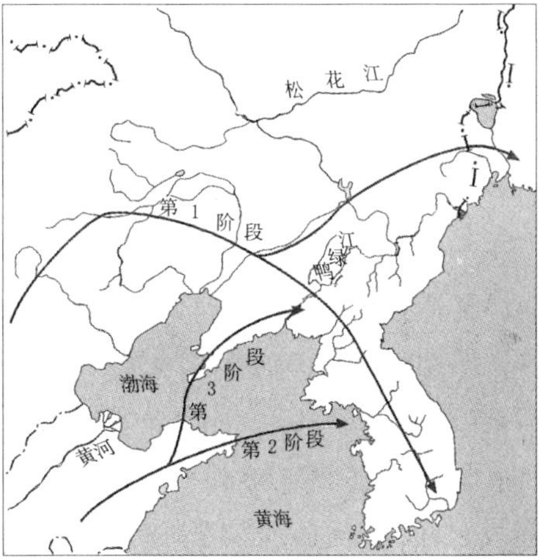

87 朝鲜半岛的农耕化第 1 阶段至第 3 阶段的传播路径
第 1 阶段为粟、黍农业的扩散，第 2 阶段为稻谷的扩散，第 3 阶段为水稻农业的扩散

中国社会科学院考古研究所的赵志军先生对各遗址积极进行了水洗浮游选别工作。他对同属龙山文化期的山东半岛黄河下游地区的茌平县教场铺遗址和黄海海滨的日照市两城镇遗址进行了比较，并对两处遗址出土的碳化植物进行了分析。对碳化种子分析得出的结果是，教场铺遗址以粟为主，约占 92%，而两城镇遗址则为水稻 49%，粟 36%，由此可知当地农业是以水稻为主。

如前所述，在黄河流域一边以粟、黍为主的杂谷农业为主体，一边在一部分区域的杂谷农业中引进了水稻。在山东半岛面向黄海的沿海地带，水稻农业很可能是从长江下游地区及淮河流域经过滨海地带北上而来。

在江苏省连云港市的藤花落遗址，发现了龙山文化期的水田遗迹。这说明，拥有水田的正规的水稻农业很可能是在龙山文化期沿着黄海海滨从山东半岛南岸向东端传入的。

弥生社会与朝鲜半岛农业化第三阶段的内容

水稻在公元前 2000 年左右就已传播到朝鲜半岛汉江下游以南的半岛南部地带。并与渭河流域及黄河中游地区一样，可以看出水稻被引入旱地农业中的过程。我把这个现象称为朝鲜半岛初期农业化第二阶段。

而在朝鲜半岛南部真正开始拥有水田，与旱地农业并行的水稻农业则要等到公元前 2000 年代的末期。这样的水稻农业也可能是经山东半岛南部的黄海沿岸北上的水田技术从山东半岛东端向着辽东半岛、朝鲜半岛扩散开来的。我把朝鲜半岛开始正式的水稻农业的这个阶段称之为朝鲜半岛初期农业化的第三阶段。正是这第三阶段农业化的内容形成了日本列岛弥生社会的母胎。就这样，朝鲜半岛初期农业化第二阶段及其第三阶段的胎动都是从山东半岛东端的胶东半岛向朝鲜半岛汉江下游地区扩散而来，或是从胶东半岛再经辽东半岛传入朝鲜。这与前文论及辽东地区农业扩散的区域发展时所说的那样，新石器时代中期后半段以后的大汶口文化在胶东半岛的粟、黍农业化及其后以山东半岛南端沿黄海沿岸北上的途径为大动脉的水稻扩散，这两者相遇于胶东半岛的历史也关系着朝鲜半岛的初期农业化。

也就是说，始于新石器时代早期的华北的粟、黍农耕与华中的稻作农业相遇的地点是在胶东半岛，可以认为这里就是朝鲜半岛至日本列岛的水稻农业文化的直接起源地。

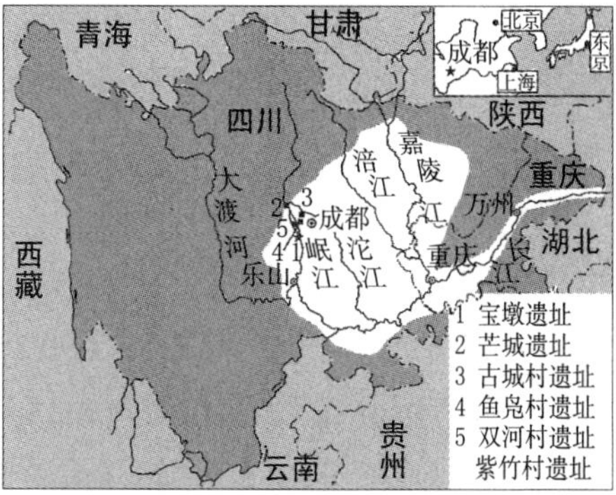

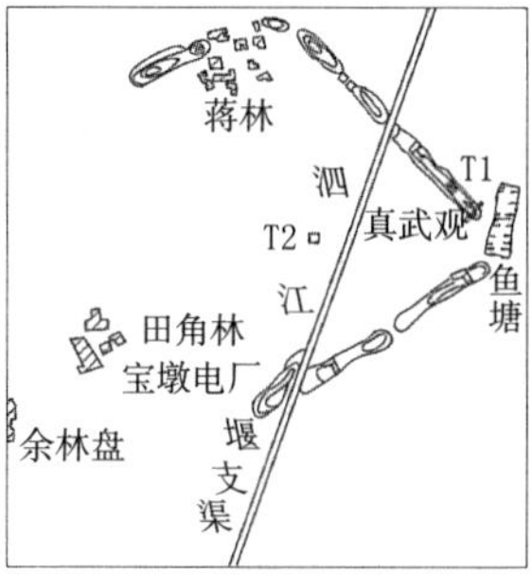

88 四川盆地的城址遗址 四川盆地的六处城址（左图，据《宝墩遗址》2000有部分更改），其中宝墩遗址规模最大

南方的非农业地带

四川盆地的宝墩文化与稻作农业

始于长江中下游地区的稻作农业向北、向东扩散的同时，也逐渐向长江上游的四川盆地扩展。可以认为是新石器时代中期兴盛于长江中游地区的大溪文化对长江上游地区产生了影响。那么在此过程中，稻作农业应当也随之扩散到四川盆地。实际上，宝墩文化被认为是受到延续着大溪文化谱系的重庆地区的哨棚嘴文化的影响而产生的。宝墩文化是在与新石器时代后期长江中游的石家河文化并行的阶段产生的区域文化。

从宝墩文化的石器来看，在石斧、扁平单刃石斧等工具走向发达的同时，还存在杵和石刀等农耕用具。此外还包括磨制石镞等，其石器形态和组合仍类似于长江中游地区。从这些方面也可知其基本生活样式是以稻作农业为基础的。另外与长江中游地区相同，四川盆地的宝墩文化的遗址中也可见到筑有城垣的聚落遗址。到目前为止，以岷江流域的宝墩遗址为代表，共发现了六处城址遗迹。其中宝墩遗址的城垣规模巨大，长 1000 米，宽 600 米。其规模大小类似于长江中游地区的城址。

以宝墩文化为基础，于商周并行期诞生了当地独有的青铜器文化即三星堆文化。三星堆文化第一期基本延续宝墩文化的直接谱系，属于新石器时代终末期的文化。三星堆文化第二期的陶器样式发生巨大改变，其内容受到中原的二里头文化的影响。可看作是二里头文化的扩散。关于这个问题将在第十章中加以详述。

另一方面，长江中下游地区自从开发了栽培稻开始稻作农业以来，稻作农业的传播并未越过南岭山脉。南岭山脉是区分华中和华南的地理界线。华南至今仍属亚热带地区，生长着丰富多样的野生植物，自然条件优越，因此这一区域感觉不到农业的迫切性，而是长期持续着渔猎采集经济。如前所述，这里早在一万年前就出现了陶器，但在相当长久的岁月里，却未曾出现兴起农业的必然性。在广东省中部的清远以南，现在仍发现有野生稻生长，也许栽培稻之前的野生稻在当时也曾是采集活动的重要对象。

华南的新石器时代编年据杨式挺先生的观点可分为四期。即新石器时代早期的青塘类型和新石器时代前期的陈桥类型。青

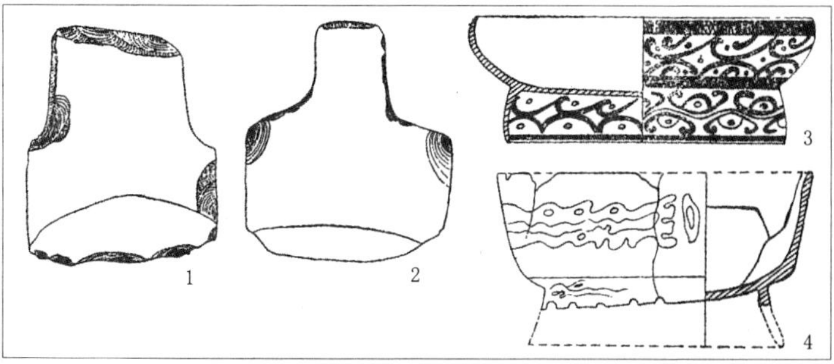

89 有肩石斧（1、2）和彩陶（3、4） 1 金兰寺遗址 2 高要下江遗址 3 小梅沙遗址 4 春坎湾遗址

塘类型有华南丘陵地带的洞窟遗址，以砾石石器为中心，同时伴有陶器。近年在广东省英德牛栏洞的洞穴中发现了最古老的绳席纹陶器和素面陶器。该遗迹也属于青塘类型。广西壮族自治区的甑皮岩遗址第一期至第四期也相当于同一时期。尤其是其中最古老的甑皮岩遗址第一期的地层中出土了捏制的陶器，经 AMS 年代测定，其年代为公元前 10500 年至公元前 9400 年。

新石器时代前期的陈桥类型主要以沿海地带的贝冢遗址为主，其中一部分从年代来看，或可划入新石器时代中期。其石器已进入定型的磨制石斧和单刃石斧出现的阶段。陶器主要有施有绳席纹的圜底釜。台湾的以绳席纹釜为主体的陶器文化即张光直所说的大岔坑文化也并行于该时期。这些出现于中国东南沿海至华南地区，以绳席纹釜为中心的新石器文化有着共通的特征，但在各个地区又存在独自的个性和差异。可以说这些地区以狩猎采集经济为基础，共有着舒缓的文化信息带。

华南新石器时代中期为西樵山文化（金兰山文化），新石器时代后期为石峡文化。西樵山文化分布在珠江三角洲至附近岛屿一带。当时的地形与现在的珠江三角洲相比，海平面更加深入陆地部分，因此位于沿海地带遗址在生业上别具特征。具体说来，即以磨制石斧中心出现了有肩石斧，同时在以绳席纹釜为中心的陶器组合中出现了彩陶。关于有肩石斧，已发现石器制作场等遗迹，可见当时社会已出现拥有专业生产地等的进化。但是在西樵山遗址同时还出土了细石叶，其技术系统及机能尚有诸多不明之处。

而华南的彩陶多为带有支脚的钵即圈足盘。在白色系的沿唇部施以红彩，并绘以类似几何图案的花纹。此外，还有用高岭土制作圈足盘的白陶。关于这些彩陶和白陶究竟是如何出现在华南的问题尚在争论之中。有学说认为，同时期见于香港地区，同属西樵山文化的大湾文化的彩陶和白陶与湖南省洞庭湖附近的大溪文化或汤家岗文化中所见的彩陶和白陶之间存在着关联性。

我认为圈足盘这种器形以及彩陶技术是在与长江中游的大溪文化及屈家岭文化的交流中出现的。从当地的生业经济来看，虽然尚处狩猎采集阶段，但也出现了石器生产地，并与其他地区有所交流，显示出该阶段社会的发展。另外，彩陶在台湾虽然时期稍晚，后来也发展为圆山文化。

华南的大转换，石峡文化与稻作的出现

在华南，稻作农业出现较晚。如前所述，这里自新石器时代早期以来持续着狩猎采集经济，一直处于小规模群体组成的共同体社会。广西壮族自治区邕宁县顶蛳山遗址第四期显示，在公元前4000年左右华南有可能已开始了稻作农业，但目前尚无明确证据。最重要的是，该阶段未见文化或社会性的显著变化，稻作农业的开始缺乏积极的外因支持。

华南的社会发展的飞跃出现于公元前3000年以后的新石器时代后期，即石峡文化时期。该文化分布在华南北部，其中可见巨大的文化转变。体现之一是在以绳席纹釜为主的传统陶器组合中出现了鼎、鬶、觚形器、高柄杯等器种。另外在长江中下游地区普遍出现地面建筑的居所的同时，开始出现定居聚落。

而最大的不同在于栽培稻的出现。在群体墓的墓葬内部，发现了作为随葬品供奉在死者身畔的栽培稻。由此可见狩猎采集社会向农业社会的转换。这一点不仅体现于栽培稻的发现，也体现于有段石斧的出现等石器组合的转换。可见当时已从狩猎采集社会转向了稻作农业社会。

华南北部的这种社会转换已证实是受到分布在江西省赣江流域的樊城堆文化的影响。而樊城堆文化又影响了福建省闽江流域同时期出现的昙石山文化，促使该地出现水稻农业社会。樊城堆文化的背后存在着长江下游的良渚文化，良渚文化强有力的文化精神通过樊城堆文化也传播至华南的石峡文化和昙石山文化。

其影响之一是见于石峡文化等具有良渚文化特色的玉琮。这些玉琮并非良渚文化的产物，而是在纹样及形态上存在一定变化，很可能是当地的产物。也就是说，这类水稻农业文化的扩散不仅包括陶器组合和石器技术，也关联着作为精神生活之一部分的玉琮的传播。而且并非玉琮这种物体本身的移动，而是受影响一方自发制作玉琮的有意识的消化吸收。我觉得其中包含了农业文化扩散的某种法则性。然而该阶段农业社会在华南地区扩散的原因何在呢？

农业地带与非农业地带

自新石器时代就有各不相同的农耕民与狩猎采集民

新石器时代早期在两个文化圈的接触地带诞生的粟、黍农业地带和稻作农业地带也可说是从之前的狩猎采集社会产生的新的生业经济体系。前文也曾多次提到，这种状况之下的非农业地带的生产能力绝不低于农业地带，毋宁说非农业地带拥有更为丰富的狩猎采集活动。或者在农业地带，农业也可能是作为狩猎采集经济的辅助的生产活动。但是农业地带在社会群体的组织化过程中，集约式农业成为可能，加之气候转暖，栽培作物对生态的适应使生产能力得到提高。

在此过程中，新石器时代前、中期的温暖湿润期即高温期之于农业的扩散有着重要的意义。

90 生长在中国大地上的粟　夏季栽种的禾本科一年生草本

尤其是在前期的华北，陶器文化的影响显示出自南向北扩散的矢量线。这也说明，在单纯地把新石器时代早期与中期的古气候变化加以对比的时候，伴随气候的温暖湿润化，之前的生态系统的北限也整体向北发生了移动。也可以说，生态系统向北移动，体现在物质文化上就是陶器文化的向北扩散，以及社会群体的向北扩散。而正是这种趋向带动了农业技术的向北扩展。

随着生态系统北限向北延伸，粟、黍栽培谷物的栽培生态领域也向北延伸，农业技术也开始向北扩散。这种扩散现象也见于朝鲜半岛。华北式农耕石器与成立于大同江下游地区的陶器样式一起，作为一个文化综合体在新石器时代中期扩散至朝鲜半岛南海岸。而同样的扩散趋势如在克罗乌诺夫卡I遗址所见，很可能在新石器时代中期农业就已传播至远东的滨海边疆区南部。

另一方面，形成于华中的稻作农业在高温期期间，其分布领域逐渐向北扩大，超出了原本的生态领域，在新石器时代前、中期阶段越过淮河到达黄河中下游地区。但是稻作农业的扩散并未随着生态领域北上至黄土高原及太行山脉，而是停留在了黄河中游地区的大致位于北纬三十五度线以南的地区。

关于淮河以北引入稻作农业的社会，原本是以粟、黍农业即华北式旱地农业为基础，并在此基础上吸收了稻作农业。可以说该地域通过吸收稻作，得以实现多角经营的农业生产。另外，在稻作农业的扩散期，文化上的影响并非以文化复合体的方式扩散。也就是说，传播的只是水稻或稻作技术。华北的社会群体并非把水稻作为来自其他区域的文化影响之一环加以吸收，而是有意识地只吸收了稻作技术。从这个意义上来说，这与前面提到的粟、黍农业从北方地区农业社会向非农业社会的扩散有着质的区别。那么南方稻作农业是如何从农业地带向非农业地带扩散的呢?

比稻作农业向北的扩散的年代更晚，作为一个文化综合体的农业的扩散发生于新石器时代后期。石峡文化即受到这种扩散的影响。正是在此阶段，高温期走向终结，气候进入寒冷干燥期，原来的生态系统转而向南推移。在该时期，包括鼎等陶器样式在内、作为一个文化综合体的稻作文化开始自华中朝着华南向南扩散。

自中国大陆文化谱系的两极相互接触的地带，农业以适应各自生态的形式诞生，农业地带顺应着环境变化与社会变化的阶段分别向北、向南扩散。关于以上现象，相信读者已有大致的了解。

并且我们得以重新认识到，正是在新石器时代，从旧石器时代以来的狩猎采集民族中产生了农耕民族。作为现代世界的顺应生态领域的平面方向上的社会区分，即极北地区和赤道地带所见的狩猎采集民族、以中纬度地带为中心分布的农耕民族，这样的区分自新石器时代就已开始。

读者一定会问，现今世界上依然存在的游牧民族是如何形成的呢？我们将在东亚的新石器社会中寻找线索。下一章将对这个问题加以详述。

第七章

畜牧型农业社会的出现

农业社会与畜牧型农业社会

动物考古学解明的气候变化与家畜化动物的种类

新石器时代后期始于公元前 3000 年前后，正逢温暖湿润期即高温期结束，气候转向寒冷干燥的时期。前文已经提到，该时期由于生态系向南推移，农业的扩散越过南岭山脉到达其南侧。那么，在该阶段之前农业扩散的北侧地区的情况如何呢？在生态环境恶化的阶段，之前农业得到扩散的西北及其北侧的周边地带，可见一些值得注意的动向。首先在文化上这些地区开始出现此前不曾有过的文化信息带。众所周知，这些地区位于战国时代以后修筑长城以对抗北方游牧民族的接触地带。我把这些地区称为长城地带。

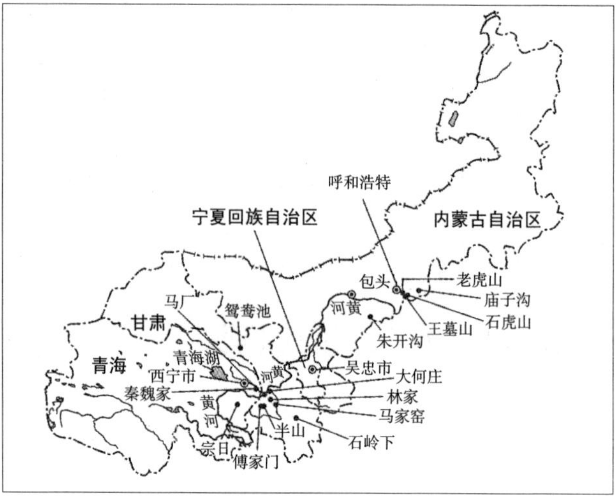

91 长城地带遗址分布图

在上述地区，以河川流域等小区域单位为核心，各邻接地区之间逐渐产生信息联结，并因这种联结开始形成文化上的信息网。其中之一出现在新石器时代后期的内蒙古中南部地区和辽西地区之间。如前所述，这些地区之前处于华北文化谱系与远东文化谱系的交错地带。也就是说，作为一种南北间的交流，该地带出现了陶器及石器的交流，或者说出现了农业的向北扩散。

但是自新石器时代后期开始，区域间的关系发生变化，内蒙古中南部与辽西之间出现了东西方向的区域间交流。也就是说在该阶段出现了交流方向的转换，此前南北方向的交流开始转向东西方向。其中尤以陶器的交流最受瞩目。

例如之前辽西的典型陶器筒形罐首次出现在内蒙古中南部，

同时内蒙古中南部的传统的绳席纹也开始出现在辽西的筒形罐之上。另外，还有学者指出，内蒙古中南部的海生不浪文化与辽西的小河沿文化的彩陶纹样具有类似特征。

而在中国西北部的甘肃省及青海省等甘青地区，情况又如何呢？甘青地区在新石器时代中期，从渭河流域传入仰韶文化的彩陶，诞生了仰韶文化石岭下类型。其后，彩陶样式当地化，出现了马家窑类型、半山类型、马厂类型等，被称之为甘肃彩陶文化的马家窑文化。马家窑文化在龙山文化并行期又逐渐向齐家文化变化。在甘肃彩陶文化和齐家文化中，存在着小口双耳罐及双耳罐、单耳罐等当地特有的带有把手的器形。这些器形普遍见于甘青地区与内蒙古中南部并行时期，由此可以看出两地之间存在相互的区域交流。也就是说，这是长城地带共通的文化信息带形成的阶段。与此同时，该地带开始逐渐显现出不同于黄河中游地区及渭河流域的区域文化的样态。

并且在此阶段，人们的生业也发生了变化。我们可将渭河流域、黄河中游地区及黄河下游地区与长城地带加以比较。这里所说的长城地带是指被称为甘青地区的中国西北部和内蒙古中南部地区。甘青地区也可叫做黄河上游地区。

新石器时代的人类从事农业生产，种植谷物，并食用谷物吸收碳水化合物，同时也食用猎物和家畜来摄取蛋白质。根据遗址中出土的动物骨骼的种类和数量，可以了解当时人们所消费的动物的实际情况。在考古学中这个领域即所谓的动物考古学领

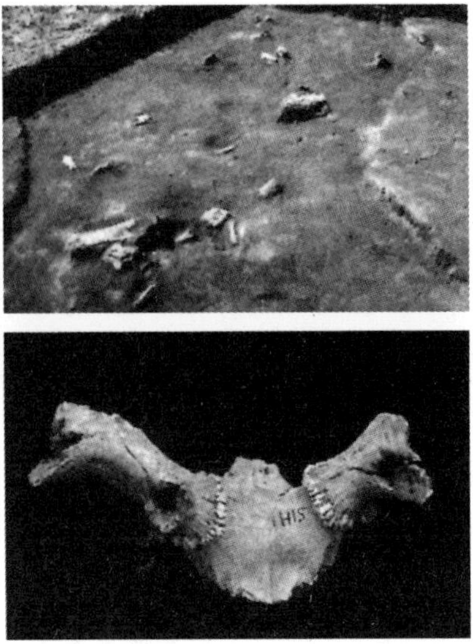

92 内蒙古石虎山遗址环壕出土的动物骨骼　从环壕内出土了大量如图所示的马鹿骨骼

域，必须对动物骨骼进行精密的鉴定。并且在涉及动物个体数的时候，仅仅统计所认定的动物骨骼的数量，也难以确定准确的个体数。因为一只动物有着多种且繁多的骨骼。首先对动物骨骼进行鉴定，即便是同一种类的动物也要把骨骼按部位不同进行详细的认定，再按部位不同统计其个体数。然后再把按部位统计的个体数的最大值算作该种动物的个体数。这又称为最少个体数。通过上述计算方法可以推算出遗址中被消费的动物种类的比率。

我曾参与发掘的内蒙古自治区凉城县石虎山遗址属于新石器时代中期的环壕聚落，在其环壕内部及土坑内出土了大量的动物骨骼。华北及长城地带的土地为碱性土壤，与日本的酸性土壤不同，动物骨骼较容易留存。石虎山遗址的环壕内出土的大量动物骨骼是在环壕废弃时被一并遗弃后埋入环壕之中，较好地反映着遗址居民的动物消费的实际情况。或许人们在聚落废弃时，曾举行盛大的仪式活动，因此消费了大量的动物。可惜环壕聚落内部的房屋遗址的保存状况不佳，只能辨认其室内地面，而无法把握聚落构造的情况。我在环壕内发现了大量的动物骨骼，并因此确信这些动物骨骼正是探明当时的古环境及饮食内容的重要线索。

石虎山遗址的动物骨骼由北京大学的黄蕴平教授进行了详细分析，并得出了动物骨骼的最少个体数。现在在中国考古学界，动物考古学日渐兴盛，担任学术带头人的是中国社会科学院考古学研究所的袁靖等学者。因此新石器时代的出土动物骨骼中，可知其最少个体数的事例也逐渐增多。我试着把这些出土动物骨骼的最少个体数依照上述地区不同并沿时间轴进行比较。通过比较，可以了解当时人们的狩猎以及饲养家畜的状况，同时通过所捕获的动物种类的差异，还可了解当时环境的变化。

渭河流域和黄河中游地区有新石器时代前期的陕西省临潼县白家村遗址，还有已得出新石器时代中期至后期各时期最少个体数的陕西省临潼县姜寨遗址。在黄河下游地区，已知山东省泗水县尹家城遗址的动物骨骼的最少个体数。在甘青地区（黄河上游流域），拥有良好资料的遗址有：甘肃武山傅家门遗址、甘肃永靖大何庄遗址、永靖县秦魏家遗址以及位于内蒙古中南部的新石器时代前期末至中期初始的石虎山遗址、新石器时代后期终末期至二里头、二里岗时期的鄂尔多斯朱开沟遗址。下文将把这些地区按时代不同进行比较。为使各时代的比较更为鲜明，将把二里头时期的普通聚落遗址即河南省洛阳市皂角树遗址以及黄河下游地区的尹家城遗址的商周时期的最少个体数也一并加以比较。

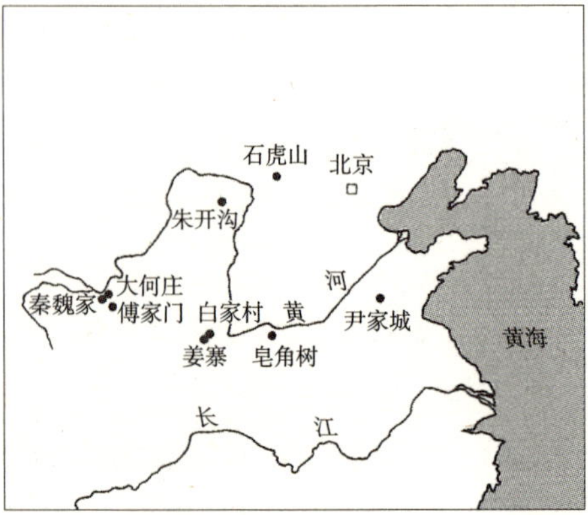

93 参与比较动物骨骼量比的、位于黄河中、下游地区和长城地带的遗址

在黄河中游地区，前期的白家村遗址中，作为家畜的猪和作为狩猎对象的鹿大约各占四成。由于白家村遗址的数据未显示最少个体数，实际上是根据头骨的数量得出的个体数。但从与新石器时代中期初始的姜寨1期的比率的比较来看，可以认为这个数据基本接近最少个体数。姜寨1期与白家村遗址显示着大致相同的倾向，但前者猪和鹿相对总数的比率更高。在相当于同一时期的内蒙古中南部的石虎山遗址，比起黄河中游地区，家猪的比率较低，而鹿的比率则较高。这里的鹿科动物主要有大型的马鹿及中小型的梅花鹿和獐等。这些动物生长在森林地带，可以想见当时的生态环境与现在内蒙古中南部已草原化的环境有着相当大的差异。而家猪比率较低说明当地较同时期的黄河中游地区，其农业的发达程度或者说对农业的依赖程度较低。

另外，遗址出土的动物组成也反映出该时期的气候条件。从白家村遗址、姜寨1期、姜寨2期以及姜寨4期的鹿类动物来看，白家村遗址虽有马鹿，但新石器时代中期的仰韶文化姜寨1期至姜寨4期却是以梅花鹿为主，其他种类也只可见牙獐而已。

同样从鹿类来看，内蒙古中南部的石虎山遗址以獐和梅花鹿为主体，在种类上显示着相当大的差异。

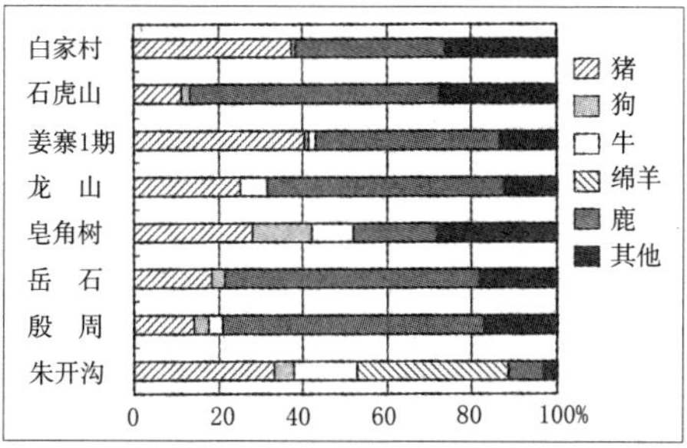

94 动物骨骼量比的比较　由此可知相对于黄河中、下游地区有着较稳定的鹿类比例，长城地带的畜牧动物的比例较高

其中值得注意的是，从姜寨 1 期至姜寨 4 期，牙獐约占动物总数的 10–20%。牙獐现生存于淮河以南的沼泽地带不同于其他鹿类的生态领域。这说明与现在的华北不同，该时期的黄河中游地区的生态环境曾经近似于常绿阔叶林带。可以说正反映着气候温暖湿润的高温期的特征。

而在白家村遗址、姜寨 1 期至姜寨 4 期，还发现了生活在竹林中的中国竹鼠的骨骼。众所周知，现在的华北已没有竹林，竹林已成为江南以南的风景。

现在最有名的竹林分布区要数长江上游的四川省。这里以大熊猫的产地闻名于世。就像竹林与大熊猫有着难以分割的联系，竹林也是常绿阔叶林带的代表植物。由此可知，当时渭河流域的环境与现在大不相同，有着近似于常绿阔叶林带的环境。同时竹鼠的事例也从动物骨骼的角度证明了气候温暖湿润的高温期的存在。

到了新石器时代后期的庙底沟 2 期并行期的姜寨 5 期，牙獐

遗址名 动物名	白家村	姜寨 1 期	姜寨 2 期	姜寨 4 期	姜寨 5 期	朱开沟
猪	187（37.70%）	85（40.67%）	8（25.00%）	12（18.18%）	4（13.79%）	52（33.12%）
狗	2（0.40%）	2（0.96%）		2（3.03%）	1（3.45%）	7（4.46%）
黄牛		3（1.44%）	2（6.25%）		1（3.45%）	
牛科						24（15.29%）
绵羊						56（35.67%）
水牛	80（16.13%）					
梅花鹿		48（22.97%）	7（21.88%）	19（28.79%）	11(37.93%)	
马鹿	80（16.13%）					8（5.10%）
麝		3（1.44%）				
獐						5（3.18%）
牙獐	97（19.56%）	21（10.05%）	4（12.50%）	16（24.24%）	1（3.45%）	
鹿科		19（9.09%）	7（21.88%）	5（7.58%）	6（20.69%）	
黄羊	28（5.65%）	2（0.96%）		1（1.52%）	1（3.45%）	1（0.64%）
刺猬		1（0.48%）				
麝鼹		1（0.48%）				
罗猴		1（0.48%）				
中华鼢鼠		4（1.91%）				
中华竹鼠	8（1.61%）	2（0.96%）	2（6.25%）	2（3.03%）		
兔		1（0.48%）	1（3.13%）	2（3.03%）		
豺		1（0.48%）				
貉	10（2.02%）	5（2.39%）	1（3.13%）	4（6.06%）	3（10.34%）	
黑熊		2（0.96%）				
熊科						1（0.64%）
獾		4（1.91%）		1（1.52%）	1（3.45%）	1（0.64%）
猪獾		2（0.96%）		1（1.52%）		
虎		1（0.48%）				
豹						1（0.64%）
猫科	4（0.81%）	1（0.48%）		1（1.52%）		
骆驼						1（0.64%）
合计个体数	496	209	32	66	29	157

95 黄河中、下游地区与内蒙古中南部地区各遗址的动物骨骼类比及量比

的比率急剧减少至 3.5%，中华竹鼠则彻底消失。而正是这种动物种类的变化明确地反映了高温期的终结以及气候转向干燥寒冷的现象。

寒冷干燥化促进了畜牧动物的家畜化

始于公元前3000年的干冷化现象在黄河上游地区留下了明显的印记。在黄河上游地区的傅家门遗址，新石器时代中期末的仰韶文化石岭下类型时期与同时期黄河中游地区相比，鹿所占的比率较少，而与之成反比的是，猪的比率较高，此外牛和山羊等畜牧动物也占有一定比率。这是因为气候的干冷化使森林逐渐变为草原，鹿失去原有的生态系。随着鹿的生息数量的减少，作为替代，当地对猪等家畜的依存度增高，显示出畜牧动物家畜化的趋势。

同样在傅家门遗址，上述现象在新石器时代后半期的仰韶文化马家窑类型时期依然持续。新石器时代后期的齐家文化中，如大河庄遗址和秦魏家遗址的事例所显示的那样，鹿的猎获只有极少的数量或几近于零。另一方面，这两处遗址与仰韶文化石岭下类型及马家窑类型的遗址相比，对猪的依存度进一步提高，加上绵羊、牛等畜牧动物，约占总数的20%，比率大为提高。这里几乎没有狩猎的迹象，蛋白质的来源几乎专门依靠猪、绵羊、牛等家畜。值得注意的是，这些地区与同时期的内蒙古中南部相比，对家畜的依存度处于更高的状态。

而在岳石文化及商周时代黄河下游地区的尹家城遗址，则与新石器时代的黄河中游地区的状况并无太大差别。甚至可以说鹿的比率显得更高。这应当说是反映了黄河下游地区当时的生态环境，即在气候干冷化的公元前3000年代（公元前3000年—

遗址名	傅家门	傅家门	大何庄	秦魏家	皂角树
时期	仰韶文化 石岭下类型	仰韶文化 马家窑类型	齐家文化	齐家文化	
猪	12 48%	11 52%	194 73%	430 83%	28%
狗	1 4%	2 10%	2 1%	0 0%	14%
牛	2 8%	0 0%	8 3%	38 7%	10%
绵羊	0 0%	0 0%	56 21%	50 10%	0%
山羊	5 20%	4 19%	0 0%	0 0%	0%
鹿	1 4%	0 0%	5 2%	0 0%	20%
其他	4 16%	4 19%	0 0%	0 0%	20%
总体个数	25	21	265	518	

96 位于黄河上游地区（甘青地区）的各遗址的动物骨骼种类及量比

公元前 2001 年）以后，黄河下游地区的森林带较中游地区尚处于较稳定的状态。

在黄河中游地区二里头文化期的普通聚落遗址即河南省洛阳市皂角树遗址，其家畜比率中，猪、牛等家畜所占比率较同时期黄河下游地区的遗址更高，而其中尤以牛这种畜牧动物所占的比率有增高的倾向。但是与龙山时代相比，鹿的比率较低，但又高于同时期黄河上游地区及内蒙古中南部的鹿的比率，约占总数的 20%。

在黄河中游地区，在新石器时代结束之后的二里头文化期，猪、牛等家畜动物的比率虽有提高，却没有绵羊，而鹿等野生动物有一定程度的捕获，与同时期黄河上游地区及内蒙古中南部在生业经济上大不相同。

就这样，伴随着以公元前 3000 年为始的气候寒冷干燥化现象，此前人们所进行的野生动物狩猎，尤其是鹿的猎获逐渐减少，取而代之的是猪或是作为畜牧动物的绵羊、牛等家畜动物。家畜动物增加的现象明显见于黄河上游地区及内蒙古中南部地区。其中尤以新石器时代后期后半段的齐家文化及新石器时代终末期的朱开沟遗址最为显著。

关于猪的家畜化，根据猪齿的形态及其死亡年龄的构成，可知猪的家畜化过程十分迅速。与在新石器时代中期渭河流域的北首岭遗址发现的猪齿相比，新石器时代终末期朱开沟遗址的猪齿远远小于前者。牙齿变小说明猪的主食因家畜化发生了变化。从猪的死亡年龄来看，与同样是在渭河流域的姜寨1期阶段相比，朱开沟遗址的猪的死亡年龄多为被屠杀的幼年或青年猪。由此也可看出，这些猪并非猎获的野猪，而是经过有计划的饲养、用于肉食的家畜。

然而比猪的家畜化进展更值得重视的是，绵羊、牛等畜牧动物的明显增多。这是与森林地带的草原化导致鹿的生存领域减少成反比例的现象。在黄河中游地区，从新石器时代后期开始，也出现了牛、绵羊等畜牧动物。但在二里头文化期的普通遗址即皂角树遗址等处，畜牧动物所占的比率并不太高，且不存在绵羊等。因此从畜牧化这一点来看，黄河上游地区及内蒙古中南部对畜牧的依存度更高。

上述动物种类变化也见于辽西地区，但这种现象的明确出现是在二里头文化期之后的夏家店下层文化阶段以后，稍晚于黄河上游地区及内蒙古中南部。

而在黄河上游地区和内蒙古中南部，即使是在畜牧发达的阶段，农耕石器依然存在，仍可见一如从前的农业要素。说明这些地区依然进行着一定程度的农业生产。我把这种依存于畜牧的农业社会称之为畜牧型农业社会，以区别于黄河中游及下游同属黍、粟农业社会的区域。

因交流与融合发生巨大变化的陶器样式

新石器时代后期，与生态系的变化相呼应，生业形态或者说是经济社会出现了新的分支。这个阶段的变化不仅只是社会经济上的分化，还在文化领域带来了区域间交流的方向性变化。从这个意义上来说，堪称典型的事例当属内蒙古中南部和辽西地区。

这两个地区在新石器时代后期以前曾经是以绳席纹罐为中心的黍、粟农业社会与远东平底陶器文化圈的交接地点，正好处于两个相对的文化谱系相遇的地带。可以说这两个地区曾经是黍、粟农业扩散经由的地点。但是它们在陶器文化等的信息带来看，却各自拥有不同的区域关系。也就是说，两者在文化谱系上属于不同的区域。

然而到了新石器时代后期，内蒙古中南部的海生不浪文化与辽西的小河沿文化中皆可看出相互间的关联。小河沿文化属于远东平底陶器文化圈，是以筒形罐的存在为特征的文化圈。与之相对，内蒙古中南部直到新石器时代中期都不曾出现筒形罐。

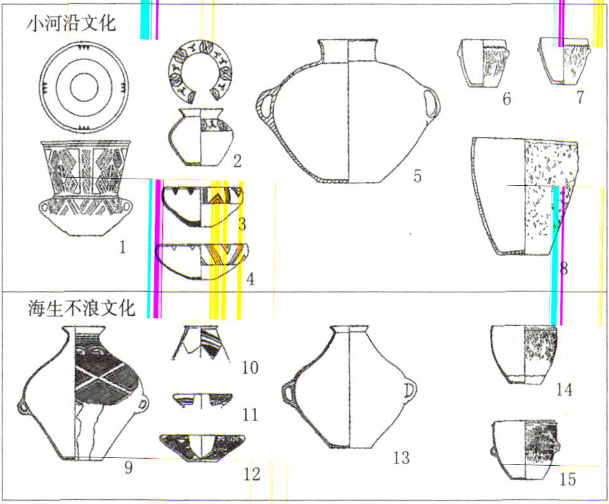

97 内蒙古中南部与辽西的陶器比较　1—8 小河沿文化（辽西地域）9—15 海生不浪文化（内蒙古中南部）

而到了海生不浪文化时期，该地区也出现了筒形罐。在此之前，筒形罐在系谱上并不存在于该地区，所以我们不得不认定这是从与之相邻的辽西地区传入的陶器。

而在辽西，这个阶段也发生了变化。该地区开始出现之前不曾有过的绳席拍印技法，出现了施以绳席纹的筒形罐。绳席纹在内蒙古中南部自石虎山文化后半期开始成为一般化的纹样，利用绳席拍印的技法制作陶器。在当地这是从很久以前一直延续下来的技术。辽西并不存在产生绳席纹的必然性，却存在绳席纹的事实让我们可以断定，这是通过与相邻的内蒙古中南部的接触而传入的。

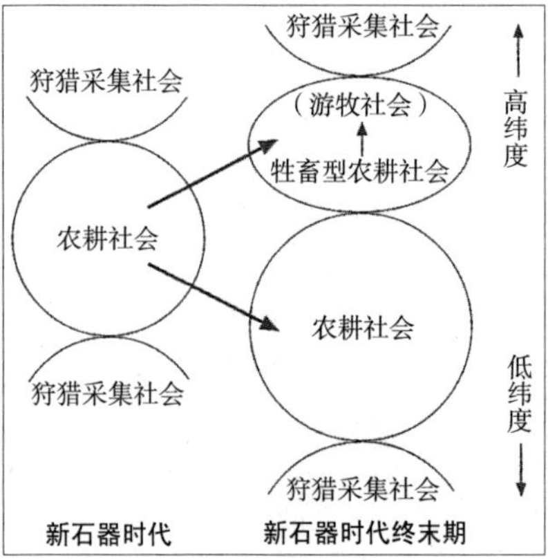

98 新石器时代的平面社会分支过程

也可以说，筒形罐和绳席纹显示了辽西与内蒙古中南部这两个相邻的区域通过接触而带来的相互的文化融合。从这个意义上看，两地在该时期出现的彩陶纹样的构成十分类似，显示出两地相互接触的可能性并因此备受瞩目。因此，在此阶段，在内蒙古中南部和辽西出现了之前没有的新的文化交流，或者说出现了使信息交流成为可能的信息带。

这种见于陶器样式的文化交流也出现在内蒙古中南部和黄河上游地区（甘青地区）。例如陶器的器种构成中，小口双耳罐及双耳罐、单耳罐等，也在这些地区得到了普及。如此看来，黄河上游地区、内蒙古中南部、辽西地区等区域显然逐步形成了把邻接地区相互联系在一起的信息带。

如前文所述，从生业形态来看这也意味着，在属于畜牧型农业社会的地区也形成了共通的信息带。可以说，这些地区不仅社会经济类似，而且处于拥有同一信息带的文化圈。这些地区在战国时代以后成为北方游牧民族与从事农耕的汉族对峙的地带，并在此建成了具有象征意义的长城。

我把这一地带单独称为长城地带。长城在新石器时代后期以后，在社会经济和文化上与长城以南的人们逐渐分离的正是这个地带。

前文已多次提到，黍、粟农业是在全新世开始的时候，在此前共通的细石叶文化共通生态域的边缘地带诞生的新的社会经济。新形成的黍、粟农业在气候温暖湿润的高温期得到发展，同时在向北方的农业适宜地带通过扩大其生态域而得到了扩散。值得一提的是，这种农业区域的扩散在与高温期的结束同时开始的寒冷干燥的变动中，为适应新的生态系而在长城地带出现了畜牧型农业社会。

也就是说农业社会成立后在其周边地带依然存续着旧石器时代以来的狩猎采集社会，而在农业向北方扩散的区域之中又产生了畜牧型农业社会。畜牧型农业社会在西周以后的寒冷干燥化中形成了以畜牧为主的新的社会经济体系，游牧社会由此开始。就这样亚洲东部的水平方向的社会分支逐渐完成。即农业社会，从农业社会分支出来的畜牧型农业社会及其发展型即游牧社会。并在其周边的西伯利亚至北极、热带地区形成了狩猎采集社会。

上述格局直至今日，包括无文字社会在内的地理上的分支，其实早在新石器时代终末期就已开始了。了解到这一点之后，相信读者对史前时代研究的重要性一定也深有感触吧。

长城地区文化带的形成与青铜器

中国的青铜器时代始于何时

19 世纪丹麦的汤姆森把古代遗物的变迁按材料不同划分为三个时期：石器时代、青铜器时代和铁器时代，即著名三时代法。其后，英国的 J·卢伯克又把石器时代分为旧石器时代和新石器时代。青铜时代是从新石器时代发展而来。中国考古学所说的青铜器时代是指二里头文化期以后的商周时代。

长城地带明确显示出文化上的一致是在青铜器时代即二里头文化期以后。那么在中国大陆青铜器何时开始出现的呢?

实际上在新石器时代就已发现有不完整的青铜器存在。新石器时代后期，社会不断进化，各农业地带发展至首领制社会，北京大学的严文明教授把这个时期与新石器时代区分开来，以青铜器的存在为依据，称之为金石并用期。但是这个阶段尚未出现后述二里头文化期之后那样的青铜容器，而仅限于刀子或锥等简单的工具及坠饰一类的装饰用品，或形态不明的断片。可以说此时离真正的青铜器时代非常遥远，青铜器作为实用器具其社会价值尚未得到认识。当时不但有铜锡合金的青铜，还有直接用铜打制而成的纯铜器物。而在西北地区更有多见于中亚的混合着砷的铜器。这个时期在技术上还远未达到发达的阶段。

而在西亚和欧洲，青铜技术自较早阶段就已进入发达阶段。

西亚从公元前6000年以前开始使用铜。巴尔干一带公元前4000年就已出现双范合铸的铜斧。

在中国大陆发现了显示新石器时代中期后半至后期前半的仰韶文化期（甘肃彩陶）有青铜器存在的考古资料。这些资料属于仰韶文化半坡期，如果资料确实，就是中国最古的事例。但其素材为黄铜，黄铜技术是许多年之后才出现的技术，所以许多学者对这些资料的年代提出了疑问。

要说确实可信的事例，比起黄河中游地区，黄河上游地区的

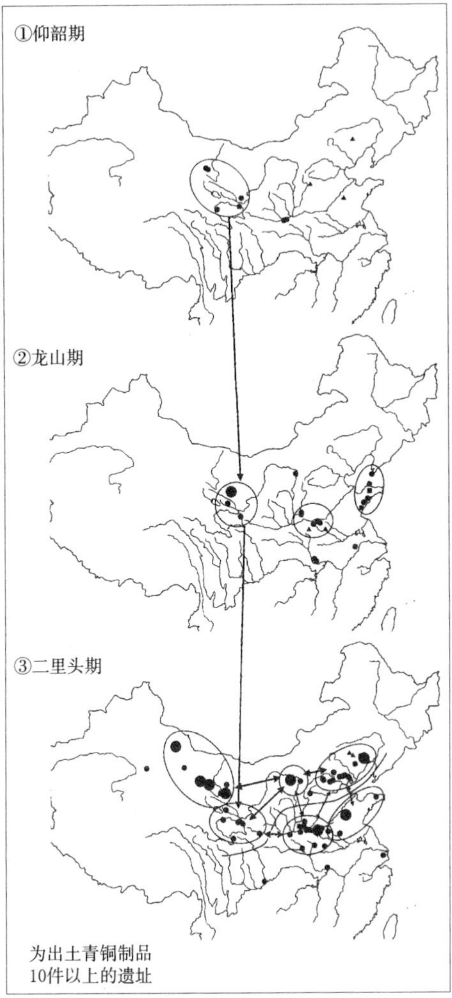

99 **新石器时代青铜器的扩散（据佐野2004）** 在中国，青铜器始于西北地区，之后也出现于黄河中游地区。至二里头文化期，其青铜器的内容开始不同于长城地带及黄河中游地区

资料更为多见。其中有在甘肃省东乡族自治县林家遗址出土的属于马家窑文化马家窑类型阶段的青铜刀子。此外还有青海省同德县宗日遗址的坠饰和环饰等随身装饰品，这里被命名为宗日文化，年代相当于马家窑文化的阶段。

西亚及其相邻的中亚在较早阶段就已拥有青铜技术，而在东亚西北部的黄河上游地区也发现了许多较早阶段的资料。因此我认为青铜器和纯铜的技术很可能是在来自西方的文化交流中经过欧亚大陆传入东亚的。

新石器时代后期的刀子和锥等简单的工具以及装饰用品等集中发现于黄河上游地区。而黄河中游和下游地区也出土了铜片，由此可知黄河流域已普遍出现了简单的青铜器。

这种状况发生巨大转变是在新石器时代结束后的二里头文化并行期。在这个时期，不仅黄河流域，内蒙古中南部、辽西等地区也发现了青铜器。这个时期的青铜器种类有所增加，除刀子和锥以外，还有斧、凿和矛也出现在黄河上游的甘青地区以及新疆。除上述工具和武器之外，还有手镯、耳环、泡等随身装饰品。这些随身装饰品同样也发现于内蒙古中南部与辽西地区，说明在该阶段这些地区作为长城地带有着广泛的联系。

长城地带虽以这些装饰品为中心显示出共通性，但这些青铜器并未关联着社会的阶层制度。从墓葬分析来看，墓地内墓圹大小及随葬品多少体现着社会阶层的差距，然而上述青铜器并非只属于阶层上位者，处于下位的被葬者也拥有青铜的随身装饰品。

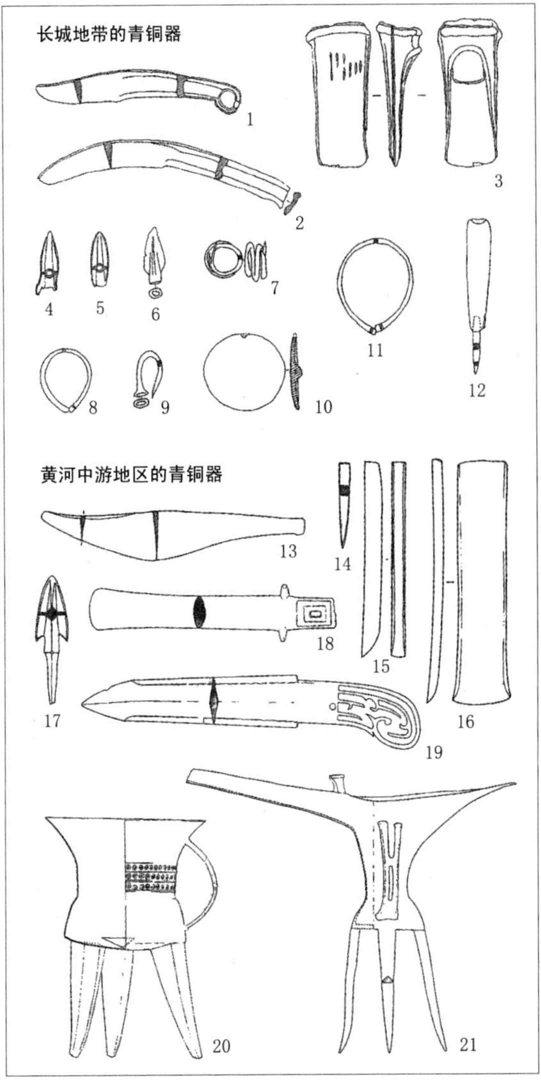

100 长城地带与黄河中游地区的青铜器比较（1–12 为甘肃省火烧沟遗址，13—21 为二里头遗址） 1、2、13 刀子；3、16斧；12、14 锥；15 凿；4、5、6、17 镞；7 指环；8、9 耳环；10 泡；11 手镯；18 钺；19 戈；20 斝；21 爵

例如辽西的内蒙古自治区敖汉旗大甸子墓地，属于二里头文化期并行的夏家店下层时期。虽然墓地的位置安排和随葬品显示出群体内明确的阶层关系，但如果仅限于青铜器来看的话，并未反映出阶层构造的差别。铜制的耳环和指环多随葬于女性被葬者，反映着性别的差别，却难以将其看作威信物。所以说在长城地带这些青铜器的生产以及青铜器本身虽然共有着文化信息，但即使进行着同样的青铜器生产，这些青铜器也绝不是作为威信物来使用的。

相对于长城地带，黄河中游显示出不同的动向。黄河中游地区至新石器时代后期虽然只发现了青铜片，但是到了二里头文化期，除了刀子和锥等工具以及铃等乐器以外，在二里头文化三期以后还发现了戈、镞等武器，并且开始生产斝、爵等青铜礼器。尤其是用普通的双范不能制作的青铜礼器，更显示出技术的进步，这是在长城地带未曾有过的技术。

并且这些以青铜礼器为中心的青铜器仅埋葬于阶层上位者的墓葬之中。这说明青铜器随葬对应着阶层构造的规范，已成为一种阶层标志。也就是说青铜器是作为一种威信物来使用的。这一点正说明黄河中游地区与长城地带的青铜器产生了不同的社会性的融合。并且黄河中游地区采取了以青铜礼器为中心的阶层体制，以此展开与长城地带不同的青铜器文化。

就这样，以青铜短剑及随身装饰品为中心的长城地带作为一个文化的整体，开始向畜牧农业社会，继而向游牧社会发展。

与之相对，发展了以青铜礼器为中心的祭祀仪礼体制的黄河中游地区则作为商周社会的母胎走上了农业社会的进程。在新石器时代后期以后，畜牧农业社会从农业社会中分离出来，长城地带不论是在社会性质还是文化特征上都与黄河中、下游地区逐渐分离，这种状况也体现在青铜器的发展与融合过程之中。

鬲社会与非鬲社会

从鬲的传播可知其来历及融合改良的秘密

在农业社会与畜牧型农业社会发生分离的新石器时代后期，还可看到另一个现象。一种名为鬲的三足煮沸具出现在农业社会与畜牧型农业社会的接触地带。鬲与同样是三足器的鼎不同，三足部分为中空，这是鬲的特征。这种足部中空的形状在鬲出现之前也见于同为三足器的斝。

关于鬲的出现，有学者认为其起源为斝或见于渭河流域的仰韶文化的尖底器。虽然关于鬲的起源尚未得出明确结论，但至少从鬲的形状和样式来看，可分为两个系统：渭河流域至内蒙古中南部的系统与内蒙古中南部至山西省中部（晋中）、北部（晋北）的系统。即单把鬲与低颈鬲两个系统。

所谓单把鬲，名副其实是以带有单个把手为特征。而低颈鬲则可说是后来在商代得到普及的鬲的祖型。单把鬲分布于渭河流

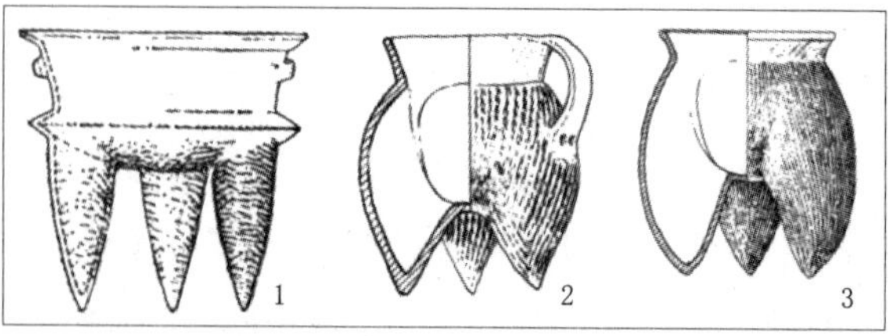

101 斝与鬲　1 斝（陶寺遗址）2 单把鬲（山西省杏花村遗址）
3 低颈鬲（杏花村遗址）

域至内蒙古中南部一带，低颈鬲分布于内蒙古中南部至山西省北部一带。可以说鬲诞生于农业社会与畜牧性农业社会的接触地带。而单把鬲又扩散至黄河中游地区的齐家文化。低颈鬲则越过太行山脉，扩散至太行山脉东麓以及山西省南部一带。

过去因为鬲是商代的基本器种，而且是随葬品中的主要陶器，因此人们一直把商王朝的政治扩展与殷商样式的鬲的扩散作同等看待。或者说鬲一直被看成是一种从陶器的角度给商周社会的范围贴附标签的绝好材料。因此对鬲这种陶器器种难免有过度重视之嫌。尤其是北京大学的严文明教授把鬲看作中华文明的中核，更加重了上述倾向。

但如果抛开这个预见来看鬲的生成及扩散的话，情况又如何呢？新石器时代结束之后，黄河中游地区即中原的文化样式向着二里头文化、二里岗文化变化。其中二里头文化是一种基本上没有鬲而是以鼎为主体的文化样式。后来在与北方接触地带的交流中才逐渐融入了鬲的要素。

而二里岗文化则以鬲为基本器种。二里岗文化是以位于太行山脉东麓的先商文化为母胎诞生的文化。前文所述的诞生于内蒙古中南部至山西省北部（晋北）的低颈鬲扩散并融入的地区正是先商文化的所在地。也就是说，把吸收融入的鬲作为基本陶器构成的先商文化经过发展形成了二里岗文化。而且二里岗文化相当于商王朝前期的文化，因此鬲被认为是显示殷商文化范围的标志物。

关于鬲的来历如前文指出的那样，鬲在当初绝不是一种显示政治领域的器物，而是顺应着畜牧型农业社会与农业社会接触地带的生活样式而产生的。从这个意义上来看，鬲在后来又向辽西的夏家店下层文化、嫩江流域的白金宝文化、第二松花江上游的西团山文化等中国东北部不断扩散，这绝不能看作是殷商文化的扩散。而应该可以把新器种鬲的融入理解为长城地带在文化上或者信息交流上走向一体化的动向。

另一方面，在黄河下游地区的山东，山东龙山文化后期及其后的岳石文化阶段，鬲也被融入当地文化。这可说是扩散至太行山脉东麓的鬲又向着山东地区发生了进一步的扩散。

另外，在出现了鬲的地区，即渭河流域至内蒙古中南部、山西省中部（晋中）地区，这些地区是畜牧型农业社会与农业社会的接触地带。然而在新石器时代后期，为适应向寒冷干燥变化的气候，出现了在地面挖掘洞穴居住的窑洞式房屋。这种窑洞式房屋见于黄河上游地区至出现了鬲的渭河流域、内蒙古中南部、山西省中部。这种房屋构造也分布在山西省南部以及河南省北部还

102 窑洞式房屋　山西省石楼县岔沟遗址 3 号房址（左图）及其复原图（右图）

有太行山东麓至辽西一带。正可谓与鬲的扩散显示着同样的动向。

显示同样动向的还有卜骨。对此将在第九章将以详述。自新石器时代后期开始，卜骨流行于自黄河上游地区至出现了鬲的畜牧型农业社会与农业社会的接触地带。卜骨在黄河上游地区出现于新石器时代中期末。其源头在西北地区。如前所述，西北地区很可能是青铜器这种新技术的源头所在。

小麦在中国究竟从何时开始栽培

此外，作为新的文化要素值得瞩目的是小麦。用小麦等谷物制成的面粉在中国被称为"面"。在中国的餐馆点过菜的人应该都知道，最后餐厅服务员一定会问主食吃什么。因个人喜好而异，人们通常选择吃米饭或饺子或拉面。饺子、拉面以及馒头在现代汉语中都属于"面"的范畴，原材料是小麦。小麦制成的"面"是现代中国人的主食，或者说是华北等地的北方人的主食。

华中以南的南方人则以米饭为主食。新石器时代华中的农业为稻作，而华北则种植黍、粟。在华北，小麦代替了黍、粟成为现在的主食。从这个意义上来看，小麦在中国大陆出现于何时并普及开来是一个非常重要的问题。附带说一句，日本现在除了米饭之外，也有以小麦为原材料的乌冬面[6]和日式拉面。兼而拥有中国北方的主食“面”和南方的主食大米。可以说现代日本人共有着中国南北两种文化，并享受着东亚的共同文化。

103 中国的小麦　新石器时代后期，在山东半岛已栽培有小麦

小麦曾有可能出现于龙山文化期。例如山东省兖州县西吴寺遗址出土了很可能属于小麦的孢粉，还有陕西省武功县赵家来遗址的小麦茎叶的出土事例。但这些都不是小麦种实的事例。

确实可知是小麦种实的遗存来自甘肃省民乐县东灰山遗址。在这里不但出土了小麦，还出土了大麦。但其年代属于四坝文化阶段，相当于中原的二里头文化并行期，是较龙山文化更晚的阶段。而近年在属于山东龙山文化、位于山东半岛的茌平县教场铺遗址和日照市两城镇遗址，经水洗浮游选别法发现了小麦的遗存。由此可以确知在新石器时代后期的山东半岛已经栽培着小麦。另外，中原的河南省洛阳市皂角树遗址也确认了二里头文化期有小麦存在。这个发现也进一步证实了上述事实。

熊本大学的甲元真之教授曾提出假说，把新石器时代末期至商代时期石镰普及的事实与小麦的存在联系在一起。这个假说也正逐渐得到证实。

然而中国并不存在小麦的野生种。小麦是新石器时代初期在西亚的累范特地区开始栽培，而后在欧亚大陆广泛扩散。

在中国小麦的出现是以欧亚草原地带为媒介自西北地区传入，这应当说是最为妥当的推测。正如青铜器的传播现象也经过同样的路径。如果说小麦的传入时期与畜牧型农业社会在长城地带形成的阶段相同的话，是否可以说小麦是适应了寒冷干燥气候的新的栽培谷物。并且出现于这个时期并向华北扩散的鬲这种新的陶器器种也许是作为小麦的烹煮用具与小麦的扩散呈现出一致的动向。还有卜骨的扩散也可能是与小麦及畜牧的扩散相呼应的新的农业祭祀。

第八章

区域间交流与社会的统合

社会威信与交流

从彩陶的交流看彩陶作为威信物的作用

再回到农业社会进展的话题上来。农业社会处在社会组织逐渐复杂化的进程之中。关于各个区域的社会发展状况我在第五章已做详述，并着重强调了各区域固有的发展。但是各区域在显示出各自的社会发展的同时，逐渐开始超越固有的区域范围，开始了相互的交流。这种交流与其说是用物质进行等价交换的交易，不如说是为获得具有特殊稀少价值的物品的交流。最重要的是，这些珍稀物品都因社会的阶层分化落入位居上层阶层的人手中。

并且正因为拥有具备特殊稀少价值的物品，才能使众人认可拥有者的社会领导地位。另外，拥有特殊价值的物品，可以证明

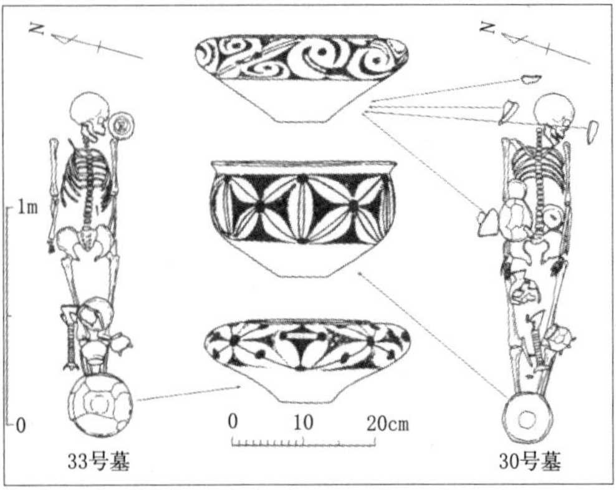

104 大汶口文化的彩陶及其在墓葬中的随葬位置　大墩子遗址 30、33 号墓（据西谷 1991）

拥有者与其他区域的人们保有交流关系。这个事实本身可以使拥有者在群体中获得众人的尊敬。上述现象的实例之一可见于新石器时代中期的山东大汶口文化前期。大汶口文化是山东地区出现的固有的区域文化。但是在该时期也可见到不属于当地文化的彩陶盆和钵。

这些彩陶盆和钵常见于同时期黄河中游地区的仰韶文化庙底沟类型。器面为白衣，上面用红彩或黑彩施以花瓣纹以及回旋勾连文等。另外，还有一种当地独有的五角星纹，显然不同于仰韶文化庙底沟类型的彩陶。说明当地在融合仰韶文化庙底沟类型的彩陶的同时，还存在着当地独自创新的彩陶盆。

山东大汶口文化的这些彩陶上没有作为住房中的日常生活用具使用的痕迹，而是仅限于用作墓葬的随葬品。而且拥有这些彩陶的仅限于随葬品较多的富裕者的墓葬。

根据以上现象，日本国立历史民俗博物馆的西谷大先生认为彩陶是被当作群体内权威的象征。并且认为导致这种现象的背景并非人的移动，而是由以交易为中心的交流。

由上述观点更进一步，我认为，拥有其他区域制作的彩陶显示着被葬者生前的社会地位，因此与其他区域进行交流这件事本身，可在群体内获得崇敬，并被众人尊为群体内的实力人物。这时与其他区域进行交流的动机应该可以理解为是为了反映自身在群体内的地位，或者说是为了保证这种地位。而且这时首先存在的是来自其他区域的赠与这种单向的行为。

可以想见，上述情况的根本在于从黄河中游地区得到彩陶的赠与这种行为。估计在各地各自发展的史前社会，交流活动与其说是始于互相补充物质上的不足的交换原则，倒不如说是以联结群体间关系的赠与为基本原则的交流。

这种赠与是为了与其他群体结成友好关系而毫不吝啬地进行的。与异质群体的交流促生了社会群体的紧张感和好奇心，交流的执行权由群体内的实力人物所掌握，因此又促使社会群体进一步组织化。难道不正是这种交流对群体的社会进步做出了巨大的贡献？在体会史前社会的时候，希望读者能够抛开现代消费社会利益得失的经济价值观来进行想象。

同样因交流而生的还有石钺，在石斧的基部一侧开有圆孔即石钺的形状，也称有孔石斧。石钺本来与石斧同样用作工具，后来逐渐被用作武器，并日渐转化为象征武力权威的器物。不再作工具之用的有孔石斧正确的称呼应当是石钺，但是从形态变化来看，二者很难加以明确区分。在此把二者统称为石钺。

根据九州大学研究生滨名弘二对石钺进行的分析研究，最

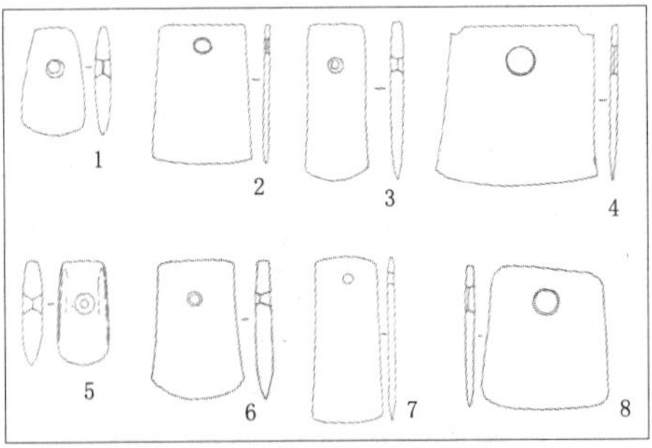

105 长江下游地区的石钺（1—4）和黄河下游地区的石钺（5—8）的比较　1 龙虬庄遗址　2 薛家岗遗址　3、4 张陵山遗址　5、8 王因遗址　6、7 大汶口遗址

早把石钺作为显示被葬者地位的器物而用作随葬品的是长江下游地区。石钺的随葬习俗始于长江下游地区，然后向黄河下游地区扩散。石钺在长江下游地区成为显示社会威信的器物，其背景在于石材的安定供给以及社会群体的首领对再分配的干预。并且在这个阶段之后，由于社会群体内社会阶层的差距逐渐扩大，用石钺随葬的习俗的扩散也变得更加显著。

与外来群体的交涉权才是真正的权威

那么在黄河下游地区，为什么这种石钺的随葬行为会作为与阶层上位者相应的威信物发生了文化传播呢？这种现象可见于山东省兖州县王因墓地等处的墓葬。王因墓是大汶口文化前期的墓地，如第五章所述，其随葬品数量及墓圹的大小并无太大差距，而是处于差距正逐渐开始形成的阶段。从墓地的形态也可看出当时的社会组织是均等的，基本上还没有产生巨大的阶层差距。

关于这些墓地的年代，可根据坟墓与坟墓之间的破坏（重叠）关系以及随葬陶器的形状样式的不同，大致分为三个等级。即把大汶口文化前期进一步分为前叶、中叶和后叶。通过对大汶口文化前期的这种详细划分，可看出墓葬中逐渐开始出现墓圹较大或随葬品较多的坟墓，由此可以认识到当时正处于阶层差距开始扩大的萌芽状态。

在王因墓地的随葬品中也可见产于黄河中游地区的彩陶盆、钵。还出现了长江下游地区在较早阶段开始的石钺。此外，随葬品中还有长江下游地区特有的高杯和豆等陶器。其中豆的器型以及豆脚部镂空的孔形以及带有镂空的传统与长江下游的崧泽文化的情形十分相似。很可能豆也是与长江下游地区交流的结果。

而彩陶在黄河中游地区不论是从墓葬还是从房屋遗址均有出土。由此可知彩陶被用于生活的各种场合。但是黄河下游地区的大汶口文化，彩陶几乎只出土于墓葬。加之出土数量稀少，说明彩陶在大汶口文化地带属于贵重之物。同理，来自其他区域的石钺和豆也可能是同样的情况。

彩陶、石钺以及豆分别出产于黄河中游地区和长江下游地区，这些器物出于某种理由被带到了山东。这些外地出产的物品与墓葬之中随葬品较多的坟墓相组合。也就是说只有富裕阶层才能用这些外来物品充当随葬品。

在此必须说明的是，这些外来物品并非一定就是在外地制成后被带到王因墓地。虽然物品的源头在外地，但很多情况下其生产制作是由王因墓地的成员们完成的。也就是说当地生产的可能性很高。

拥有来自其他群体及其他文化的器物，意味着王因墓地所属群体的阶层上位者和富裕阶层。其中到底蕴含着什么样的意义呢？我认为，与外来群体保有交往这个行为被象征性转化到了随葬品之类的实物之上，彩陶、石钺、豆等物品即是其象征物。王因墓地所属的群体起初偏好与黄河中游地区的群体进行交往，而后又将偏好转向长江下游地区的群体。当地的外来器物也随之变化。可以说拥有与外来群体交涉权的人在群体内因此得以逐步增进实力。

更为妥当的理解是：与其把这种交涉看作一种交易式的经济行为，倒不如说由于保有与其他群体的交涉权，该社会组织内的首领因此而生，并且在交流之初，还不曾有经济上的交易。经济交易应当成立于互惠式的平等交易关系。然而对于黄河中游地区的彩陶，山东方面提供的物质是什么，到目前为止在黄河中游地区尚未有所发现。同样对于长江下游地区的石钺和豆等器物，山东回馈的物品也至今未曾发现于长江下游地区。来自山东黄河下游地区，在长江下游地区被吸收的器种有前文曾经提及的大口尊，然而这些大口尊均为长江下游地区的阶层上位者所独占。这不如说是一种仪礼上的共有关系。

从上述几点来看，在新石器时代中期这个社会群体较为均等的阶段，来自其他区域的特定的物品在当地成为象征权威的贵重物品，这说明，关于那些在该社会群体内处于能与其他区域进行接触的地位的人，他们已经有意识地想要在该社会群体内获得社会范围的好评。

所谓交流，比起经济方面，更在社会群体内具有社会标志的重大意义。应当说以这种形式开始的交流才是当时交流的实际形态。而此后与其他群体的这种交流开始逐渐加速。

多用于随葬品的货贝的作用

新石器时代外来的遗物当中，值得重视的还有货贝。货贝生长在温暖的热带海域，例如黄宝螺，现在生息台湾和海南岛以南。产于南海的货贝，现在在黄河中游地区仍有发现，且绝大多数集中见于黄河上游地区。其中新石器时代中期末至后期初始的青海省大通县上孙家寨遗址 384 号墓出土的随葬品为货贝的最古事例。该遗址属于马家窑文化马家窑类型。更为确实的事例当属马家窑文化马厂类型的青海省乐都县柳湾遗址 873 号墓和 916 号墓的随葬事例。到了新石器时代后期后半的齐家文化阶段，类似的事例愈发增多。

在地处内陆的黄河上游地区，南海出产的货贝如何被带到这里是一个重要的问题。关于这个问题有多种观点，其中最有力的观点认为，货贝是顺东海沿岸北上，从黄河下游地区通过中游地区流传至上游地区。且不说这个流传途径是否可信，货贝以及该地区不出产的绿松石均为外来物品，是当地社会的贵重之物。也就是说拥有货贝和绿松石制成的装饰品有着特别的社会意义。可以想见，货贝和绿松石在此具有前文所述的那种强调所有者与其他群体保有交流的社会标志意义。

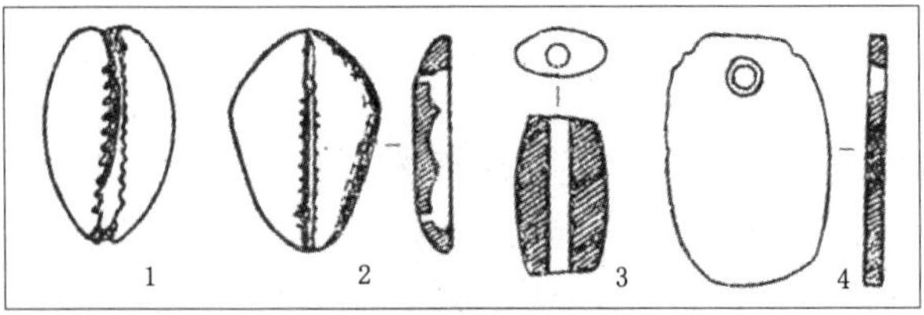

106 黄河上游的货贝与绿松石　1 货贝（柳湾 873 号墓）2 石制货贝（柳湾 765 号墓）3 绿松石制管玉（柳湾 1144 号墓）4 绿松石制坠饰（柳湾 1200 号墓）

此后货贝在二里头文化以后以至商代以后的墓葬中一直多用作随葬品。虽然在新石器时代被赋予的社会意义发生了一定程度的变化，但货贝在商周社会依然是一种重要的威信物。

区域文化的各自发展的过程已在第五章有所论述，但是在这些各自发展的区域，在邻接区域之间也逐渐开始了交流。显示这个过程的，是在各区域展现的陶器构成的变化。如图 107 所示，是第五章中曾提到的各区域陶器构成的时间上的变化。为了简明扼要地加以说明，我尽量把陶器器种名称简略。对专家学者而言也许稍嫌不足，敬请各位谅解。

在图 107 中，首先值得注意的是鼎。我们可以看到，在黄河中游地区（或淮河上游地区），鼎出现于新石器时代前期，而后逐渐在与黄河下游、长江下游、长江中游地区等邻接区域间的接触中逐渐扩散。

而出现于长江中游地区新石器时代前期的豆（高杯）则正好相反，是向着长江下游、黄河下游、黄河中游地区逐渐扩散。

在另一方面，山东的黄河下游地区早在新石器时代中期就创

	渭河流域	黄河中游地区	黄河下游地区	长江下游地区	长江中游地区
前期	罐(三足)、壶、钵	鼎、罐、壶、钵	釜、壶、钵		釜、壶、钵 釜、壶、钵、豆
中期	罐、壶、钵、尖底瓶	鼎、罐、壶、钵 鼎罐壶钵、杯、豆	鼎、釜、壶、钵 鼎壶钵、尊、鬶、杯、豆	釜、壶、钵 釜鼎、壶、钵、杯、豆 鼎壶钵、鬶、杯、豆	釜、壶、钵、杯、豆 釜、鼎、壶、钵、杯、豆
后期	罐、鼎、斝、壶、钵、杯、豆 鬲、斝、壶、钵、鬶、杯	鼎、罐、斝、壶、钵、杯、豆 鼎、斝、壶、钵、鬶、杯、豆			鼎壶钵、鬶、杯、豆

107 见于区域社会之间的陶器器种的交流

造了用作酒器的鬶。从黄河下游地区的立地特点来看，一方面是从长江下游地区向长江上游地区，另一方是从黄河中游地区向其上游及渭河流域逐渐扩散。

同样是在新石器时代中期的黄河下游地区开创的大口尊也是从长江下游地区向长江中游地区传播。更有在上一章已经提到的鬲这个新器种，是在新石器时代终末期在与长城地带接触的地带扩散开来的器种，但也可见于渭河流域、黄河中游地区北部以及黄河下游地区的部分地区。

值得注意的是，除新石器时代终末期的鬲之外，在新石器时代后期，各区域独创的陶器器种在渭河流域至黄河中下游地区以及长江中下游地区等大范围区域内都达到了共有的状态。在相当于后来的商周社会文化范围的区域内的陶器一致性显示的是，这些区域作为新石器时代后期的兴盛的交流圈，到达了共同拥有大范围的信息的阶段。

这相当于哈佛大学的张光直教授所称的“中国相互作用圈”的概念。另外，关于奠定后来商周社会文化领域的基础部分，正是由上述广域范围的一致性形成的。在此意义上，上一章中论及的长城地带在新石器时代终末期在社会经济上与上述区域逐渐分离，鼎和鬶都不曾传入，从而处在了陶器器种相同圈的外侧。关于这种通过区域间交流展开的信息扩散，更体现在玉器的传播过程之中。

玉器的交流

玉器的普及体现着交流的频繁程度

关于各区域固有的玉器文化的扩展，已在第五章和第六章中做了论述。内容包括：表现猪龙和龙等想象中的动物形象的红山文化独具特色的玉器；创造了玉琮、玉璧等用于宗教活动的精巧玉器的良渚文化；拥有着人面玉器及动物头形玉器等迥异于其他区域玉器文化的石家河文化等。各个区域生产了各具特色的玉制品，这些玉制品都在社会阶层的分化中成为象征上流阶层权威的威信物。

新石器时代后期，各地产生了信息的相互交流，上述玉器显示出超出以往生产区域的不断扩散的现象。

有一种名为骨铲形玉器的特殊玉器见于山东大汶口文化晚期

的临沂大范庄遗址等处。这种玉器最初可能是模仿骨制的铲形土木工具制作的，是山东地区最古老的玉器。到了新石器时代后期的龙山文化期，这种骨铲形玉器不但见于山东，也出现于黄河中游地区西北与长城地带接触区域的陕西神木石峁遗址。

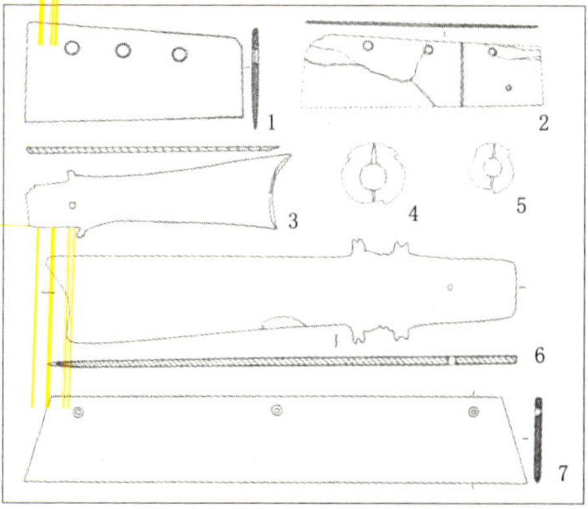

108 新石器时代后期独具特色的玉器 1、2 玉刀（1 安徽潜山薛家岗遗址 2 山东日照两城镇遗址）3、6、7 玉璋（3 山东海阳司马台遗址 6、7 二里头遗址）4、5 牙璧（4、5 山东胶州三里河遗址）

在二里头文化期，骨铲形玉器也曾在黄河中游地区的二里头文化圈内大量生产，形成通常被称作玉璋的玉器。二里头文化期以后，玉璋不但见于黄河流域和长江流域，也逐渐扩散至华南地区和越南。

与骨铲形玉器同样来自山东的玉器还有一种被称之为牙璧的玉器。其形状为玉璧式的有孔圆盘形，周边刻有缺口，形态近似日本的手里剑（手镖）。在石峁遗址也发现了牙璧，证明牙璧被带到了与长城地带接触的区域。

另外，新石器时代中期的安徽省薛家岗文化盛行石刀形玉器，这种玉器也见于山东，在山东龙山文化阶段的墓葬中多用于随葬品。石刀上面通常由一至两个穿绳用的圆孔，而石刀形玉器则以多孔为特征。石刀形玉器的分布范围也是在龙山文化期扩散到了西北地区。出土此种玉器的地点不仅只在位于长城地带接触地区的陕西延安芦山峁遗址和神木石峁遗址等处，还有西北地区的属于齐家文化的青海大通上孙家寨遗址。石刀形玉器又称玉刀，与玉璋同样，出土于二里头文化期的二里头遗址等处。

但是骨铲形玉器及石刀形玉器等名称的命名者、京都大学名誉教授林巳奈夫先生于最近否定了自己的学说，认为这两种玉器的祖型并非骨铲和石刀。但问其原因，却还没有明确的答案。在这里，只希望读者能够了解，玉器是从上述地区开始，逐渐扩大了分布范围。

出现于中国西北地区的齐家文化的玉器还不仅限于石刀形玉器（玉刀）。包括盛行于长江下游地区的良渚文化的玉琮和玉璧，其分布范围在新石器时代后期后半段也扩展到了齐家文化的分布区域。第六章已经提到，玉琮、玉璧的扩散通过与良渚文化邻接的樊城堆文化，延伸到了华南地区的石峡文化。这与水稻农业的扩散途径显示出同样的动向。但是玉琮并非直接从良渚文化引入，从其纹样某些变化来看，很可能是在石峡文化内部自行生产的。

可以确定的是，玉琮、玉璧的分布范围在向华南地区扩大的同时，也向黄河中游地区、黄河上游地区的西北地带扩散，形成了广泛的分布。

并且随着玉琮和玉璧的扩散，其形态在被模仿的同时，其纹

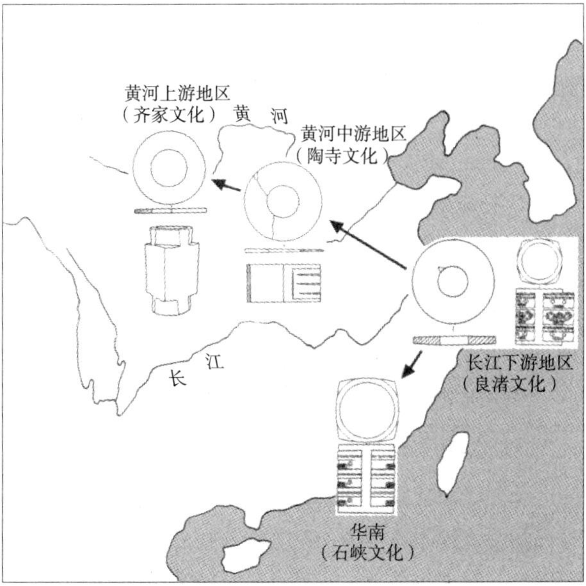

109 **玉琮、玉璧的区域间移动**　以良渚文化为中心，周边各区域也逐渐开始生产玉琮、玉璧

样尤其是兽面纹显示出退化消失的倾向，在形态上也发生了各地不同的变化。从这个意义上，可以想见并非玉琮、玉璧本身从长江上游地区传播，而是一种包含了玉琮玉璧所具有的宗教意义的扩散，并且这些玉器在各地一边出现形态上的变化，一边被当地所接受和生产。

同样是来自长江流域的玉器，长江中游地区的石家河文化中可看出玉器的移动。在陕西神木石峁遗址，发现了来自山东的骨铲形玉器和玉牙璧以及石刀形玉器，还有来自长江下游地区的玉

	渭河流域	黄河中游地区	黄河下游地区	长江下游地区	长江中游地区
前期	半地穴		半地穴		半地穴、地面
中期	半地穴、地面 半地穴、地面	半地穴 半地穴	半地穴 半地穴、地面	干栏式 地面	地面 地面
后期	半地穴、地面 半地穴、窑洞式	半地穴、地面 半地穴、地面、基坛	半地穴、地面	半地穴、地面	地面

110 建筑构造的区域变迁

琮、玉璧，也发现了来自石家河文化的鹰形玉笄和玉虎头。京都大学人文科学研究所的冈村秀典先生对上述玉器进行了实际观察，他认为这些玉器是从石家河文化直接带来的。石峁遗址有着从各地引入或者说是在各地出产的玉器，这里相当于各地玉器的聚集之地，混杂着各个区域的玉器。石家河文化的鹰形玉笄到最近也发现于二里头文化二期的墓葬。

就这样，产自各地的玉器或发生广泛移动，这种对诞生于其他区域的玉器加以吸收并自行生产的状况可见于黄河下游地区到黄河中游以及上游地区。尤其是从黄河中游地区到位于与长城地带接触区域的陕西神木石峁遗址一带，集中了产自黄河下游地区、长江上游和中游地区的玉器。

这个过程正可谓体现了新石器时代后期后半段文化交流的频繁程度。由此我们可以了解，当时在这些区域开展着旺盛的交流。并且黄河中游地区及其邻接区域是吸收玉器的区域。可以想见，这些区域此前不曾拥有玉器文化，玉器不仅只是作为威信物或宝物被当地吸收，而很可能是连同玉器具有的宗教上的意义也一起得到了吸收融合。

房屋构造的变迁

房屋显示的阶层差距与建筑物的功能

区域间的交流不仅体现于陶器和玉器等遗物之中，从建筑构造的技术变化也可看出其中的动向。

对日本人来说，史前时代的房屋是指在地面挖坑，再在坑中立柱并建盖屋顶的半地穴式房屋。因为半地穴式房屋常见于绳文时代、弥生时代以及古坟时代，所以我们难免会以为亚洲东部的房屋也一样。

但是中国大陆不但拥有半地穴式以外的房屋构造，而且值得注意的是，半地穴式房屋主要分布在远东至华北一带，是一种属于北方地带的房屋构造。从这个意义上来看，读者应当也会意识到，日本史前时代的半地穴式房屋也处于这种大陆北方系文化的传统之中。

中国大陆的建筑构造如图 110 所示，从淮河流域到长江中下游地区在新石器时代是以地面建筑为主。即所谓平地式房屋，是用支柱和墙壁支撑屋顶的一种房屋样式。首先在地面挖掘用作墙基的基槽，在基槽里树立木柱，并编制骨架，再将墙泥涂抹其上筑成墙壁。这种房屋构造是盛行于新石器时代中期淮河流域的长排连间式房屋的基本构造形式。

而在长江下游地区，新石器时代中期的浙江省余姚市河姆

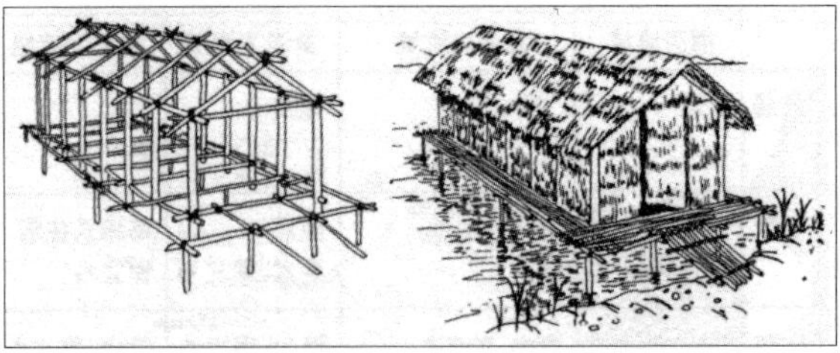

111 干栏式建筑　广东高要市茅岗遗址的干栏式建筑（左）及其复原图（右）

渡遗址以及浙江省桐乡县罗家角遗址则是采用干栏式建筑。这与广东高要茅岗遗址的事例相同，是湖沼地带特有的房屋构造。

另一方面，黄河流域以北基本上是半地穴式房屋。但是在黄河下游、中游地区以及渭河流域，呈现出半地穴式房屋与地面建筑两种系统交错的形式，可见分属两种系统的房屋构造。另外，从半地穴式房屋的平面图来看，太行山脉东麓至黄河中游及下游地区以圆形房屋为主。到新石器时代后期，圆形房屋开始向平地式的地面建筑转换，并出现了筑造土坯墙的技术。

内蒙古中南部至陕西盆地以方形半地穴式房屋为主。在陕西盆地也就是渭河流域，新石器时代中期并存着方形和圆形的半地穴式房屋，并且出现了在同一住址内还存在地面式建筑的复杂动向。但是在新石器时代后期，渭河流域的房屋出现了方形平面多于圆形平面的倾向。而在辽西以北的中国东北部至远东的一部分地区，则以方形半地穴式房屋最为常见。

到了新石器时代后期，包括西北地区在内的长城地带及与其接触的黄土高原一带，出现了在斜坡上挖掘洞穴用于居住的窑洞式房屋。这种房屋构造适宜新石器时代后期的寒冷干燥气候，逐渐从西北部向长城地带及黄土高原普及。

如上所述，在各地可见一定的区域性房屋构造的变迁和系统性，但在新石器时代后期，尤其是以在黄河中游和下游地区为中心的区域内，平地穴式房屋即地面建筑与半地穴式房屋开始并存。

在平地式房屋的区域，例如河南省淮阳县平粮台遗址出现了基坛建筑。即先筑造基坛，再在其上修筑房屋。这种建筑形式形成了商周社会宫殿建筑的基本构造。也就是说，此前曾存在因区域系统而各不相同的房屋构造或建筑技术，而新石器时代后期相当于相互融合的阶段。这种趋势与前文所述的陶器器种以及玉器的情况十分类似。

上述文化上的融合过程兴盛于新石器时代后期，与此同时在黄河中游地区房屋构造开始向多样化发展。即基坛建筑、平地式地面建筑、半地穴式房屋、窑洞式房屋等。其中前三者因顺应社会的机能分化而产生机能上的不同，因而在建筑的社会机能的意义上也各具不同的用途。同时这些建筑形式还反映着居民的阶层差距，逐渐产生了顺应阶层差距的房屋构造。在商代后期的都城殷墟，并存着基坛建筑、地面建筑和半地穴式房屋。正可谓反映着使用这些建筑的人们的阶层差距，也反映着神殿或宗庙、贵族阶层的住宅、普通房屋、粮食贮存仓库等建筑物的机能不同，也就是说这些因社会分化而产生的不同都反映在了房屋建筑的构造之中。

城址的出现与战争

城垣的更大功用在于防洪

说起新石器时代的聚落，一定有许多读者会想到环壕聚落。关于农业社会及其周边区域社会的环壕聚落的成立，第五章和第六章按区域不同进行了说明。虽然房屋构造各不相同，但在各地社会开始渐次出现环壕聚落。其中最早的事例有新石器时代前期属于辽西兴隆洼文化的兴隆洼遗址、查海遗址和白音长汗遗址等。在长江中游地区也同样存在古老的遗址，即新石器时代前期的湖南省澧县八十垱遗址。在黍、粟农业的中心地带黄河中游地区，环壕聚落却未曾发达，在渭河流域的关中盆地，直到新石器时代中期属于仰韶文化半坡类型的半坡遗址以及姜寨遗址的阶段才出现环壕聚落。而在渭河上游地区的甘肃省秦安县大地湾遗址则要等到仰韶文化史家类型阶段。

环壕聚落就是在聚落周边以壕沟围绕而成，所以当然具有防御的功能。并且聚落内部集中着许多房屋也说明环壕聚落并非英国新石器时代那种举行祭祀活动的所谓 causewayed enclosure 的环壕遗址。那么环壕的防御对象是什么呢？

如前所述，从长江中游地区、辽西、渭河流域等地的聚落构造及墓葬分析来看，以上地区均处于部族社会阶段的均等的阶层社会。也就是说，可以断定，在这些聚落内部或聚落之间还不存在因阶层差距而引发的战斗或聚落间的摩擦。所以最合理的解释是，作为防御之用的环壕应当是用来防御生息在聚落周围的野兽，以保护居民以及贮藏食物的安全。

如第五章所述，在黄河中下游地区和长江中下游地区的农业社会，群体内的阶层差距开始扩大是在新石器时代中期后半段。在各个区域，以父系血缘氏族为单位的家庭单位之间逐渐开始产生阶层差距。并且这种社会性的阶层差距也在墓葬上显示为墓葬间的阶层差距，不仅如此，如黄河下游地区的山东，聚落大小也显示出聚落间的差距。规模大的聚落显然是中心据点，小型聚落则散布在其周围，反映出聚落之间的关系。

在此过程中，人们开始在聚落周围用土垒环绕的方式筑城。这些城址不仅有城垣，城垣周围还存在着环壕围绕的聚落。日本学者把这类聚落叫做城塞聚落、城郭聚落、围壁聚落等，名称各不统一。与西亚的都市遗址不同，都市的称谓说明已达到相当的文明化程度，容易引起语义上的误解。在中国把这类聚落称为城或城址。由于中国新石器社会特殊的聚落构造，我将沿用中文的说法，将之称为城址遗址。

中国大陆的城址遗址详见图 70 和图 112 中的一览表。

这类城址遗址较早且较集中地出现于长江中游地区。对此第五章已展开论述。这些城址于新石器时代中期至后期的屈家岭文化阶段如雨后春笋般一同出现。长江中游地区的城址遗址形式多种多样，如湖北省天门市石家河遗址规模巨大，城垣单边长

区域名	省名	遗址名	所在地	规模（东西 × 南北）m	筑造时期
黄河下游地区	山东省	边线王	寿光县	单边 100	山东龙山文化中期
		边线王		单边 240	山东龙山文化后期
		史家	桓台县	4.4ha	山东龙山文化后期
		丁公	邹平县	310×350	山东龙山文化
		田旺	临淄市	400×450	山东龙山文化
		城子崖	章丘市	430×530	山东龙山文化
		尚庄	茌平县	3ha	山东龙山文化
		乐平铺	茌平县	200×170	山东龙山文化
		大尉	茌平县	3ha	山东龙山文化
		教场铺	茌平县	1100×300	山东龙山文化
		王集	东阿县	120×320	山东龙山文化
		景阳冈	阳谷县	300-400×1150	山东龙山文化
		皇姑冢	阳谷县	150×495	山东龙山文化
		薛国古城	滕州市	170×150	山东龙山文化
		西康留	滕州市	185×195	大汶口文化后期
		丹土	日照市	600×500	山东龙山文化中期
	江苏省	藤花落	连云港	325×435	龙山文化
黄河中游地区	河南省	后岗	安阳市	单边 70m 以上	龙山文化
		孟庄	辉县	340×375	龙山文化中、后期
		西山	郑州市	直径约 180	仰韶文化秦王寨类型
		古城寨	新密市	460×370	龙山文化后期
		新砦	新密市	残存长 924×160	龙山文化后期
		王城岗	登封县	82.4×92	龙山文化中期后半
		王城岗		残存长 30×65	龙山文化中期后半
		郝家台	郾城县	148×222	龙山文化中期
		平粮台	淮阳县	185×185	龙山文化中期
	山西省	陶寺	襄汾县	560×1000	龙山文化前期
		陶寺		1800×1500	龙山文化中期

112 黄河中游地区与黄河下游地区的城址及其规模

达 1 公里以上。又如湖南省澧县城头山遗址，其直径约 325 米。与其他区域相比，较大的规模是上述城址的特征。城址内部也不仅限于平坦的地势。在这一点上也与黄河中下游地区的城址遗址显示出大不相同的景观。

在我曾参与发掘中日联合考察的湖北省荆州市阴湘城遗址，其城址单边超过 500 米。要在遗址内部横穿而过，必须走过现

113 阴湘城遗址　有房屋的高地部分为城垣，其地势较低的水田部分为环壕

114 邓家湾　从石家河城址内眺望谭家岭

在的村落、山谷和水田区域，所以得到的印象比实际规模更加广大。现在土地的利用方式异于从前，山谷一带用作水田，地势稍高的斜坡用作旱田和水田，地势较高的平地用作居住区。

阴湘城的城垣所环绕的空间应当并不都是用作居住的空间。虽然在阴湘城遗址未得到证实，但城址内部也很可能曾建有由包括水田等生产用地在内的聚落。

在石家河遗址城内同样也是高低起伏的地形，地势较高的邓家湾和谭家岭地区为居住区域，并非所有的空间都分布着聚落。如果城垣围绕的范围只是聚落的话，显然浪费空间过大。例如在石家河遗址内部的三房湾出土了大量陶杯，但却没有建筑物的遗存，而是一片类似操场的平地。估计这里是众人聚会饮酒的场所。

长江中游地区如第五章所述，类似的城址遗址周围还分布着小规模的聚落，而城址遗址本身的规模相对说来，以汉水流域、沮漳河流域、澧水流域和洞庭湖北岸的顺序逐渐变小。这种现象与其说是这些区域之间存在贫富差距或是阶层关系，不如说城址规模与各区域支撑城址规模的人口呈正比关系。总之我认为，是能够筑造城垣的周边区域的居民人口规模不同造成了城址规模的不同。

既然如此，弄清进行这种规模巨大的土木工程的动机就成为一个问题。我也曾对用于弓箭的镞进行分析，并确认在长江中游地区，大溪文化、屈家岭文化、石家河文化的镞依时间顺序逐渐转向大型。而且镞不断向大型发展是为了用作武器，以对付因阶级摩擦而产生的群体间的战斗。关于城垣和环绕其周围的壕沟的功能，也很可能是针对长江中游地区发生的战斗而具备的防御功能。

然而如果仅限于城址遗址来看的话，其筑造的开始时期大多属于屈家岭文化期，而在战斗应更加激化的石家河文化期，却几乎没有在此时期开始筑造的城址。由此说来，虽然当时社会阶层差距逐渐增大，有可能出现发生战事的事态，但城垣的筑造并不见得就是为了防御之用。关于这一点，有必要加入一个机能上的考虑，即对于环绕着包括水田等生产地带的广大领域在内的城垣来说，还具有长江流域特有的抵御洪水的功能。

季风带来雨季对水稻农业地带来说必不可少，但有时也会引发洪水，这样的事态我们现在也时有耳闻。实际上在大溪遗址及中堡岛遗址就发现了大溪文化末期因洪水形成的堆积层。另外还应考虑的一点是，开展这种大规模的城垣筑造工事时所需的集体劳动。

115 阴湘城的城垣断面　在东城垣挖掘探沟对其层位进行观察

例如前文提到的阴湘城遗址，在当地参加中日联合考察时，我们为弄清城垣的构筑方法，曾经把东城垣加以切割，对其断面进行了观察。阴湘城遗址的城垣基底宽 40 米，高 5 米，规模巨大。城垣外侧围绕着幅宽 45 米的大型壕沟。虽然我们只切割了东城垣的一部分，但使用现代的铁制工具，仍需借用众多农民的劳力。当时的情况与此相反，甚至找不到类似于铁铲的有效石器，要想筑造城垣，一定需要非常艰苦的劳动才能完成。

通过对城垣断面的观察，可知这是一项规模浩大的土木工程。堆筑城垣利用的是修建环绕外围的壕沟时挖出的泥土，再加上黄色和灰色的黏土交互叠加而成，其方法不同于后世的版筑技术。如此大规模的土木工程让人不由得想到，这一定是众多人齐心协力的结果。

考虑到屈家岭文化时期的社会性质，这种劳动方式终归不可能是在强有力的王权威压之下进行的。当时社会尚未达到首领强权的阶段。在更大意义上可能是带有某种宗教性的协力合作。关于这一点，石家河遗址内部的三房湾至今散落着许多陶杯，可

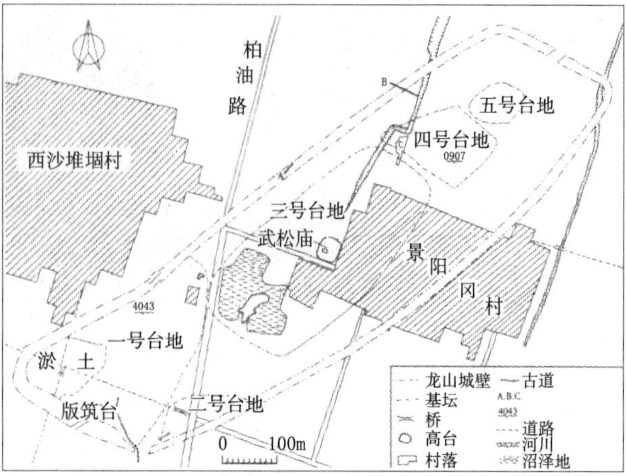

116 山东龙山文化的大型城址遗址（山东阳谷景阳冈遗址）

以想象当时这里曾经是从周围聚落聚集而来的合作者们的共同祭祀场所。同类的城址遗址在稍后的年代也见于长江上游地区宝墩文化期的遗址。

而在黄河中游地区，新石器时代中期末的河南省郑州市西山遗址出现最古的城址遗址之后，新石器时代后期的城址规模开始逐渐增大。

类似的情况也适用于黄河下游地区。山东省滕州市西康留遗址属于大汶口文化后期，是该区域内最古老的城址遗址。至新石器时代后期后半段的山东龙山文化期，城址遗址逐渐变得普遍。

另外在山东地区还存在着以城址遗址为中心的多个聚落形成的网状分布。城址遗址集中于现在的黄河北岸，例如以山东省

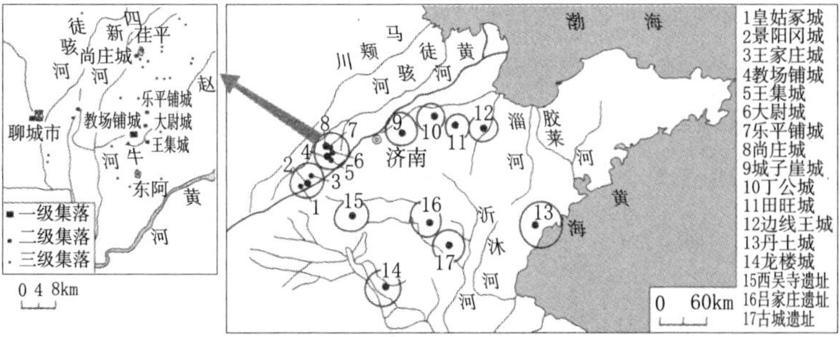

117 山东龙山文化的聚落群

茌平县教场铺遗址为中心的城址遗址和普通遗址的遗址群，还有以山东省阳谷县景阳冈遗址为中心的遗址群。教场铺遗址边长为 1100×300 米，景阳冈遗址为 300—400×1150 米，均为规模巨大的遗址。另外，在教场铺遗址和景阳冈遗址，不但有城垣，还在城内发现了版筑基坛，说明这里很可能曾经存在着社会群体的中心建筑物。

上述情况与长江中游地区的城址遗址不同，显示出连接着社会群体阶层化的动向。与较大的城址遗址为中心，其周边围绕着相对小型的城址遗址，更外围的部分则零散分布着普通聚落。这说明当时的聚落已达到阶层构造十分明显的阶段。但是中心城址遗址中存在着版筑基坛等祭坛建筑物，说明这里很可能是政治上的中心。可见大汶口文化以来的墓葬所体现的阶层秩序在聚落之间也有所体现。

以首领为中心的阶层构造在作为社会生产基础单位的聚落之中得到了保证，并且这种阶层构造已发展到具有某种政治纽带作用的阶段，使周围的城址遗址和普通聚落形成了网状连接。同时该阶段也是上述政治上的网状连接在地理上并立存在的阶段。

陶寺遗址的城址内已有具有初期国家的机能划分

山东省文物考古研究所所长张学海先生根据上述城址和聚落的规模不同将其划分为三个等级：如教场铺遗址和景阳冈遗址为第一级的城址遗址；围绕其周边规模较小的是第二级的城址遗址；第三级为规模更小的普通遗址。这是一个非常卓越的观点。在上述区域内的片区单位中，拥有聚落阶层构造的遗址群曾经并存于山东境内。

在山东龙山文化时期，磨制石镞和骨镞等镞类器物均逐渐向大型化或重型化发展。镞的重量加大，必须以增强弓的力道为条件，这样镞发射出去时贯通力才能得到增强，并达到改进功能的效果。上述发展不单是以狩猎为目的，可以说更大程度上是为了转为武器之用。因此山东龙山文化的镞的大型化和重型化，应当可以看作是一种武器的机能进化。

而且为了使镞与箭柄的结合更为牢靠，镞与箭柄的结合部分的制作也越加坚固。镞的横断面的形状开始出现菱形或三角形，即出现了以提高镞本身的耐久性和杀伤力为目的的形态变化。

实际上在大汶口文化后期的江苏省邳县大墩子遗址的316号墓葬中，被葬者的左大腿骨上就留有镞射入后的创伤。这个典型的事例证实了当时曾经发生过武力冲突。然而在黄河下游地区的城址遗址之中，如果把前文提到的那些在各自的网状分布中处于中心位置的城址加以比较的话，这些遗址在规模上并无太大的差距，可以想见在各个网状分布的遗址群之间，其力量悬殊应当处于不相上下的状态。其相互关系绝不可能处于血腥的征服与被征服的敌对状态。

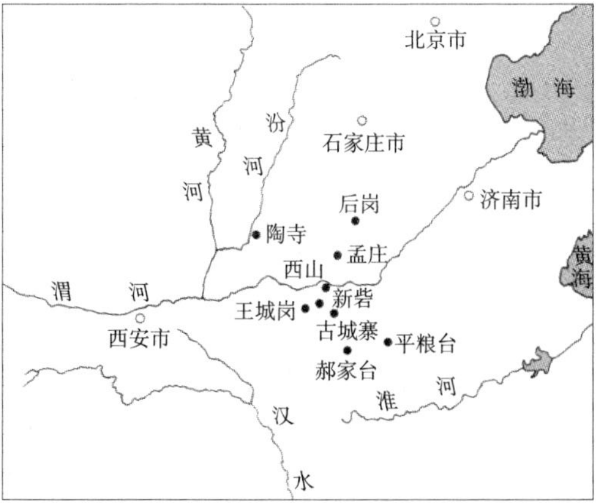

118 黄河中游地区的城址遗址

而在同样于新石器时代后期开始普遍出现城址遗址的黄河中游地区，情况又如何呢？直到最近，我们只知道黄河中游地区的城址遗址的规模都较小，最大者不过 100 米见方而已。而近年在当地发现了规模较大的城址遗址，如在河南省辉县孟庄遗址的单边长达 340 米的城址，以及河南省新密市古城寨遗址的单边长 460 米的城址。

更令人惊叹的是，在此前我们已经明确可知被葬者之间存在明显的阶层差距的陶寺遗址也发现了城址遗址。城址规模巨大，单边长达一公里以上。

澳大利亚拉筹伯大学的刘莉女士着眼于这些区域聚落之间的规模不同，证明在黄河中游地区聚落的差距也各不相同。根

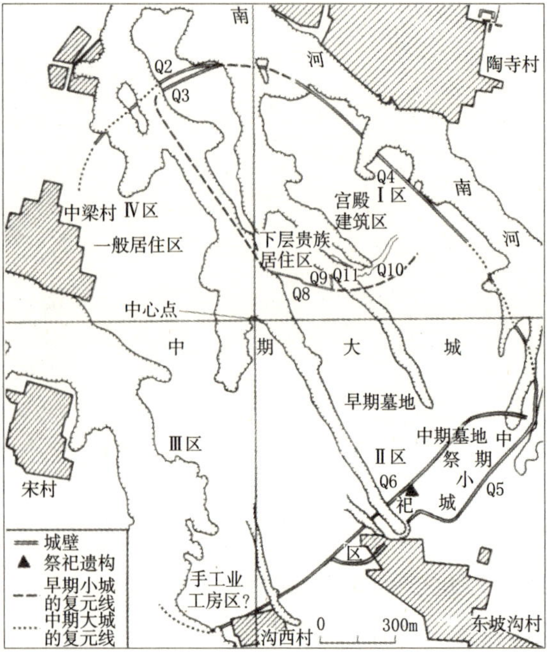

119 陶寺遗址的城址 以前期小城为基础逐渐扩建为中期大城。在中期大城南侧扩建出中期小城的区划，并有中期墓地和祭祀建筑的遗存

据刘莉女士的观点，黄河中游地区的聚落根据聚落单位的构造特征可分三个类型：

在陶寺地区和三里桥地区，聚落之间保有向心构造，存在着社会组织较为复杂的首领制社会；

像伊河、洛河流域以及沁水流域那样，聚落之间呈离心构造，处于尚未统一的首领制社会；

还有像河南北部、中部地区那样，不存在中心聚落，聚落之间实力不相上下，尚未统一，性质较为复杂的首领制社会。

刘莉女士认为，最终使商王朝走向确立的是属于第三类的那种尚未分化的社会组织，并非社会组织安定发展之后才进展到初期国家阶段，而是在社会分化进展不明显的区域开始了向着初期国家阶段的急剧发展。这是一个耐人寻味的观点，但是近年来的发掘资料却迫使这种社会发展类型的研究回到了必须重新论证的阶段。

首先，在被认为是最早形成聚落间向心构造的陶寺遗址、三里桥地区，值得注意的是在陶寺遗址发现的城址遗址。陶寺遗址存在于新石器时代后期前半段的庙底沟二期至龙山文化期，大致可分为前、中、后三个时期。陶寺遗址前期已建有南北长 1000 米，东西宽 560 米的小城。在年代较早的庙底沟二期并行期，在黄河中游地区存在着如此巨大的城址遗址，单这一点就足以令人惊叹。而且这个阶段如陶寺墓地所显示的那样，社会阶层分化已进展到以世袭父系血缘组织为单位的首领制社会。从这个意义上来说，与同时期长江中游地区的那些修筑了大型城址遗址的人们不同，这里在社会进化方面已达到了更进一步的社会环境。

这一点从逐渐判明的城内空间利用的平面区分上也得到了证实。小城内南部为宫殿建筑区，从房屋规模来看，其西侧和东侧分别为下层贵族和上层贵族的居住区。而这种空间的平面区分在长江中游地区的大型城址遗址中是见不到的。

至陶寺遗址中期，城址遗址进一步扩大，以前期小城为基础，扩展为东西宽 1800 米，南北长 1500 米的大城。通常称之为中期大城。在中期大城的南侧还附设一座扩建于中期的小城，称之为中期小城。其内部建有贵族阶层的墓地。如此看来，陶寺遗址的城址遗址不仅规模巨大，而且城内具有应不同社会功能而设的平面区分，如宫殿区和贵族居住区、平民居住区、有可能用于手工作坊区或墓地等。其社会进化程度值得注目。

并且，在中期小城内与中期大城南壁相接的地方，发现了一座建有半径约 25 米的半圆形三层基坛的祭祀遗构。这不单是一座宗教性建筑，还有可能是用来观测天象以制作历法的建筑物。半圆形基坛上开有缝隙，其方位与冬至及夏至等日期的日出方位吻合，可用于测定历法。

历法正是用于掌管农业和祭祀，因此历法多由首领直接管理。陶寺遗址这种形成机能分化的聚落构造与商周社会的都市基本相同。想必早晚会有学者把这个阶段称为初期国家阶段。

认为陶寺遗址是“尧”的所在地的观点的根据及其妥当性

陶寺遗址是否可定义为初期国家的问题且留待第十章再来探讨。在此之前还有一个值得关注的事实。至陶寺遗址后期，宫殿区已被废弃，取而代之的是普通石器和骨角器的作坊。而且陶寺遗址中期的建筑材料也被弃置。很可能这里在后期已失去了城址的机能。另外该阶段还留下许多暴力的痕迹。

从该时期的沟中，发现了30个头盖骨以及40—50具散乱的人骨，其中多数为男性。从别的包含层中，还发现了颈骨折断、阴部插着牛角的女性遗体。另外位于中期小城墓地内属于阶层上位者的22号墓，在陶寺遗址后期遭到破坏，棺盖被砸坏，棺内也遭掠劫。耐人寻味的是，遭破坏的墓坑底部有意识地放着五个人的头盖骨，可见破坏者并不单纯只是盗墓者，而像是有着冒渎这处墓葬的意图。综上所述，在陶寺遗址后期，城址遗址遭到暴力破坏，而且很可能对死者的墓葬也有过破坏行为。其情状与后来战国时代那种通过战斗进行征服的惨状颇为相似。虽然不太可能是战国时代的那种有组织的战争，但很可能是在群体之间因政治摩擦而引发了战斗，最终导致陶寺城址遗址的破灭。

在新石器时代后期终末阶段，按照刘莉女士的观点，这个时期的黄河中游地区的聚落间还未出现向心构造，不存在中心聚落。然而在同区域的河南北部和中部，却发现了大型城址遗址。其中之一即河南省登封市王城岗遗址。

王城岗遗址因最早证明新石器时代也有城垣的存在而著称。但其规模并不太大，只确认到约90米见方的两处四方形城垣。根据近年的调查，在这两处城垣的外侧发现了时期尚不明确的更大规模的城垣。

另外，在同区域的河南省新密市新砦遗址也发现了新石器时代终末期至二里头文化期的巨大城垣，其单边长达900米。具体情况将在第十章加以详述。由这些大型城址遗址的存在可知，

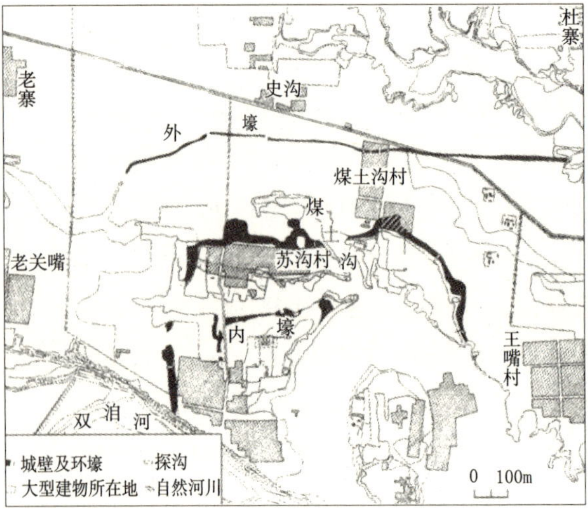

120 **新砦遗址的城址** 这是一座拥有三重环壕的城址，城垣自龙山文化末期存续至新砦期

该区域聚落规模并非处在差距尚小的阶段，而是已存在显著的阶层差距，并且以此为中心的网状分布已经形成。

值得注意的是，黄河中游地区的陶寺地区、伊河、洛河流域、河南中部等区域各片区单位之内的社会进化的差距。这种差距并没有我们所估计的那么大。毋宁说在区域内的片区之间出现了阶层化。同时也有像陶寺地区那样，在新石器时代后期前半段曾经超越其他地区，而后大规模的城址遗址却出现在其他区域的片区内。也就是说，区域内的霸主地位并非一直由陶寺地区独占，而是后来又出现了如新砦遗址那样的大规模城址，霸权也随之移向了河南中部一带。

这种状况与同时期的良渚文化内部的政治关系非常类似。耐人寻味的是，安定的群体关系并非维持不变，而是在区域内的片区之间存在着如同竞争对手的关系。霸权也因时代不同而游移于各区域的片区之间。在此起彼伏的变动之中，因相对差距而出现了霸权不断转移的状况。并且还存在着如在陶寺遗址所见的那种以残酷的武力进行暴力破坏的事例。

而在最早出现城址遗址的长江中游地区，城址规模虽存在区域间的规模差距，但在群体内的阶层差距和身份差别却并无显著发展。另外，在黄河下游地区，以中心聚落为中心的区域内片区（网状分布区域）之间虽存在一定的竞争关系，但却未见有某个区域内片区显示超出这种关系的突出状况。

从上述几点来看，可以说黄河中游地区的社会关系的发展在社会进化上较其他区域更加迅速，达到了复杂的首领制社会的阶段。并且该区域内的群体间的竞争也逐渐走向统合的进程。

传说中的黄帝等五帝的时代，也许就是黄河中游地区的这种群体间的竞争过程中流传下来的事迹。在第一章我称之为“华夏系诸族”的传说中的区域群体，也许就与上述考古学研究相当。

在陶寺遗址发现了城垣遗址的是社会科学院考古研究所的何驽先生。他尤其重视过去出土于该遗址的朱书文字陶器。这是一种名为扁壶的陶器，器身部分的一面是平坦的，形状较为特殊。因为大多发现于水井底部，通常认为扁壶是用来汲水的陶器。扁壶的凸面与平面上用红色各写着一个文字。

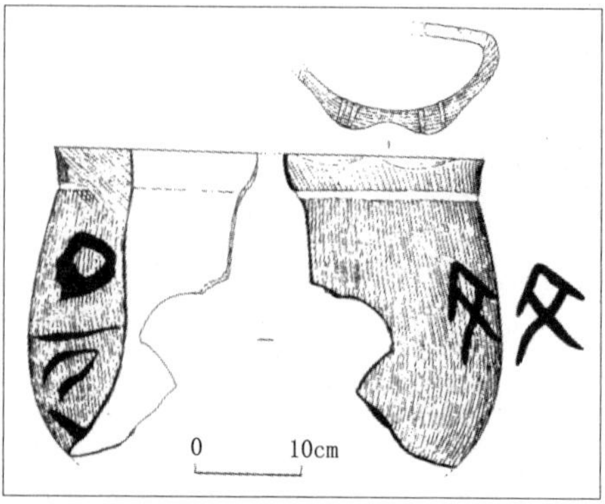

121 陶寺遗址出土扁壶的文字资料　有学者认为右边读作“文”，左边读作“尧”

关于这两个字有多种解释，何驽先生认为这两个红色文字不是单纯的记号，而是可以读作“文尧”二字。意为“尊贵的祖先尧”。读作“文”字应无问题，而另一个文字上半部分为“土”，下半部分为“兀”，何驽先生认为应可读作“尧”字。

是否真的可以读作“尧”，还有必要从古文字学的角度进行进一步论证，暂且应当持慎重态度。如果读作“尧”的话，陶寺遗址就是传说中的尧都的所在地。不论是谁大约都会如此推测。并且这个扁壶的年代属于陶寺遗址后期，是城址受到暴力破坏之后的器物。如果是当时的人为了怀念曾经繁华的都城，为纪念祖先尧帝而写下这两个字的话，陶寺遗址就应当是尧的都城。那么这不但是一个具有划时代意义的发现，还是一个有关最古文字的发现。

但是这个观点目前在学界尚未得出定论。包括传说的五帝时代在内，在作为历史事实加以确认的时候，还需保持慎重的态度。

如果说传说中的尧有一定线索的话，另一位传说中的舜的线索又如何呢？关于有虞氏的王者舜，如第一章所述，其都城的所在地有两种说法：山西省西南部或者是河南省东部至山东省西南部一带。《春秋左氏传·哀公元年》一节中有“生少康焉……逃奔有虞”的记述，并有注解说明，有虞即河南省商丘地区虞城县。另外《孟子·离娄章句下》有“舜生于诸冯，迁于负夏，卒于鸣条。东夷之人也”。也就是说舜为东夷即山东一带的人，而有虞则相当于现在的河南省虞城县。

北京大学的李伯谦教授根据以上文献记述推断，有虞的位置相当于邻接山东的河南龙山文化王油坊（造律台）类型。因此认为王油坊类型正是与有虞氏也就是与舜相关的考古学文化。后来的二里头文化的确受到山东的文化系统的浓厚影响，如果说接受了舜的禅让的禹的都城即二里头遗址的话，这将是一个颇有魅力的历史解释。但是，到目前为止还没有找到王油坊类型与舜有关的考古学证据。

如此看来，把传说的内容直接援用到考古学解释的做法必须谨慎对待。我想应当先保持克制的心态。那么本章所述的区域间交流以及群体统合对人们的精神世界又是如何发生作用的呢？下章将进一步考察这个问题。

第九章

牺牲与宗教祭祀

人物像与动物像

女性全身像是远东至辽西及渭河流域的特色

要想了解没有文献资料的时代的精神世界，是一件困难且难以超出臆测的事。然而物质文化却是以社会群体与个人达成默契的精神世界为背景才得以造就。所以根据物质资料，应当也可以复原其中所包含的人们在默契中达成认同的精神世界。根据物质文化的形态及纹样上的特色，我们还可超越单纯的区域特征的解释，进而把握其内部所包含的人类精神生活的特质。

这种意识形态上的特质随着社会发展的阶段不同，其性质也随之变化发展。而在另一方面，本书前述内容一直论及体现

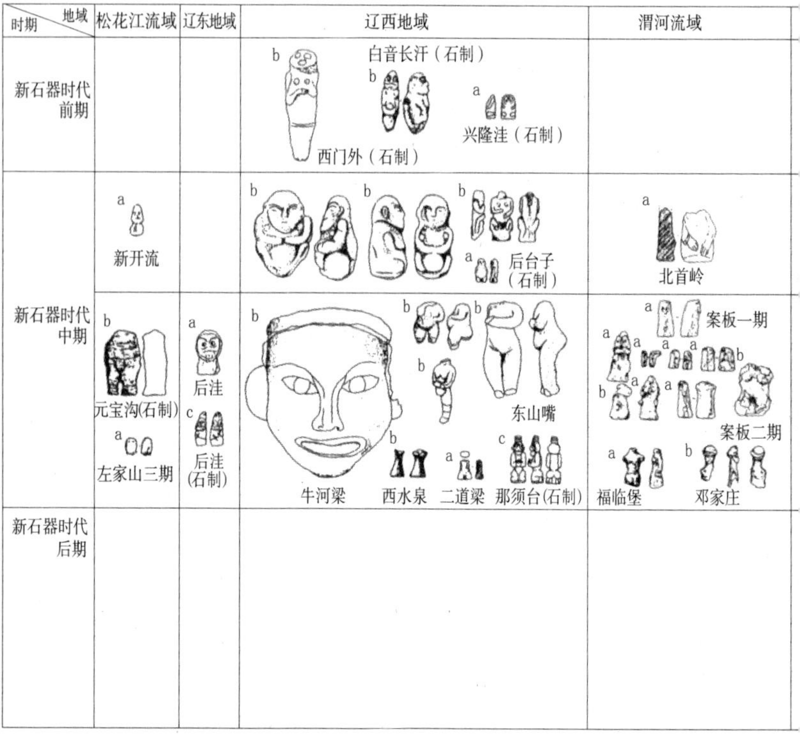

122 新石器时代全身偶像的区域上及年代上的变迁（据今村 2002） 未体现性别的为 a 类；性别明确的为 b 类；加以变形，与人类形象有较大差异的为 c 类。辽西地区一直可见女性像，女性像扩散至渭河流域

于生业经济中的人类群体的文化吸收融合现象，透过这些现象，将得以抽取凝聚人类群体的精神世界。对精神世界的把握有助于更加具体地解释前文所述的史前世界的历史发展过程。我们首先来看体现着人们的精神世界的人物像和动物形象。

根据今村佳子女士的观点，新石器时代的人物像大致可划分

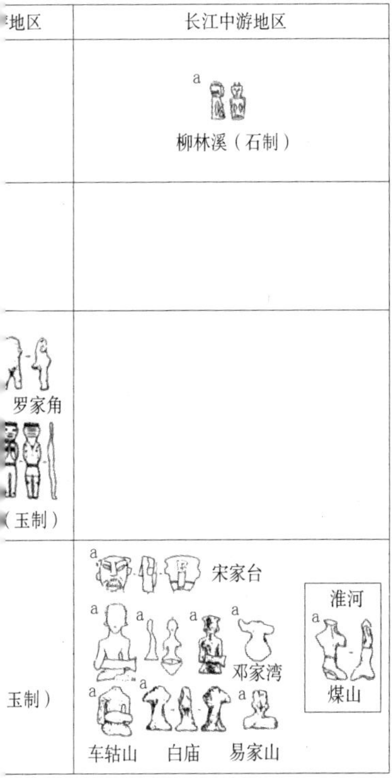

＊无注明者均陶制

＊阴影部分为随葬品

为三类。Ⅰ类为头部像；Ⅱ类为全身像；Ⅲ类为陶器或石器等器物上所表现的偶像。

其中的Ⅱ类即全身像多见于以辽西为中心的新石器时代前期的中国东北部。到了中期以后，开始出现于渭河流域。我们可以看到，人物像这种表现样式的分布是以辽西地区为起源地，而后渐次向南方扩大。然而全身像也见于西伯利亚的滨海边疆区，基本上是远东共同的偶像。而且作为女性像，也是远东至辽西和渭河流域的特色。

这些女性偶像应可看作是旧石器时代后期至新石器时代欧亚大陆北部可见的女性像中的一种。日本绳文时代的土偶也是有意识地塑造为女性像，可以放在北方欧亚大陆的女性像的范畴之中来看待。同样陶器样式也是到辽西为远东平底陶器文化圈的范围，可将之看作同一精神文化圈。

渭河流域处在不同的陶器样式圈，其女性像应该是通过与辽西和内蒙古中南部的接触产生的。在新石器时代，包括辽西在内的远东地区可置于以北方欧亚大陆为基底的精神文化圈之中，并与黄河流域及长江流域区分开来。朝鲜半岛的新石器时代以及日本的绳文文化也应与远东置于同一基底来看待。

而渭河流域至黄河中游地区以及黄河下游地区的偶像表现以描绘在陶器上的人物像或动物形象为特征。例如在陶器表面贴附人像的表现形式可见于黄河中游地区至黄河上游地区。在陶器上描绘鱼或鸟的图案的表现形式则出现在渭河流域至黄河中游地区。同样是陶器的绘画表现形式，在黄河下游地区的大口尊上可见表现火焰的记号。

上述各种对一定的人物形象以及鱼或鸟的动物图案进行描绘的手法，显示着当地社会的精神生活的范围和社会群体的社会单位。例如见于渭河流域新石器时代中期前半段的鱼纹，根据甲元真之先生的观点，鱼纹体现着再生的思想。可见这些图案是以当地社会群体内部所独有的信仰为背景的。

另外，从描绘动物形象的塑像即动物形象来看，同样也可看出区域群体的共性。在新石器时代中期后半，黄河中游地区出现了鸟形动物像，而描绘猪或狗的动物形象则集中出现于黄河下游地区（山东）。即使是在同属黄河流域的中游地区和下游地区，动物形象的流行也各不相同。新石器时代后期，猪、狗形动物像广布于黄河下游地区（山东）以至长江下游地区，说明该时期山东与长江下游地区存在着交流。

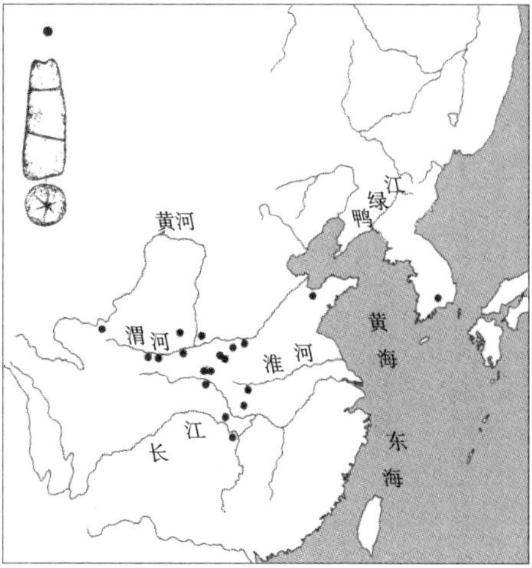

123 陶祖（男根偶像）的分布（据甲元 · 今村 1998）

这种体现于人物和动物形象的表现形式的不同，明确显示了以宗教或信仰等精神世界为背景的社会群体单位的存在。从这些表现形式的不同来看，可明确得知黄河上游地区、渭河流域、黄河中游地区以及黄河下游地区的区域群体是各不相同的。

从中还可看出，渭河流域与黄河上游地区、黄河中游地区各自存在着交流。关于这些各自存在的区域群体，如在第五章的论述中明确指出的那样，各地文化形态的不同实际上是其作为社会群体的不同。

如果从偶像表现形式来看的话，可知各区域社会各自存在着特殊性。如新石器时代中期地处长江下游地区内陆的凌家滩文化中独特的偶像表现形式也体现于玉器，而新石器时代后期长江中游地区的石家河文化则发展出独特的人物和动物的塑像。

而渭河流域至黄河中游地区精神文化的区域特性则体现于陶祖（男根偶像）的表现形式。渭河流域至淮河上游地区在新石器时代中期出现了以男性直系亲即父系血缘组织为单位的社会构造。如第五章所述，在新石器时代后期，以这种单位为基础，社会的阶层化构造逐渐走向复杂化。而且该区域的这种以父系血缘组织为单位的群体组织的形成，在比长江中、下游地区更早的阶段就已达成。

在新石器时代中期的渭河流域，以父系血缘组织为单位，如姜寨遗址所见的那种通过再葬行为来祭祀祖先，以及体现于陶祖的精神文化，都来自于重视父系血缘组织的社会观。

阶层化与仪礼的出现

从墓地变迁可看出阶层社会的出现

新石器时代中期后半至后期，各地的社会阶层构造日渐显著，处于阶层差距加剧的阶段。在黄河中、下游地区和长江中、下游地区，构成阶层构造的单位都已转变为由父系血缘组织构成。

体现于墓葬的差距极其明确地显示出社会的阶层分化。墓葬的差距主要体现于被葬者的埋葬方式。具体反映在随葬品数量的多少、内容的丰富程度，以及是否有安置被葬者的棺木，置放棺木的墓圹大小等等方面。另外，这些差距是产生于群体单位之中，还是个别的差距，在想定当时社会阶段的情况的时候，前提条件也因此变得不同。

关于发生阶层分化的社会的具体情形，首先以黄河下游地区新石器时代中期后半至后期前半的大汶口文化为例，通过墓葬的比较来探讨社会阶层的分化。并且随着社会阶层分化的加剧，仪礼具有稳定这种阶层分化的精神生活的机能。下文对这个问题也将加以考察。

124 大汶口墓地的变迁　越到后期，其墓葬规格的差距越加显著，且大型墓与小型墓的分布也渐渐出现显著差异

山东省泰安市大汶口遗址以作为大汶口文化这个名称的来由而著称。大汶口遗址被大汶口河分割为南北两个部分。南侧于 1959 年得到考察，北侧的考察则是在 1970 年代。两者皆为墓地遗址，北侧为北辛文化至大汶口文化前期，南侧为大汶口文化中期至后期的遗址。在 1959 年进行了南侧墓地的考察，从时期的不同来看，可知墓地经过了数次变迁。

大汶口文化的存在时间为公元前 4200 年至公元前 2600 年，

可简单划分为前、中、后三期，相当于三个时期各延续了500年。

大汶口河南侧的墓地属于大汶口文化中后期，延续了大约1000年时间。如果从各个时期来看墓葬的变迁，可知该处墓葬数量并不集中，也许并非所有聚落成员都被埋葬在这里。完全可以想见，这里只是被选中的人们的墓葬。

然而从墓地的变迁过程中可以看出，其位置安排似有一定的组群分类。这种组群的安排如果是以被葬者之间的某种关系为背景的话，其背景很可能就是家系等血缘关系。

并且按时期不同从外观上来看，大型墓有逐渐增多的趋势。中期前半段的墓葬中大型墓的存在还不显著，而后期的墓葬中大型墓明显增多。另一方面小型墓在后期依然存在，可见墓葬大小的差距越来越大。如前所述，墓葬的大小反映着挖掘墓圹时投入劳动量的多少，修造大型墓说明被葬者得到厚葬的待遇，反映着被葬者在社会中的身份地位。

中期前半的墓葬中墓的大小并未显示出太大的差距，而后期的墓葬大小差距则日渐扩大，这说明大汶口文化社会内部的阶层差距正日渐扩大。并且，只看后期的话，大型墓的位置安排呈组群分布，小型墓则成群集中在与大型墓不同的地点。

如前所述，位置安排是以被葬者的血缘单位即家系为基本，如果这个原则有效的话，就说明在后期阶段，群体单位之间的社会阶层差距正日渐扩大。也就是说，在家系单位上，有可能存在着从生前就已决定的阶层差距。

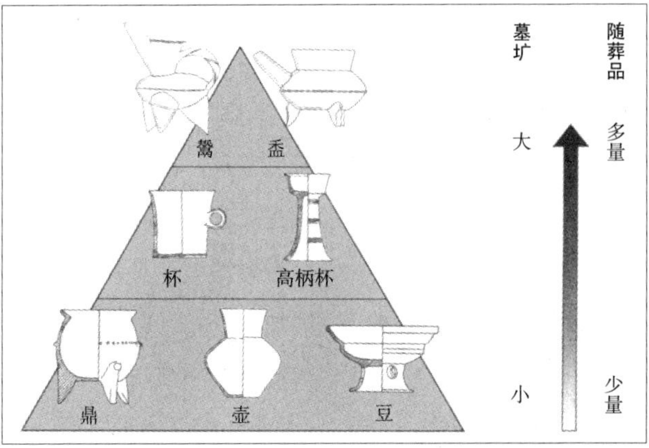

125 **大汶口文化的阶层构造及随葬陶器** 墓葬规模与随葬品数量相关，显示着阶层的差距。并且随葬陶器的器种构成也严格对应着身份的差别，显示着礼制的原形

从随葬品种类的不同看仪礼的实态

以上述家系单位上的社会阶层差距为身份秩序，在日常生活中发挥作用的就是仪礼。

仪礼的内容体现于墓葬的随葬品之中。大汶口墓地的随葬品中堪称必不可少的是用于随葬的陶器。大汶口文化的陶器包括彩陶、红陶、褐陶，同时还有黑陶以及出现于后期、用高岭土制成的白陶。这些器种与其说是按功能不同来区分，不如说是依照陶器的制作方法所做的分类，显示的是完成后的陶器的色泽及风格。从依照所谓的器形的区分来看，可对上述器种进行横断式的区分。例如红陶有鼎、壶、豆（高杯），有时也有杯、鬶。

但是，如白陶仅限于鬶、盉等特殊器种，也可见因器种不同而产生的规格待遇不同。而红陶和褐陶几乎包括了所有的器种，属于较为平民规格的器种。也可以说与器种内容一道，相对于红陶、褐陶，或是彩陶以及后来的白陶，黑陶给人以档次更加高级的感觉。而从陶器的器种来看，日常生活中使用的普通陶器和仪式等正式场合使用的陶器之间存在着较大的社会性差异。从这些器种与墓葬的随葬品的对应关系之中，可以发现一个有趣的事实。

大汶口文化的墓葬中随葬陶器的器种主要有：鼎、壶、豆（高杯）等通常用于日常生活中的烹煮、贮藏及餐饮的陶器。除这些日常用具之外，有时还附加有杯、鬶、盉以及尊等陶器。鬶、盉是用于倾注液体的陶器，杯则是用于饮用液体的陶器。

这些器种通常被看作是酒器，即饮酒用具。而大型的尊则可以想见是用来酿酒或贮存酒的酒瓮。

这些器种用作酒具时，并非日常生活的必备之物，而是只用于仪式等正式场合的特殊陶器。说来类似于现今在正月饮用屠苏酒时使用的成套酒具。

上述特殊陶器并非在所有的墓中都被用作随葬品，而是多随葬于阶层上位者的墓中。关于这个事实，如图 125 所示，如果墓圹大小与修墓时投入的劳动量成正比，并由此判断被葬者所属阶层的高低，或者把随葬品的多少看作显示被葬者所属阶层高低的指标的话，随葬陶器的器种构成也因阶层不同而显示出各自的差异。

鼎、壶、豆（高杯）是普通平民的随葬陶器，在这些器种的基础上还随葬有杯的墓葬，属于比普通平民更上一层的阶层。而在这些器种的基础上再加上鬶或盉等酒器，就相当于最上层阶层的墓葬。

身份秩序对应着陶器的器种构成，这不仅是随葬陶器多少的问题，而是体现出当时已经按身份秩序不同来随葬特殊的陶器，而使这种随葬方式成为可能的正是当时的社会规范和社会秩序。而且这些特殊陶器均为酒器，说明与祭祀相关的用具只有特权阶层才能拥有。

通过祭祀用具来规定身份秩序的现象说明，仪礼作为一种维持社会秩序的精神规范发挥着作用。

刻在大口尊上的早于甲骨文的古记号之谜

另外，关于随葬于上位阶层墓中的酒瓮即大口尊，有的器口边缘部分刻画着某种记号。这些记号仅见于尊，而且总是刻画在器口附近的同一位置。

根据林巳奈夫先生的观点，这些记号刻画的是被看作太阳神的象形。另外，在山东省莒县陵阳河遗址，属于大汶口文化的大型墓中随葬有尊，上面刻画的记号与前者不同。

我认为在群体墓之内，只有仅限于首领墓中出现的记号才有可能是象征着同一群体的类似于徽记的标志。在后来的商代青铜器上可见一种被称之为图象记号的氏族标志。而作为图象

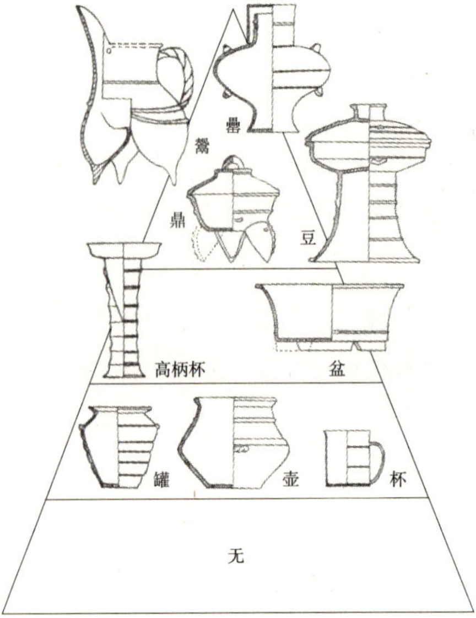

126 山东龙山文化期的随葬陶器与阶层关系　图中例示着朱封 1 号墓出土的陶器，并显示这些陶器器种是如何按阶层不同而加入到随葬品中。最下层的人群完全没有随葬品

记号的铭文记号则铸刻于青铜彝器的内侧。刻记在尊上的记号应当是其祖型。

而在青铜器铭文出现以前，相当二里岗上层文化后半期（白家庄期）的河南省郑州市小双桥遗址则与郑州商城遗址属于不同的城址。同时小双桥遗址还以曾大量举行过祭祀活动而广为人知。从这里的祭祀遗迹中也出土了酒瓮即大口尊，其器口表面可见用红色书写的文字记号。其年代比甲骨文古老，然而其含义尚不明了。

这些记录着文字的陶器以及记录文字的位置与大汶口文化酒瓮的文字记号，是否与殷墟时代的青铜彝器的族记号有关呢？

殷墟时期的族记号是同一群体的象征，有着祖先的含义。是否可以认为小双桥遗址的红色文字与大汶口文化的记号也是这种代表祖先的同血缘群体的象征呢？

与作为阶层秩序中身份标志的仪礼一道，记号或文字作为形

图七

图八

【玉的时代】

玉是新石器时代最为贵重的物品。社会产生阶层差距，玉器逐渐成为一种威信物，成为显示上层阶级身份的物品。更作为祭祀用具成为宗教祭祀的中枢，并通过祭祀与首领的权力发生关联。因此各地逐渐产生独有的玉器文化，这些文化又与各个地区固有的精神文化结合在一起。辽西的红山文化中出现了表现龙的形象，被称之为“猪龙”的玉器。龙的艺术形象在黄河中游地区的陶寺文化的彩绘陶的图案中也很常见。长江下游地区的良渚文化中出现的固有的玉器形态有玉琮和玉璧，其后两者向黄河中游及上游地区扩散。玉琮的神人兽面纹是商代青铜彝器的重要纹样饕餮纹的祖型。另外，黄河下游的大汶口文化期出现的玉璋其后扩散至黄河中游地区，成为二里头文化的重要威信物。二里头文化及其后的殷商文化积极吸取了此前各地出现的玉器所代表的精神文化。

图七　红山文化的玉龙——中国考古学界称之为猪龙，是辽西的红山文化独有的玉器。（辽宁省文物考古研究所藏）

图八　良渚文化的玉琮——浙江省杭州市反山12号墓出土。玉琮呈方柱形，中心部分镂空为圆柱形。四面雕刻着兽面纹。（浙江省文物考古研究所藏）

图九　二里头文化的玉石璋——河南省偃师市二里头遗址V区3号墓出土。（中国社会科学院考古研究所藏）

图九

成阶层秩序的血缘群体即氏族的表象，正可谓维持和稳定阶层秩序的精神基底，而这种阶层秩序已被祖先祭祀的事实所证实。

大汶口文化所形成的阶层秩序以及与之相关的随葬品构成在后来的山东龙山文化期也得到维持。但其内容有些许变化，显示着仪礼的变化。其变化主要在于黑陶成为随葬品构成中的主要陶器，意味着使用黑陶的仪礼活动已被仪式化。

到大汶口文化时期为止，作为日用陶器的鼎、壶、豆成为普通阶层墓葬的基本随葬陶器构成，上层阶层的随葬品则是在上述陶器构成的基础上再加上酒器等特殊陶器，并以此体现出被葬者的权威。

而在山东龙山文化的墓葬中，下层的被葬者单独随葬有酒杯等随葬品，已经看不出大汶口文化中所见的日用陶器的随葬概念。并且上层阶层的墓葬中与用作酒器的高柄杯一起随葬的还有用作餐具的豆（高杯）、盆或壶，而更上层的随葬陶器构成中还有用作酒器的鬶及用作烹煮具的鼎（甗）以及用于贮藏酒的罍等。

也就是说，以酒器为主的随葬陶器的种类根据被葬者的阶层不同而被趋于固定。这说明以酒器为中心的仪礼规范已得到确立。

山东省临朐县朱封 203 号墓是一处属于最上层阶层的墓葬，墓中随葬有鼎、鬶、杯、罍、盆、豆（高杯）等器种。其中除鼎和鬶是红陶之外，其余均为黑陶。

值得注意的是，鼎、鬶、杯、罍等在仪礼上形成的随葬陶器构成后来的商周社会中担当仪礼的枢要青铜彝器的基本器种。

二里岗文化和殷墟文化的青铜彝器由鼎或甗、爵或盉、觚、罍构成，正好相当于把山东龙山文化的上层阶层的随葬陶器置换成青铜器的构成。

就像问鼎轻重的成语故事一样，以包括鼎在内的陶器构成来显示身份秩序的格局是由山东龙山文化确立的。值得注目的是，以见于山东龙山文化的这种身份秩序为背景的仪礼正是商周社会仪礼的基本的精神基底。其原因在于，后文将论及的成为二里头、二里岗文化母胎的河南龙山文化之中，并不存在这种仪礼秩序。

玉器与祭祀

玉琮的中空部分是神进入的“凭依”

新石器时代的玉器以红山文化和良渚文化最为有名，而石家河文化及山东龙山文化的玉器也广为人知。红山文化的玉器如第六章所述，在新石器时代中期得到独自的发展。红山文化的玉器以远东的文化传统为基底，是从农耕文化的发展之中独自生成的。区域首领独占着玉器，玉器被赋予了社会群体内的特别权威。除红山文化之外，良渚文化、石家河文化及山东龙山文化的玉器也在新石器时代中期末至新石器时代后期得到了高度发展。

良渚文化拥有卓越而发达的玉器文化，其玉器的谱系来自崧泽文化，崧泽文化是产生于长江下游地区同一区域的前阶段的文化。崧泽文化中用于随身装饰的璜等玉器相当发达。

良渚文化的玉器中最具代表性的玉器为玉琮，通常认为玉琮是从玉制手镯发展而来的玉器。虽然从形态的谱系来看，其原型显然是玉制手镯，但从作为玉器的意义或者说是使用方式来看，玉镯与玉琮全然不同。在用作手镯的阶段，它是一种随身装饰品，是一种威信物。但在玉琮的阶段却超出了单纯用作威信物的作用，而又具有了祭祀用具的意义。

这其中包含了玉器发展的原因，并显示玉器与祭祀正形成不可分割的关系。

玉琮的形状如磨去棱角的方柱体，中心部分为圆柱状镂空。中空部分被看作是连接天神与地神，供神灵进入的“凭依”。玉琮作为神灵的“凭依”，表面刻有精巧的神人兽面像。通常认为神人是月神，兽面像代表太阳神，旁边的鸟以鹰为原形，代表神的使者。玉璧则显示着神灵统治的世界观和宇宙观。首领拥有这些玉器，并以此与神交流，借助神的威信统领群体，以维持自身的地位。

我把首领的这种权力称为神政权力。在良渚文化中，这些玉器都处于上层阶层即首领的独占之下。玉器中最具特色的是用于祭祀的玉琮，代表神政权力的玉璧等，以及以武器的表象来代表军事权的玉钺。可以说把祭祀和军事结合在一起的是良渚文化的首领，代言其权威的则是玉器。如第五章所述，玉器大量随葬于首领的墓葬中，这些墓葬多为土墩墓。

土墩墓原为祭坛，以方形的边沟规划出神圣空间，用于祭祀活动。通常认为土墩墓是把祭坛加以再度利用的建造物。就我们目前所知，这种祭坛出现于崧泽文化阶段，发达于良渚文化阶段。

祭祀活动在崧泽文化阶段很可能是为了加强群体统一而进行的。而到了良渚文化阶段，则成为增强首领家系作为社会上层阶层的权威，使其在群体内部的社会地位得到安定的精神基底。可以想见，为建立这种基底，利用的是以玉器为象征的神政权力。

良渚文化的土墩墓原本是用作祭祀场所的祭坛。在这样的场所埋葬首领家系的成员，可说其目的在于使祭祀内容与祖先祭祀发生关联，并通过保有联结神灵与首领的祭祀用具即玉琮等，借助神威来保证首领的社会权威。这里所说的神，就是精雕细刻于玉琮之上的神人兽面纹。

据林巳奈夫先生的观点，这种兽面纹是源于河姆渡文化的太阳神。他认为见于河姆渡文化的太阳崇拜的象形经过其后的马家浜文化、崧泽文化，演变成为良渚文化的神人兽面纹。我也赞同上述观点，并认为良渚文化的首领通过强调与太阳神的关系而成为社会的领导者。不难想象，太阳神正可谓与农业祭祀有着密不可分的关系。并且良渚文化是以稻作农业为基础发展而来的文化也与此密切相关。

此前黄河中游地区玉器未曾发达，学界因此推测当地存在着其他祭祀形式。然而据冈村秀典先生的观点，到了新石器时代终末期，在山东及长江中下游地区的玉器扩散过程中，中原龙山文化和齐家文化之中也诞生了独自的玉器。

例如在黄河下游地区的山东龙山文化期，曾流行玉刀及玉璋等大型玉器。玉刀是玉制的菜刀形大型玉器，也被称为石刀形玉器。玉璋为左右不对称的长条形玉制品，底部有齿状突起。其源头很可能是河姆渡文化及马家浜文化的土木工具骨制锄，所以又称为骨铲形玉器。

另外，来自大汶口文化的玉牙璧也在山东龙山文化中得到发展。玉牙璧是一种在圆盘形的玉制品正中打孔、边缘加工为齿状的玉器。

这些山东龙山文化特有的玉制品逐渐向黄河中游地区扩散，并开始在当地生产。二里头文化的玉器生产尤其盛行，并使玉璋逐渐向西部扩散至四川的三星堆文化，进而扩大至广东及越南北部。从这些起源于山东的玉制品在各地开始自行生产的现象也可以想见，其观念上的意义十分重要，是这种观念的模仿和吸收促使了玉制品在当地的生产。

另一方面，据林巳奈夫先生的观点，见于良渚文化的玉琮等玉器之上的兽面纹是源自河姆渡文化的太阳神。在山东龙山文化的两城遗址的玉器上也可看到图案发生一定变化的太阳神形象，这样的图案在石家河文化也可看到。两者均绘有以太阳光芒形成的日晕为原型的神人图形及其旁边的鹰的图形，从上述图形反映出与河姆渡文化的太阳神同一的性质。

起源于长江下游地区的太阳神在山东龙山文化及石家河文化

中，为其精神文化所共有，在这种共有的背景之下，我们不得不承认该阶段以良渚文化为中心的精神基底的扩散。如前所述，良渚文化的玉琮和玉璧显示着由首领掌握的神政权力。在新石器时代终末期的龙山文化后期，玉琮和玉璧向黄河中游地区扩散，并开始在当地分别开始自行生产。这种现象与其说是单纯的玉器的模仿，不如说是这些地区开始需求包含于玉器之中的神政权力这种意识形态装置。

关于商周青铜器的基本纹样饕餮纹，林巳奈夫先生早已指出其原形是良渚文化的兽面纹。我更认为，与纹样图案一起，玉琮等玉器文化向黄河中游、上游地区的扩散使得包含于玉琮和玉璧之中的神政权力这种精神基底在新石器时代终末期的黄河中游地区所吸收，并在二里头文化以后得到绚烂发展。

牺牲与乐器

动物牺牲用于农业祭祀，人牲用于社会祭礼

新石器时代前期的乐器有河南省舞阳县贾湖遗址出土的骨笛，新石器时代中期，各地出现一种名为响的乐器，其形状类似于现代的婴幼儿玩具陶铃。这些乐器中有像贾湖遗址的骨笛那样自狩猎用具发展而来的事例，也有像新石器时代中期以后的铃（响）那样，可能是与农业祭祀相关而发展成形的乐器。但是，山东半岛的随葬陶器所显示的身份秩序与乐器发生关联的年代并不久远。

乐器与阶层秩序相关的最早事例见于山西省陶寺遗址的群体墓地。如第五章所述，新石器时代后期的陶寺墓地中已可看出明确的金字塔构造的阶层分化。并可确知以父系血缘群体为母胎的世袭制首领权力的存在。在上述墓群中属于阶层最上位者的男性首领墓中，与丰富的随葬品一起，还随葬有鼍鼓、石磬等乐器。

鼍鼓是用扬子鳄的皮制成的鼓，石磬则是商周时期与编钟一同盛行的编磬的祖型，为单独一件的石磬。值得重视的是，这些乐器不曾出现在低于首领阶层的被葬者的墓中，而是仅为男性首领墓所独占。也就是说，这些乐器已成为显示男性首领社会权威的工具。

到了商周时代，乐器与身份秩序相关联，以“礼乐”的形式成为封建社会的社会秩序。从这个意义上可以想见，陶寺遗址的男性首领以“乐”显示身份秩序，并进行祭祀活动以促进群体的团结。

陶寺遗址的墓葬中与鼍鼓和石磬一起随葬的还有俎，这是商周时代最典型的祭祀用具之一。战国时代关于仪礼的著作《礼记》中有这样的记述：“诸侯之祭社稷，俎豆既陈”，由此可知俎是一种重要的祭祀礼器。俎在商周时代多作为由铜器和漆器组成的礼器之一随葬于贵族墓和王墓之中。

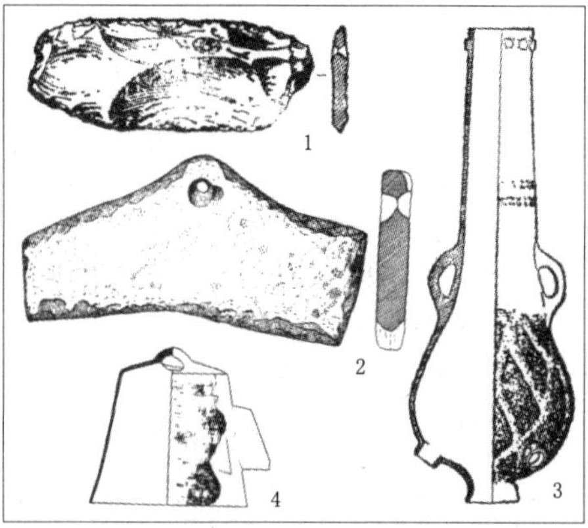

127 陶寺文化与二里头文化的乐器比较 1、2 石磬 3 陶鼓 4 铜铃（1 陶寺遗址 3015 号墓、2 二里头遗址 K3 号墓、3 陶寺遗址 3002 号墓、4 二里头遗址 22 号墓）

而陶寺遗址的首领墓出土的俎上面置放着一把菜刀形的大型石刀，正如今天我们使用的砧板与菜刀组合在一起的形态。这可能是因为烹调的行为之于祭祀的开始有着重要意义。该处首领墓还随葬有木制的豆（高杯）。说明《礼记》中记载的祭祀礼器早在陶寺墓地的该处首领墓中就已具备。并且这种祭神的仪礼由首领所独占。不单是“乐”，商周时代“祭礼”的初始也可追溯至陶寺遗址的该处墓地。

虽然陶寺遗址墓地中随葬品的多寡与阶层构造呈对应关系，却并不存在如山东大汶口文化和山东龙山文化的那种见于随葬陶器组合的仪礼。在后来的商周社会中，体现着社会秩序即“仪礼”的青铜彝器的器种规范在黄河中游地区原本是不存在的。

在另一方面，“乐”以及“祭礼”在上述区域很早就受到重视，并作为社会秩序的精神基底发挥着作用。后来的商周社会在这种“乐”及“祭礼”之上，吸收发展了始于黄河下游地区的“仪礼”，由此得以创造出中国仪礼制度之基础的礼乐。

如前所述，在中原地区玉器不曾发达。玉器以及附随其上的神政权力到了龙山时代，从黄河中游地区向上游地区扩展，以致形成独自的玉器文化。从中可以看出，黄河中游地区在该时期以前，除了见于墓葬的祖先祭祀之外，祭祀仪礼尚不发达。

而实际上从相当早期的阶段开始，就以存在着以动物为牺牲的祭祀活动。其中最早的事例见于河北省武安市磁山遗址的窖穴，这在第五章中曾作为新石器时代前期农业发达的事例提及。

在多达 88 处的土坑中存放有大量的粟，由此可判断这些土坑为窖穴，但其中有的土坑中可见埋葬有猪或狗的事例。

在 5、12、14、265 号土坑中，有一至二头猪埋葬于土坑底部，在 107 号土坑的底部葬有一只狗，其上堆积着粟。如果是把动物放在土坑底部，就直接贮藏粟的话，随着动物尸体的腐坏，粟也将受到污染，因此这样的土坑绝不会是用做贮藏的窖穴。而且据说这些土坑被特意用硬实的土掩埋起来。虽有可能原为窖穴，但至少埋葬有动物的土坑应当是祭祀土坑。这意味着作为农业祭祀的祭礼已经开始。

把猪或狗埋葬于土坑，即使用牺牲的农业祭祀在新石器时代前期仅限于黄河中游地区，出现在黄河下游地区则是在新石器时代中期以后。其起源地在黄河中游地区。

后来，这种动物牺牲的风俗在新石器时代中期后半段向着长江中游地区扩散，接着又在新石器时代后期扩散至长江下游地区。而一直盛行动物牺牲的仍是黄河中游地区。用作牺牲的动

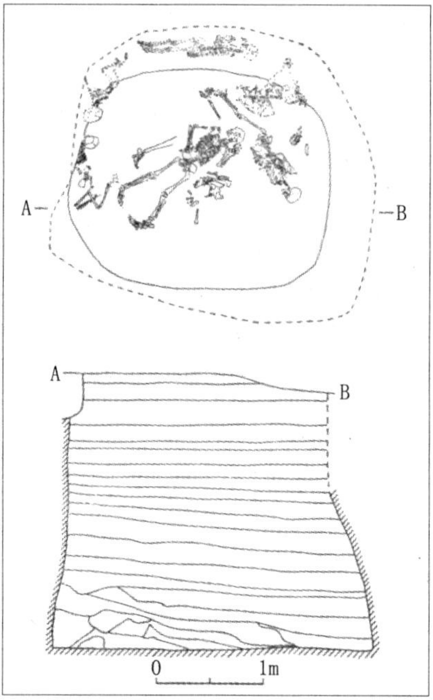

128 人牲　王城岗遗址龙山文化时期 1 号奠基坑

物除却极少数的鹿之外，均限于猪或狗等家畜类动物。正因为用家畜作为牺牲，才能称之为农业祭祀。

在新石器时代后期，牛或羊等畜牧动物的饲养在以西北地区为中心的长城地带走向发达，西北地区的动物牺牲也随之开始出现牛、羊的牺牲。黄河中游地区也在新石器时代终末期新出现了牛、羊的牺牲。并且不仅是动物，也出现了以人为牺牲的祭祀行为，即人牲。

例如河南省登封市王城岗遗址等城址遗址中，在建盖建筑物的时候，形成了用作奠基坑的人的牺牲坑。这种用人作牺牲事例尤其在新石器时代后期盛行中原地区即黄河中游地区。可以想见，牺牲祭祀维持着群体的团结，形成了进一步向前发展的精神基底。

如果动物牺牲是一种农业祭祀，人牲就是一种凝聚人类群体的社会祭礼。动物牺牲和人牲后来尤其盛行于商朝社会，动物牺牲也作为周朝社会的基本祭祀而一直存在。商代所盛行大规模的动物供牲是为王室祭祀而举行的王室祭祀。冈村秀典先生认为这是属于祭祀国家的特征。动物牺牲和人牲才是发达于黄河中游地区的独特祭礼。

在开始出现动物牺牲的黄河中游地区，从新石器时代前期就可见到同样的用动物随葬的埋葬行为。用于随葬的是猪的下颚骨和牙獐的牙。在新石器时代前期，渭河流域及黄河中游地区（汉水上游地区）也可见到这种风俗。到了新石器时代中期，这种习俗扩散至黄河下游地区，在新石器时代中期后半段至后期，又向长江中游地区和西北地区扩散，这种趋势与动物牺牲的扩散状况相同。

在当时，这种使用猪的下颚骨及牙獐的随葬方式的观念上的意义主要在于给被葬者驱邪。随着把猪的下颚骨用作随葬品的事例逐渐增多，其意义逐渐转化为财富的象征。从这个意义上来看，动物随葬与动物牺牲的意义也不尽相同。

卜骨与祭祀

卜骨以羊骨、牛骨制成

在新石器时代前期已出现猪和狗的动物牺牲，说明猪和狗至少在新石器时代前期就已作为家畜得到了普及。而在黄河中游地区，牛在新石器时代中期就已家畜化。

关于羊的饲养，确实可知是自新石器时代中期始于西北地区，在包括西北地区在内的长城地带，于新石器时代后期以后得到普及。同样在新石器时代后期，黄河中游地区也出现了羊的家畜化，但其兴盛程度不及西北地区。时至今日，在黄河下游地区羊的畜牧依然少见，而淮河以南的华中和华南则见不到羊的畜牧。

卜骨就是利用上述牛、羊、猪等家畜动物以及鹿等动物肩胛骨，将之烧至龟裂，并据其龟裂的形态来占卜吉凶。以卜骨占卜未来的行为本身即是一种祭祀行为，对史前社会而言这是一种不可缺少的祭祀行为。用作卜骨的动物之中，羊最常见，其次是猪、然后是牛。鹿只占一小部分。这些动物的肩胛骨被用作占卜，而这些动物大半为家畜，这个事实中包含着重要的意义。而且除了猪、狗，占主要部分的是牛和羊等畜牧动物，这说明卜骨与畜牧活动有着密切的关联。

关于畜牧，如第七章所述，自新石器时代后期在长城地带开始兴盛发展。而后长城地带与黄河中、下游地区逐渐分化为畜牧型农业社会和农业社会。

最古的卜骨发现于属于马家窑文化的甘肃省武山县傅家门遗址。其发源地很可能是在属于畜牧型农业社会的西北地区。这里出土的卜骨反映着新石器时代的特征，所用的打孔工具是类似于商朝时期的钻和凿等，未见火烧的迹象。但是在羊的肩胛骨的另一面上刻着一些记号，仿佛就像甲骨文的原形。

从卜骨的分布来看，新石器时代后期的龙山文化期的卜骨主要见于黄河上游地区、渭河流域、内蒙古中南部、山西省中部地区、河北省南部地区以及河南省北部地区。至二里头文化期则向黄河中游地区及辽西地区扩展。

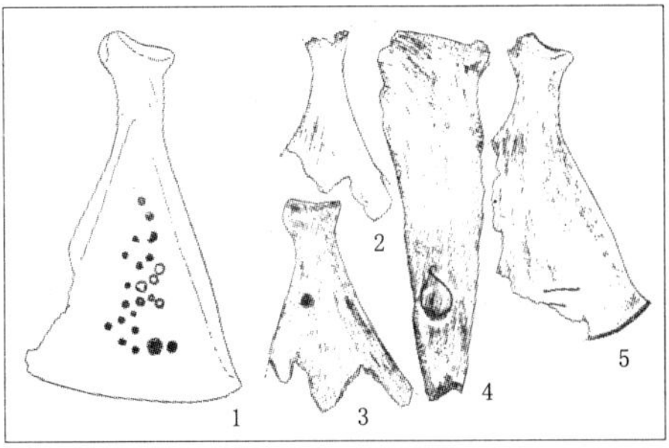

129 新石器时代甘青地区出土的卜骨 1大何庄遗址 2–5傅家门遗址

其分布范围的扩大领域基本上对应着以畜牧为生业基础的区域。可以想见，利用畜牧动物即牛、羊骨占卜吉凶的祭祀仪礼在上述地区得到了发展。

另外，被用作卜骨的动物因区域不同存在一定程度的差异。在长城地带的西北地区以羊为主，在以太行山东麓的河北省南部为中心的后岗二期文化中则以牛为主。在长城地带以东至其周边区域，因畜牧动物不够发达，多使用鹿骨或野猪骨。弥生时代以后在朝鲜半岛至日本列岛出现的卜骨也处于上述文化源流之中。

从卜骨的分布与鬲的分布的重合来看，可以想见两者在文化上有着紧密的联系。然而如第七章所述，鬲是在这种畜牧及窑洞式住房广布的区域中创造出来的烹煮用具。与这些区域有接触的华北地区也积极地引进了鬲，并在其后的商代及周代成为随葬陶器中的基本器种，鬲因此受到过高的评价，很多时候被认为是显示商周文化的领域及其文化母胎的器种。但是，如前所述，卜骨与鬲是在长城地带及其交界地带诞生的，而且根据其出现时

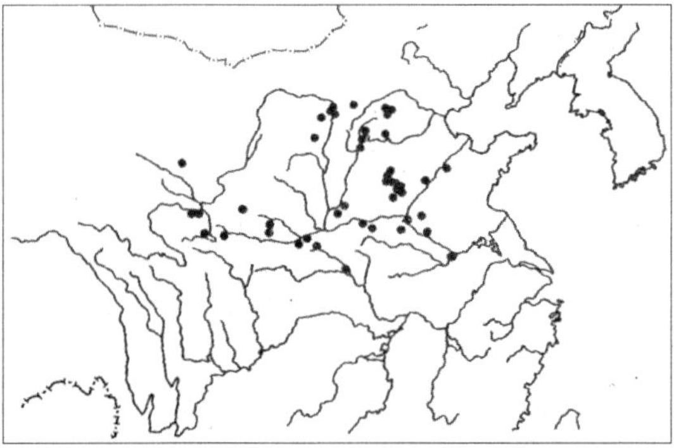

130 新石器时代卜骨的分布（据今村 2004） 卜骨的分布限于有畜牧业的长城地带和华北

期是在新石器时代后期的事实来看，可知这是一种自然环境的变动与社会变动相呼应而产生的现象。

如果畜牧的出现地是西北地区，那么卜骨很可能是用于与自然环境向寒冷干燥气候的转变相呼应而产生的农业祭祀。并且这里的农业是指在粟、黍的基础上增加了小麦及后来的大麦从而形成的杂谷农业，并伴随着畜牧业。农业祭祀基本上是作为旱地农业与畜牧业的祭祀在新石器时代后期确立并扩散开来。其扩大范围与鬲这种新型烹煮具以及窑洞式住房的扩大范围相呼应，是在同一生态系统范围内的扩散。

商王朝正是以扩散于长城地带及其交界地带的卜骨祭祀为基础，将其与王权体制相结合，发展了卜骨及甲骨文。在另一方面，后来作为农业祭祀发展成形的卜骨祭祀经过朝鲜半岛，在弥生时代扩散至日本列岛。

从祭祀、仪礼到夏、商文化

政治群体的统合不可缺少同一信仰

属于粟、黍农业社会的华北与属于稻作农业社会的华中可大致区分为黄河流域和长江流域，生业基础不同的两种农业社会逐渐展开活跃的交流，并走向统合化。这种趋势出现于新石器时代终末期向商周社会转变的变动期。关于这个过程在上一章曾略有触及，对于上述区域间交流过程及区域统合的过程，我们有必要对其精神文化的侧面加以重视。必须注意的是，各个区域的精神文化存在的同时，还需重视其变化吸收过程以至超越各个区域范围的精神文化的融合过程。

如前所述，在新石器时代的农业社会中，各区域分别拥有各不相同的祭祀形态。大致说来，在属于粟、黍农业社会的黄河中游地区，盛行以父系血缘组织为中心的祖先祭祀。这种祭祀活动有着维持群体组织的功能。并且在该区域内也开始盛行用于农业祭祀的动物牺牲以及体现群体组织化的人牲。

在新石器时代后期的陶寺墓地中，“乐”作为首领统治权正当化的标志，为首领所独占。而在同属粟、黍农业社会的黄河下游地区的山东，形成了以父系血缘群体为中心的氏族，随着以氏族为基础的阶层构造的分化，随葬品作为维持其社会阶层构造的装备而出现，从中可以看出，当时已存在着严格的社会规范。

我认为，这是体现于丧葬行为中的仪礼，而这种仪礼规范正是维持社会阶层的精神基底。

可以说，在粟、黍农业社会中，不论是祖先祭祀还是仪礼，这些促使群体成立的核心习俗及制度是其基本构造，用以维持从部族社会向首领制社会变迁的阶层构造。相对于黄河流域，在属于稻作社会的长江下游地区则以太阳神崇拜为主，并开始向山东及长江中游地区传播。

在长江下游地区，发展了以玉器为主的祭祀，并成就了良渚文化。良渚文化中，举行群体祭祀的神圣场所即祭坛在祭祀结束后，同样也被用于统治者家族的墓所，并可见到把象征着祭祀权的玉琮、玉璧以及象征着军事权的玉钺等大量随葬在首领墓之中的丧葬仪礼。

在良渚文化中，在以良渚遗址的群体为中心的太湖一带的各群体相互结盟，形成了良渚文化的政治统合。这种统合也包括玉器的分配，并在首领会盟时通过玉器来达成宗教上的统合，最终达成各群体在政治上的统合。从这个意义上来看，玉器不仅是显示身份和财富的威信器物，而且发挥着神政权力达成统合的精神作用。对于雕刻于玉琮等玉器之上的神人兽面纹所代表的太阳神的信仰成为维系群体统合的纽带。政治上的群体统合所必需的正是共有同样的信仰观念。

在上述各区域所见的个别的祭祀形态及精神根基到了新石器时代后期，开始出现区域间的流动。这一点尤其体现于玉器之中。

例如良渚文化中所见的玉琮和玉璧，也扩散到华南的石峡文化等新近普及稻作文化的区域。但是这种扩散绝非把良渚文化内部所生产的玉琮运送到石峡文化的区域。石峡文化中所见的玉琮与良渚文化的玉琮有所不同，很可能是在石峡文化内部自行生产的。那样的话，玉琮的这种扩散就不是玉琮本身的扩散，制造同样的玉琮，意味着两地共有同样的神政权力。

见于良渚文化的玉琮、玉璧不仅扩散至石峡文化，在此前不曾拥有玉器的祭祀用具的黄河中游及黄河上游地区也逐渐扩散开来。

但是，如冈村秀典先生的观点，这种扩散与其说是玉器本身的移动，不如说是在黄河中游地区的河南龙山文化中，按照自身的需要将玉琮、玉璧加以改进并生产。同样的情形也适用于黄河上游地区的齐家文化，玉琮、玉璧融合吸收齐家文化的特色后开始在当地生产。这种传播过程与在石峡文化中的传播相比，玉琮、玉璧的形态变化更加明显，显示出一种概念式的文化传播。

上述区域出于社会组织的新的必要性，对良渚文化所用的祭祀工具即玉琮、玉璧等加以吸收，并归为己用。当然，在黄河中游地区也可见到长江下游地区的良渚文化及长江中游地区的石家河文化所制造的玉器本身传入的事例。例如在部分属于长城地带的陕西省延安市芦山峁遗址，就出土了良渚文化原产的玉琮，显示着玉器传播的终点的景象。

关于玉琮、玉璧的传入，虽然确实存在良渚文化原产的玉器

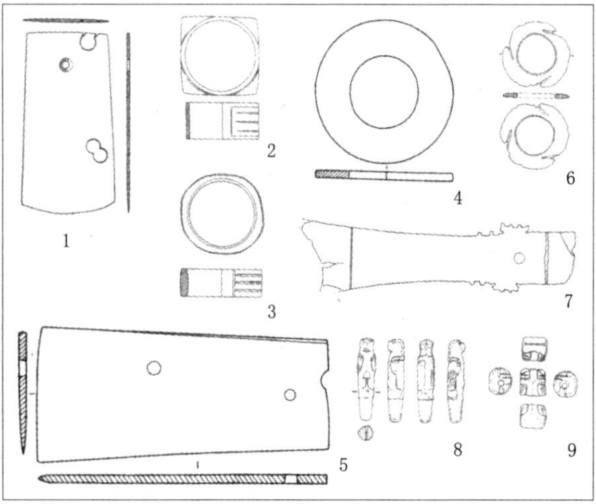

131 黄河中游地区的玉器的扩展 1 玉钺（陶寺 1265 号墓）2、3 玉琮（陶寺遗址 3168 号墓、1267 号墓）4 玉璧（山西下靳寺 13 号墓）5 玉刀（山西下靳寺 51 号墓）6 牙璧（陕西石峁）7 玉璋（陕西石峁）8、9 石家河文化系玉器（陕西石峁）

出现在当地的事例，但更多情况下玉琮、玉璧都是在当地自行生产的。这种趋势表明，其背后的神政权力正不断扩大。当然，玉琮、玉璧所包含的信仰观念及附属其上的社会规范才是各区域所需要的。此前不曾拥有玉器祭祀的黄河中游地区自新石器时代后期吸收了新的祭祀形态，其背景应当是为了吸收良渚文化的精神基底，即通过首领同盟建立的优越的社会组织的精神基底。

黄河中游地区在新石器时代终末期完成上述精神世界的统合，其背景与山东的文化影响有关。大汶口文化后期以后，山东的文化沿淮河而上，对黄河中游地区时常产生着影响。

粟、黍农业社会以父系血缘组织为中心的祖先祭祀及农业祭祀与稻作社会的太阳神崇拜合为一体，这可说是二里头文化以后的文化形态。

饕餮纹的源流

二里头文化之后出现的二里岗文化的青铜彝器之上，铸有一种被称之为饕餮纹的兽面像。这种纹样逐渐成为商周社会最为核心的神的意象。

如林巳奈夫先生早年指出的那样，饕餮纹的源流是见于良渚文化的玉器之上的神人兽面纹。在二里头、二里岗文化也就是被认定为文献中的夏、商的文化中，至少从商文化的政治领域的扩充来看，这两种文化属于已达到初期国家发达程度的文明社会。这是一个已得到普遍认同的事实。

应当注意的是，上述社会的精神世界的重要表象并非必定诞生自该区域内部的前期历史。新石器时代后期在农业社会北部边缘地带出现了畜牧型农业社会，在畜牧型农业社会中所采用的卜骨被黄河中游地区进一步吸收，可以说，商朝社会因此使多层形式的祭祀仪礼成为可能。

而在山东的大汶口文化以及山东龙山文化中，作为阶层构造的维持装置诞生的“仪礼”，在新石器时代后期的陶寺墓地中尚未出现。对此前文已做论述。然而在二里头文化和二里岗文化中，在山东用于祭祀仪式的陶器器种如鼎、鬶、杯、罍等被置换为青铜的鼎、爵、觚、罍等，成为祭祀的基本礼器。正是上述诞生于黄河下游地区的“仪礼”为二里头、二里岗文化所采用，将之用作了商周社会的基本仪礼。

当然，在陶寺墓地中已存在“乐”的概念。在形成了二里头文化的黄河中游地区，早在新石器时代就已开始了祖先祭祀、动物牺牲、人牲等“祭礼”，当地社会群体的团结因此得到巩固。至新石器时代末期，该区域又引进了来自长江下游地区的神政权力，进一步实现了社会的组织化。

而后，标志首领身份的“乐”与诞生于山东的身份秩序即“仪礼”在二里头文化以后相互融合，逐渐形成了商周社会的基本社会秩序即“礼乐”。

就这样，各区域各自形成的精神文化以及在此基础上形成的制度和习俗在被称之为中原地区的黄河中游地区于新石器时代终末期走向统合，在此过程中诞生了二里头、二里岗文化。

被称之为中国最早的王朝的夏、商即相当于二里头、二里岗文化，但是这期间在中国是否能称得上是初期国家的时代呢？所谓形成了初期国家的初期王朝，是在新石器时代通过吸取各地的社会组织所需要的精神基底而得以成立的。

希望读者能够了解，商朝社会的基本要素即祖先祭祀、供牲、礼乐等并非都是从黄河中游地区当地社会的谱系中诞生的要素，而是融合了粟、黍农业社会与稻作农业社会的各自的精神文化而形成的。接下来，话题将转向初期国家形成期的二里头、二里岗文化。

第十章

走向初期国家的曙光

二里头时代的开始

二里岗遗址与夏王朝商王朝的关系

《史记》所记载的中国的最古王朝是夏王朝。传说“五帝”中最后一位帝王舜把王位禅让给治水有功的禹，禹开创了夏王朝。据《史记》记载，“五帝”都是以德治国的个人，而禹则是靠世袭继承了王权，前者与后者的记述大不相同。也许以司马迁的立场来看，王朝是指形成了继承王权的统治体制的阶段。

王朝顾名思义是确立了王权的阶段，为维持王权，就必须通过世袭保证政权的安泰。符合如上条件的夏王朝是否实际存在过，这个问题曾经受到清朝末期以来的疑古派的质疑，另外推进了现代历史学发展的欧美及日本历史学者也对此表示怀疑。

<table>
<tr><th>地域
时代</th><th colspan="2">河南中部</th><th>河南北部—河北南部</th></tr>
<tr><td>新石器时代</td><td colspan="2">王湾3期文化</td><td>后岗2期文化</td></tr>
<tr><td>夏代</td><td colspan="2">新砦文化（二里头文化1期）
二里头文化2期
二里头文化3期
二里头文化4期</td><td>先商文化</td></tr>
<tr><td>殷代前期</td><td colspan="3">二里岗下层文化1期
二里岗下层文化2期
二里岗上层文化1期</td></tr>
<tr><td rowspan="2">殷代中期</td><td>中丁</td><td colspan="2">白家庄期（二里岗上层2期）</td></tr>
<tr><td>盘庚</td><td colspan="2">洹北商城前期
洹北商城后期</td></tr>
<tr><td>殷代后期</td><td>武丁
⋮
纣</td><td colspan="2">殷墟文化1期
殷墟文化2期
殷墟文化3期
殷墟文化4期</td></tr>
</table>

132 新石器时代终末期至商代的文化编年

其中的是非如同甲骨文证明了商王朝存在的事例一般，还有一些学者持否定观点，认为除了通过文字的存在来明证之外别无他法。

另外，战国时代的七雄争相主张自己的政权最具正统性，为此当时编年体史书中都记录有禹以及夏王朝的事迹。关于这个问题，相信在本系列第二卷《从城邦到中华》中，东京大学的平势隆郎教授将会进行详细的论述。

与五帝一起，禹及夏王朝的事迹在战国时代被大加利用，并被有意识地改写。因此对这些记载并不能完全相信。但是《尚书》及《诗经》中也记载着禹的事迹，与这些内容相同的记述也见于北京保利艺术博物馆收藏的“豳”的铭文之中。“豳”是属于西周中期的青铜器。春秋时代的“秦公簋”、“叔夷钟”以及“叔夷镈”的铭文中也可见到关于禹和夏王朝的记述。

如冈村秀典先生所述，在商朝以前的中原，曾经存在着名为夏王朝的政体，这应当是一个不容置疑的事实。

问题是该政体是否达到了历史性划分所要求的王朝或者说是初期国家的阶段。关于这一点可以说从文献的角度来看属于无法判断的范畴。只有通过考古学的手法才能加以验证。

如果抛开历史记载，利用考古学的手法把商朝以前的文化按年代顺序加以排列的话，如图 132 所示，中原的文化期的变迁依次为：二里头文化、二里岗下层文化、二里岗上层文化和殷墟文化期。

这里所说的文化，是指考古学上极为普遍的编年单位，主要通过综合陶器的各器种的样式变化来表示。所谓殷墟文化期，顾名思义指的是河南省安阳市殷墟遗址存在时期的文化单位。相当于商朝的盘庚迁都之后，商朝最后的都城设于此地的时代。关于这个问题，下文将做进一步详述。

二里岗下层和二里岗上层是以河南省郑州市二里岗遗址的文化层为基准设定的。这个时期正好与郑州商城存在的时期相呼应。关于郑州商城下文还将进一步论述。该处遗址通常被推断为商朝最早的都城亳。

然而在《史记·殷本纪》中，以“殷”为王朝的称谓。而在甲骨文及金文中，通常记载为“商”。中国学界通常使用“商”，本书沿用日本学界的传统用法，使用“殷”的称谓[7]。

商朝由汤王建立，据说汤王的都城就是郑州商城。对此后文将做详述。既然如此，二里岗下层文化以后就相当于商王朝。并且二里岗下层文化之前的二里头文化的时期理应相当于夏王朝。然而一直以来这都是争论的焦点。

实际上，若要把考古学意义上的文化与夏王朝以及商王朝的世纪年代对应起来，将会是一项相当艰巨的工作。因此我们有必要先把二里头文化的编年问题以及关于二里头文化的相关学说加以整理之后，再来确定二里头文化的历史地位。

二里头文化承接着曾经存在于黄河中游地区的河南龙山文化的谱系，尤其与其中的王湾三期文化有着直接的关系。河南龙山文化也可以从陶器样式的内容，特别是从器种构成进行进一步的区域划分，具体说来，可分为图 133 所示的区域文化样式。

如图所示的区域划分一方面很可能显示着王湾三期这个时期内社会群体的居住范围。这些社会群体可从政治上进行划分，因为该时期正处于首领制社会的政治群体统合开始发展的阶段，即相当于共有着同样生活样式和信息的群体在政治上不断走向统合与重组的阶段。

133 图根据中国国家博物馆董琦先生的观点绘制。在王湾三期文化覆盖的范围内，以嵩山为界，北侧和南侧的陶器样式也存在差异。

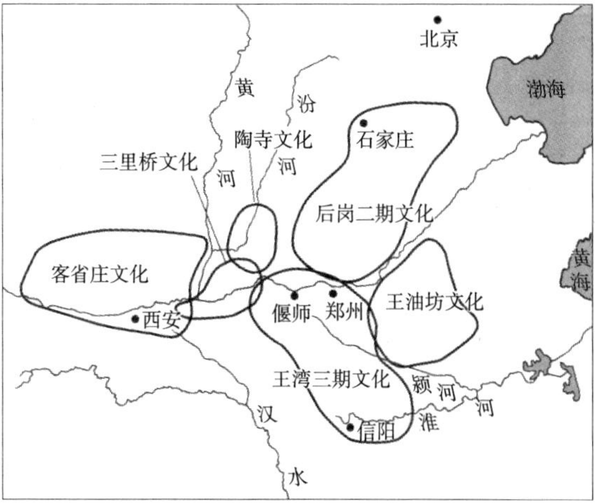

133 王湾三期的区域文化样式（据董琦 2000）

嵩山南侧的陶器样式具有较浓厚的山东龙山文化的要素，同时也吸收了长江中游地区石家河文化的要素。从这个意义上说，在位于更东侧的河南龙山文化王油坊类型中之所以有着较强的山东龙山文化的要素，是因为在地理上文化领域相接的缘故，也是一种通常的状况。王油坊类型在这个意义上显示着河南龙山文化与山东龙山文化折中的文化样式，至于将它归于河南龙山文化还是山东龙山文化，多数情况都与学者的区域意识有关，并无太大意义。

如第五章所述，更有意义的倒不如说是山东龙山文化的样式上的扩散，或者说山东龙山文化的影响不仅在山东半岛，更扩散到了河南省东南部的淮河上游地区以及长江下游地区的上海附

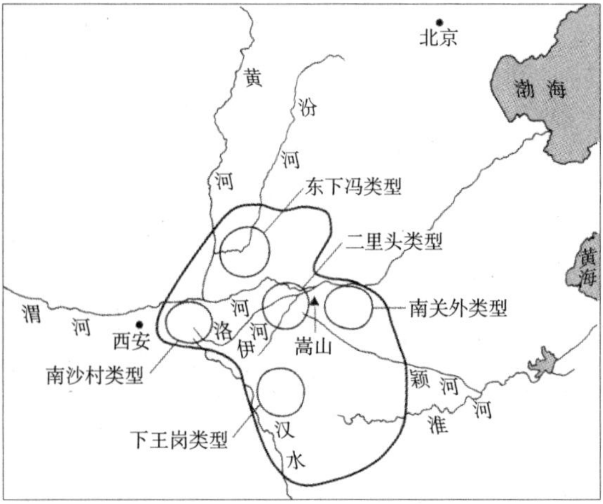

134 二里头文化的文化样式（据董琦 2000） 在被看作同属二里头文化样式的范围内，又可划分为五个区域文化单位。在嵩山南侧将来还有可能再增设一个类型的文化单位

近。并且属于王湾三期文化的嵩山南侧与王油坊类型邻接，因此与山东地区一样有可能与长江下游地区有着交流和影响的关系。

王湾三期文化的原型基本上是从当地的陶器样式变化而来，其中也引进了以山东龙山为起源的鬶、单耳杯、高柄豆（高柄高杯）等器种。早在新石器时代终末期，黄河中游地区就已开始积极引进玉器等来自其他区域的文化要素。这种善于吸取各种信息的特色，后来成为二里头文化以后所见的多种文化要素的源泉。

与上述现象相同，该时期形成了大范围的信息带即长城地带，并在长城地带及其邻接区域内出现的鬲与窑洞式住房的扩散。这些现象显示，在广阔的范围内，出现了物资及信息发生移动的时

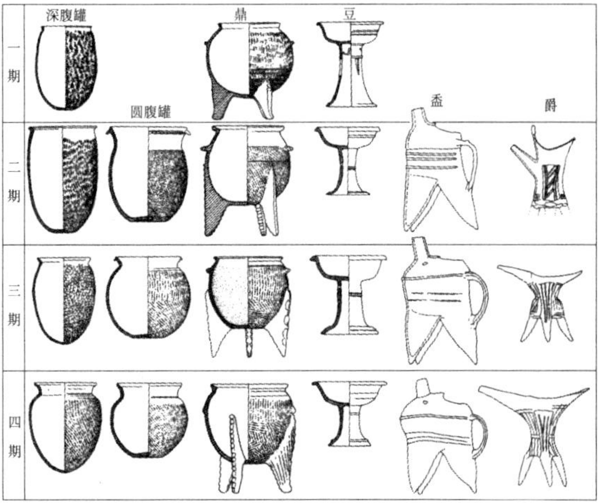

135 **二里头文化的陶器编年** 各个器种显然呈现着连续的器形变化。其中二里头文化二期发展最为显著，出现了圆腹罐、盉、爵等新器种

代趋势，或者说这是反映出社会进化阶段的现象。

东京大学的大贯静夫教授着眼于王湾三期文化向二里头文化转变阶段位于嵩山周围的遗址分布的变化。在王湾三期文化阶段，遗址在各河川流域内零散分布。而二里头文化期以后，洛阳周围的遗址分布变得密集，而且与王湾三期文化阶段相比，遗址分布呈现出以二里头遗址为中心，其周边等距分布大型聚落的形态。

也就是说，聚落间存在着中心聚落，卫星聚落分布其周围，逐渐形成规则的聚落间的网状分布。这说明在王湾三期文化阶段，聚落间的这种阶层关系比起山西省南部陶寺类型有了更进一步的发展，而洛阳平原王湾三期的社会进化尚处于较迟缓的阶段。但是陶寺类型并未就此顺利维持其社会进化的步伐。二里头文化以后，洛阳平原的区域文化取而代之，社会进化呈现出不断的发展。

如上所述，在二里头文化阶段，以二里头遗址为中心，形成了向心式的聚落间网状分布。耐人寻味的是，二里头文化作为一种文化样式形成了广阔范围的区域圈。其具体划分是，此前的陶寺文化为东下冯类型，三里桥文化为南沙类型，王湾三期文化的嵩山南侧部分为下王岗类型。以别种文化为母胎，二里头文化圈形成了一个领域广阔的文化信息带。这并不一定表示以二里头遗址为顶点的政治性统一体的形成，但在该文化圈内共有着二里头文化这个共同的文化样式。关于二里头文化期社会统合的具体内容将在后文提及。

探寻二里头文化的渊源

在探讨二里头文化成立的问题时，备受瞩目的是河南省新密市的新砦遗址。二里头文化产生于属于河南龙山文化的王湾三期，这已成为学界的常识。但是，关于二里头文化是否直接产生自王湾三期，还存在不同的说法。

二里头文化的时期划分基本上可分为四期，问题在于二里头文化第一期与王湾三期文化的关系。例如驹泽大学的饭岛武次教授认为，二里头文化第一期与王湾三期文化终末期的煤山二期有着同样的陶器样式，因此可以把二里头文化第一期包含在龙山文化中来看待。但是他又认为前述新砦遗址有着联结王湾三期与二里头文化第一期的意义。

最早论及这种观点的是中国社会科学院考古研究所的赵芝荃先生。他认为从属于龙山文化的王湾三期开始，通过新砦，形成了二里头文化。其后，北京大学等考察队发掘了新砦遗址，并将之划定为新砦二期。因此根据新砦遗址的发掘中判明的层位关系等，也可确定王湾三期、新砦二期、二里头文化是一个连续变化的过程。中国科学院考古研究所的杜金鹏先生进而把新砦二期划为新砦文化，并将新砦文化看做是包含着二里头文化一期的阶段，变化的顺序应为王湾三期、新砦文化、再到二里头文化二期。

在这里涉及的是陶器型式的定义及其分期的问题，这属于专家们的专业领域，所以此处的论述只在于把握在发掘考察中得到证实的王湾三期、新砦文化期、二里头文化期的连续变化过程。总之，得以明确的是，在王湾三期与二里头文化之间，存在着一个名为新砦期的时期。并且新砦文化期包含着之前所说的二里头文化一期。

从新砦文化期的陶器样式上来看，也可见区域间的差异。即后来成为二里头文化中心的伊河、汝河地区（洛阳平原）与淮河上游地区的颍河、汝河流域的差异。

其中尤为重要的是，在位于颍河、汝河流域的新砦遗址发现了拥有三重环壕的城址。

该处城址的城垣存在于龙山文化终末期至新砦文化期，废弃

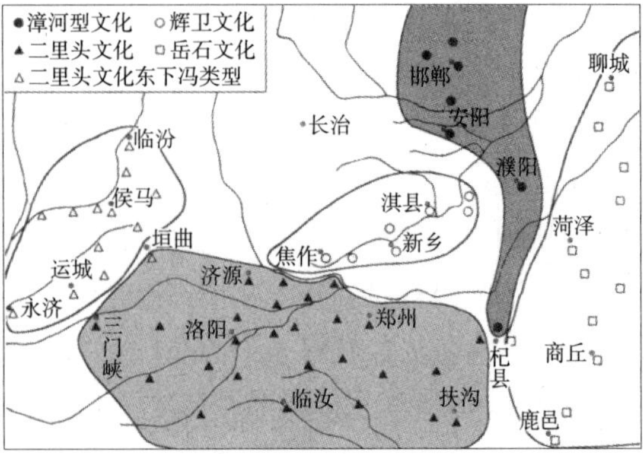

136 二里头文化与先商文化（据张立东 1996）

于二里头文化早期。城垣北壁长 924 米，东壁南侧因遭破坏只剩下 160 米，西壁也只剩下 470 米，南侧被双洎河毁坏。城垣部分环绕的面积据推测达 70 万平方米。城垣周围建有壕沟，其外侧还有东西长达 1500 米的外壕。而在城址内部的西南部地势较高的部分还有内壕，其中心部分为东西宽 50 米，南北长 14.5 米的大型建筑物。

在先于二里头文化的新砦文化期就有如此大型的聚落遗址存在于颍河、汝河流域，这说明当时该区域为当地的社会文化中心。而后名为二里头遗址的中心聚落则在伊河、洛河流域形成。过去只有二里头遗址这个中心聚落的成立受到瞩目，其实我们应当注意的是，在黄河中游地区，按陶寺遗址、新砦遗址、二里头遗址的顺序，大型中心聚落因时期不同而移动在不同的地点之间。

更进一步说的话，在此期间社会或政治的中心地并不安定，我们应当注意其中心地具有流动性的特征。并且新砦文化期的中心位于颍河、汝河流域的事实说明，这些河川处在淮河上游地区，所以当地通过淮河上游地区的河南龙山文化王油坊类型，与山东龙山文化的交流有着地理上的优势。由此可知，在新砦文化期以及二里头文化期，得以汲取了来自东方的文化要素，其中有着充分的原因。

二里头文化与二里岗文化

二里头文化以鼎为主体，二里岗文化以鬲为主体

在二里头文化呈现社会发展的阶段，在其周边地区存在着陶器样式不同的其他文化类型。河北省北部至河南省南部一带，是继承着龙山文化后岗类型的（后岗二期文化）谱系的先商文化（下七垣文化）；在二里头文化与先商文化的中间地带的辉河、卫河流域存在着辉卫文化；还有与二里头文化东侧邻接，位于渭河流域至山东半岛一带的岳石文化。

最早命名了先商文化的是北京大学的邹衡教授。邹衡教授把先商文化按区域细分为漳河型、辉卫型、南关外型。而邹衡教授的学生、北京大学的李伯谦又把其中漳河型与辉卫型合称为下七垣文化。后来，张立东先生把辉卫型改称为辉卫文化，把先商文化漳河型划为漳河型文化，以此把两者明确区分开来。在本书中，我把下七垣文化称为先商文化。以先商文化为基础，形成了后来二里岗文化。

相对于二里头文化以鼎为主要烹煮具的特色，二里岗文化则是以鬲为主要烹煮具。鼎是一种自新石器时代前期开始出现的足部为实心（充足）的三足器。而鬲如第七章所述，是自新石器时代后期开始出现的足部为空心（空足）的三足器。两者的出现时期和出现地点各不相同。以鬲为基本烹煮具的是先商文化，在先商文化扩散的过程中，二里岗文化以替代二里头文化分布区域的形式得以成立。也就是说，先商文化不断发达，其分布领域发生变化后形成了二里岗文化。

从这个意义上来看，邹衡教授所说的以郑州为中心的南关外类型可以说是二里岗文化直接的前身。并且二里岗文化虽然直接承接着先商文化的谱系，但在另一方面，它同时也吸取着二里头文化及其邻接的岳石文化的要素而不断发展成形。而二里岗文化才是以二里岗下层、二里岗上层、殷墟文化期的顺序延续的陶器样式，是相当于商王朝时期的文化。这已成为一个公认的事实。

关于二里头文化与二里岗文化的接点，通过近年对河南省偃师商城的考察逐渐得到了确认。偃师商城是二里岗文化的遗址，但二里岗文化的中心城址则是郑州商城。

关于偃师商城与郑州商城相当于文献中哪一座都城，以往学者们持有的观点大致可分为三种：

第一种观点认为，偃师商城是在较郑州商城更早的阶段开始

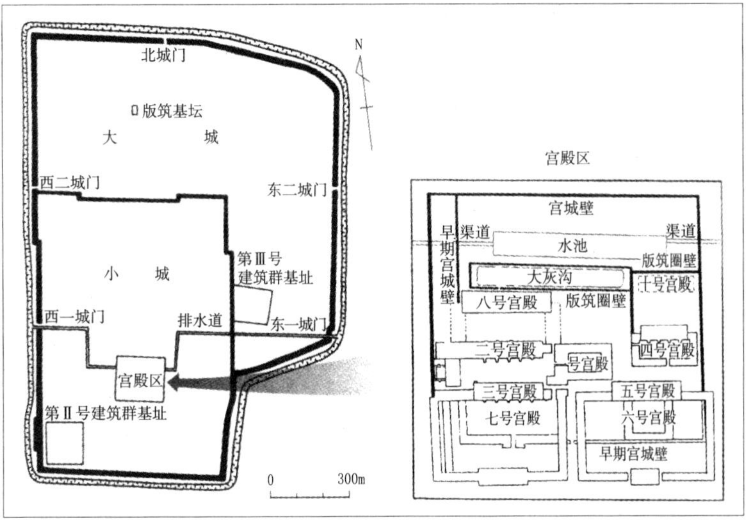

137 偃师商城与宫殿区　小城扩大为大城，可看出宫殿区也几经扩建

了建设，即商王朝初代帝王汤建立的都城西亳。

第二种观点认为，偃师商城与郑州商城是同时期存在的两座都城。郑州商城为西亳，偃师商城则是另一座都城太甲桐宫，这里很可能是同时期的副都。

第三种观点认为，偃师商城的建都年代是在比二里岗上层文化稍晚的时期，此处都城晚于郑州商城，早于安阳殷墟，应为盘庚迁都而建的亳殷。

近年在偃师商城发现了小城和大城，并确知小城较古，大城较新。在小城建成之后，利用小城的西壁和南壁和东壁的一部分加以扩建形成了大城。问题是小城与大城的创建年代。偃师商城从陶器型式来看可分为三期七段。第一段可看作是与二里头文化第四期后半段并行的时期。第七段相当于二里岗上层文化白家庄期。小城的创建时期应在第二段，相当于二里岗下层文化开始的时期。该时期不但已开始使用宫殿，而且城外已存在铸造青铜的遗迹。

大城以扩建小城的形式建成的时期是在第三段。即二里岗下层二期前半的阶段。宫殿也进行了大规模的扩建和改建，在建成新宫殿的同时，宫殿北侧还设有石筑的水池，说明已有庭池的存在。在第五段的二里岗上层一期前半段，增建了三号宫殿以及五号宫殿。在第六段的二里岗上层一期后半段，宫殿被废弃。在第七段的二里岗上层二期（白家庄期），偃师商城走向终结。

这里再度浮现的问题是，偃师商城与郑州商城的关系。根据杜金鹏等学者的解释，在偃师商城第二段建筑了小城这个事实非常重要。

偃师商城第一段相当于二里头文化第四期，二里头文化的原型与二里岗文化的原型是当时分别存在的两股政治势力。在偃师商城第一段的时期，郑州商城已经开始有人居住，即所谓二里岗文化下层文化初始的时期。如邹衡教授指出的那样，在二里头文化期，受到位于河北省南部的先商文化（下七垣文化）的影响，并不断吸收二里头文化及相邻的岳石文化的要素，这里曾存在名为南关外类型的文化。南关外类型又被称之为先商文化，是商王朝的前身的文化，它与二里头文化即被认为是夏王朝的势力处于相互对立的关系。

杜金鹏等学者认为值得注意的是，偃师商城被建在夏王朝的中心地二里头遗址附近，并且建设时期是在接近二里头文化四期的时期。

《史记·封禅书》中有“昔三代之居皆在河洛之间”的记述，如果夏朝的都城斟鄩是二里头遗址，商朝都城亳是偃师商城，周朝都城是洛阳城（成周）的话，其位置都在洛河附近。另外，《汉书·地理志》中，班固有如下注解：“偃师，尸乡，殷汤所都。”《书序》郑玄注有：“亳，今河南偃师县有汤亭。”由上述记载可知，商王朝初代汤王在灭亡夏朝后将都城亳建在了偃师附近。因此偃师商城的小城才是符合上述记载的都城西亳。

并且，在二里头文化期，商的基础是位于河北省南部的先商文化（下七垣文化），后来其政治领域扩张至郑州附近，形成了邹衡教授所说的南关外型文化。汤王以郑州为据点，攻陷了夏王朝的都城二里头遗址也就是文献中所说的斟鄩，然后把都城建在邻近的偃师商城，并将其命名为亳。而在同一时期，郑州商城作为商朝的王都而建成。也就是说，关于偃师商城和郑州商城，又出现了一种与前述第一至第三种观点不同的新解释。

这正是历史记述与以物质文化资料为对象的考古学解释有了一定程度的一致的阶段，也是正好相当于本卷“从神话到历史”这个题目的阶段。

夏王朝、商王朝的纪年

二里头文化是否达到王朝的阶段?

如第二章所述，中国已联合考古学、历史学、天文学、文物学等多种学科领域，为确定夏王朝、商王朝、周王朝三代的确切年代，组织了夏商周三代断代专题组，以国家工程的形式推进研究。

中国最古老的正史《史记》的“表”中，记载着纪年，其中最古的纪年相当于阳历公元前841年的共和元年以后。之前的年代没有确切记述。所以，例如商灭于周的准确年代就难以断定，对此以往有过多种学说。如董作宾的公元前1111年说，陈梦家的公元前1027年说，最近还有东京大学的平势隆郎先生主张的公元前1023年说。

关于商汤打败夏桀新建商王朝的纪年等事迹在《竹书纪年》中有如下记述：“汤灭夏，二十九王，用岁四百九十六年。”如果这段记述可信的话，商的灭亡年代上溯496年即为商王朝的创建年代。依照前述学说，大致可知商朝的建立年代是在公元前1607年至1519年期间。

夏商周三代断代工程专题组的研究已能够对这些未知的年代提出一定的程度的假说。尤其是对甲骨文诞生以前的二里头文化及二里岗文化的年代，放射性碳素年代的测定近年采用一种名为 AMS 的方法，使测定精度得到飞跃性的提高，可以断定详细的年代。并且根据以往的放射性碳素年代和树木年轮年代学，已建立了校正放射性碳素年代的国际标准，据此确立了从概率上显示校正年代的方法。运用以 AMS 测定放射性碳素年代的校正值的方法来考证未知时期的实际年代，这是近年出现的学术动向。下面将对夏商周三代断代工程专题组提出的实际年代做一个简单的说明。

首先，关于周武王在牧野之战中打败商纣建立周王朝的纪年，在一件名为利簋、于 1976 年出土的青铜器的铭文中，与“克殷”的记载同时出现了关于木星的记载。根据《国语》中出现的克殷的木星的位置，从天文学的角度可知这是公元前 1046 年。而甲骨文出现是把都城迁至殷墟的武丁以后的事，这个问题将在后文加以说明。甲骨文中共有五次关于月食的记录。把这些记录与天文学的年代对应后可知，最后两次月食发生于公元前 1189 年与公元前 1181 年，这是祖庚治世时期的事。由此可以推算出武丁至商朝最后的纣王的年代大致为公元前 1250 年至公元前 1046 年。进而上溯商王朝成立的年代，据放射性碳素年代断代大约为公元前 1600 年。据《竹书纪年》记载：“自禹至桀十七世，有王与无王，用岁四百七十一年。”也就是说夏王朝统治时间共计 471 年，那么夏王朝的初始大约就是在公元前 2070 年。

关于夏王朝开始的年代，因为夏王朝的统治时间尚无明确根据，在此无法论及。另一方面，关于用作年代定点的克殷的

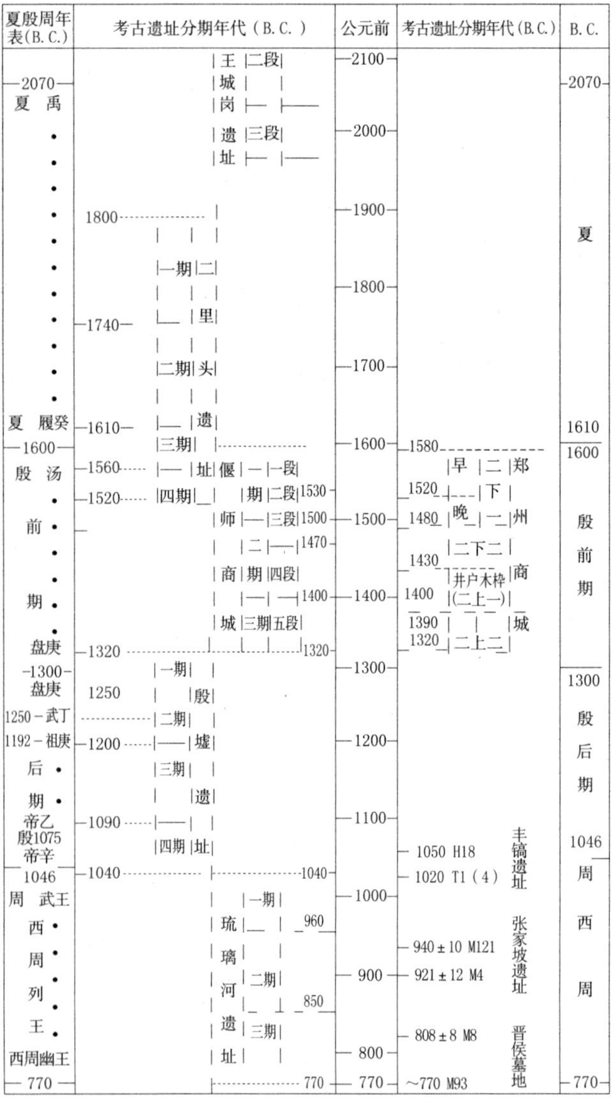
夏殷周年表(B. C.)
考古遗址分期年代（B. C.）
公元前
考古遗址分期年代(B. C.)
B. C.
2070
夏 禹
夏 履癸
1610
1600
殷 汤
前
期
盘庚
1300
盘庚
1250－武丁
1192－祖庚
后
期
帝乙
殷1075
帝辛
1046
周 武王
西
周
列
王
西周幽王
770
王城岗遗址
二段
三段
1800
1740
1610
1560
1520
1320
1250
1200
1090
1040
一期
二期
三期
四期
二里头遗址
偃师商城
一段
二段
三段
二
四段
三期
五段
一期
殷墟遗址
一期
二期
三期
四期
琉璃河遗址
一期
二期
三期
1530
1500
1470
1400
1320
1040
960
850
770
2100
2000
1900
1800
1700
1600
1500
1400
1300
1200
1100
1000
900
800
770
1580
1520
1480
1430
1400
1390
1320
早
晚
二下一
二下二
井户木椁
(二上一)
二上二
郑州商城
1050 H18
1020 T1（4）
丰镐遗址
940±10 M121
921±12 M4
张家坡遗址
808±8 M8
~770 M93
晋侯墓地
2070
夏
1610
1600
殷
前
期
1300
殷
后
期
1046
周
西
周
770

时间，如前所述东京大学的平势隆郎先生对夏商周三代断代工程专题组的学说进行了详细评判，并提出克殷时间应为公元前1023年的观点。在本丛书第二卷中将有详细论述，请读者参考。

我虽然不能确定以往学者们对克殷时间的各自观点孰是孰非，但要说大概的年代，看作是在公元前1050年前后应当没有问题。至于商朝的初始年代，从放射性碳素年代以及以克殷为起点的《竹书纪年》所记载的商王朝的存续年代来看，大致是在公元前1600年左右。关于以上年代观点以及根据放射性碳素年代而得出的考古学上的文化年代，通过图138所示年表可获得大致的了解。总之，如前文提到偃师商城与郑州商城的前后关系时指出的那样，偃师商城的小城部分创建于二里头文化四期后半以后，这里很可能是商汤灭夏桀之后，在夏朝都城斟鄩附近建立的都城亳。这个阶段正是考古学上的二里岗下层文化开始的时期，相当于历史年代上商王朝开始的时期。具体年代大约是在公元前1600年前后。

上文介绍了根据考古学上相对性的年代关系及文献史学、天文学、放射性碳素年代对纪年进行复原的情况，由此我们可以明确了解到，商王朝的前期阶段就是二里岗文化。

从西周时期的金文资料也可得知，在早于商王朝时期曾经存在过另一个名为夏的政体。而这另一个政体夏即相当于二里头文化的事实从编年学的角度也大致得到了确认。那么就可以说，二里头文化即夏王朝，夏王朝确实曾经存在。

至此我不禁认为，探讨夏王朝是否实际存在的问题，在这里并无太大效用。问题在于，与其主张二里头文化相当于文献所记录的夏王朝，并强调该时期为初期王朝时期，不如对二里头文化是否达到了王朝所应有的社会进化水准的问题加以客观论证。更应该与在二里头文化以前的新石器社会中已显示出先进的阶层构造的陶寺文化、良渚文化以及山东龙山文化进行比较，以探讨二里头文化与这些文化的社会进化内容是否相同，以及是否达到了拥有更加发达的社会体制的阶段。

夏王朝的发展

二里头文化已开始有宫廷仪礼

我们已经知道，文献史料中所说的夏王朝，所指大致就是二里头文化。但是需要再三强调的是，即使夏王朝就是二里头文化，也并不等于说文献史料中所记载的有关夏王朝的内容就因此得到了证实，更不能说，由此就可以通过文献史料的内容来证明二里头文化是否完备了王朝应有的政治体制等问题。这种立论本身就不合道理。

因为用作论据的文献史料是以战国时代以后历史观为背景记述的。这与根据商王朝等甲骨文及金文资料等同时代文字资料来实证这段历史的方法大不一样。

并且如夏商周三代断代工程专题组指出的那样，商王朝大约开始于公元前1600年，再根据《太平御览》第八十二卷中引用的《竹书纪年》的部分，夏朝自禹至桀共17代471年，由此可以把公元前2070年看做是夏朝建立的年代。并且今后也可能会展开关于夏王朝的开始相当于考古学文化中的河南龙山文化王湾三期的哪个阶段，或是否相当于新砦文化期等问题的讨论。但是，这些讨论应当不会超出预想的范围。因此我们不得不从考古学涉及的物质文化资料来判断其历史性质。

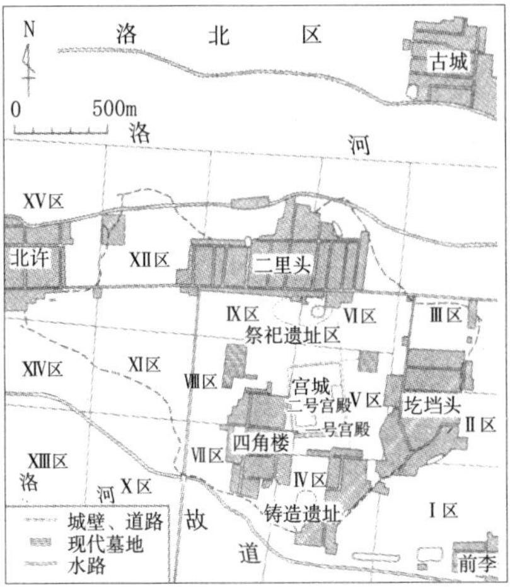

139 二里头遗址的遗址分布 沿着有规划的道路建有宫殿区。宫殿区北侧有祭祀遗迹群，南侧有铸造遗址

虽然名为夏王朝，但希望读者不要抱着所谓王朝拥有的文明化的印象来看待这个时期。因为这个王朝本身的实际状况还包裹在谜团之中。

二里头文化在考古学上分为一至四期。如前所述，在属于二里头文化一期的新砦文化期，二里头文化的中心地位于颍河、汝河流域。二里头文化期以后，聚落中心据点当属伊河、洛河流域最大的遗址二里头遗址，可以想见在该期中心聚落发生了转移。

在二里头文化一至四期的时期划分中，将哪个阶段进行历史划分，历史性的划分点应该放在哪个时期等问题，学者们持有各种不同的观点。

根据陶器样式来看，二里头文化二期与新砦文化期至二里头文化一期之间存在一个明确的时期划分点。因此我认为二里头文化二期是一个历史性的划分时期。也就是说在新砦文化期至二里头文化一期，颍河、汝河流域存在着新砦文化期的社会文化中心。与该时期相对的是，二里头文化二期以后，文化的中心移至伊河、洛河流域。该阶段的二里头遗址与二里头文化一期相比，遗址面积更加广阔，中心聚落的形态也得到了解明。更重要的是，二里头遗址在二里头文化二期建造了宫殿建筑。

二里头遗址东西最宽处为 2400 米，南北最长处为 1900 米，面积约为 3 平方公里。1999 年在遗址东端发现了幅宽 10 米的壕沟。这处壕沟曾被认为是用于防御，后来经确认是用来取土的沟状遗存。这种用于大规模建筑的取土方式即始于二里头文化二期。

此前在二里头遗址发现了二里头文化三期的宫殿建筑遗址即一号宫殿基址和二号宫殿基址。在二号基址下方又于 2001 年新发现了一座大型建筑遗迹。这是二里头文化二期的宫殿基址，即三号宫殿基址。其南北长 150 米，东西宽 50 米，由廊庑围绕的北院、中院、南院三座庭院构成，主殿设于中院。中院和南院中有五座中型墓，并随葬有铜器、玉器、漆器、白陶器、原始青瓷等丰富的随葬品。

另外在三号宫殿基址的西侧还有一座属于同时期的五号宫殿基址。而且这些宫殿基址周边还建有规划整齐的道路网。可以说这里已经存在以道路进行区划的城市规划。

从宫殿区已得到整然规划这一点来看，也可得知二里头文化二期阶段是一个重要的划分时期。在二里头遗址，与上述宫殿区同时期的还有位于其北侧的祭坛，这里曾用于举行祭祀仪式。祭坛的外形通常是在直径五米以内的基坛上排列一重至两重圆形土垒。如Ⅵ区八号祭坛，基坛直径约 8.5 至 9 米，基坛中央有一个土垒，其外围有六个土垒，再外围又有十二个，共有两重土垒包围在外。这就是文献中所谓的“坛”。

另外，还发现了相当于文献中的“墠”的半地穴式建筑物，其形状呈平面长方形。在低浅的地穴内部，有用脚踏平的整齐的土层，另外还有烧土层。这里也是用于举行祭祀活动的场所。虽不知祭祀仪礼的具体内容，但可知祭祀空间已经被固定下来。另外宫殿区南侧有用于铸造的遗迹，是青铜器作坊的区域。因此可以说在这里与政治中心性质的空间一同存在的，还有祭祀空间以及专业化的工匠组织，形成了共存于平面范围内的城市空间。

沿着二里头文化三期的一号宫殿和二号宫殿周边的道路网，又新发现了城垣的遗迹。从环绕宫殿区的用于防御的城垣来看，它应相当于我们今天在北京紫禁城见到的内城即宫城。

城垣东西宽约 300 米，南北长达 360 至 370 米，整体呈长方形。从建有城垣这一点来看，二里头文化三期较二期在都市功

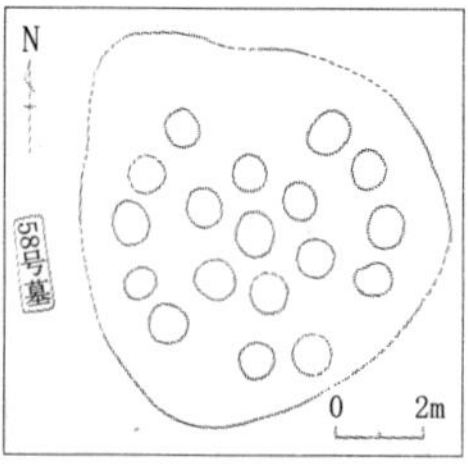

140 二里头遗址宫殿区（右图） 在二里头三期，由一、二号宫殿以及围绕宫殿区的城垣形成了宫城

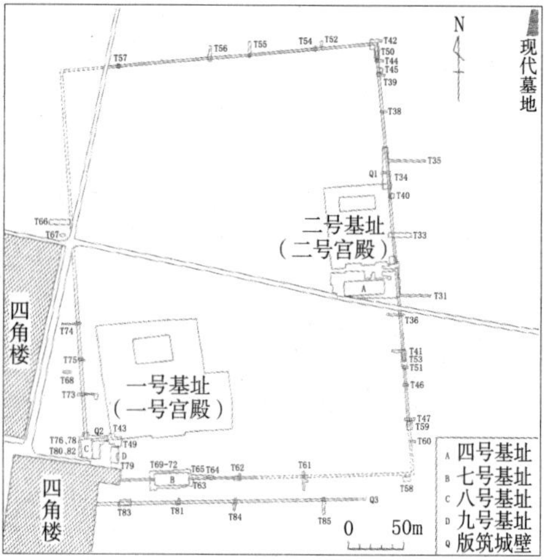

141 二里头遗址的祭坛（上图） Ⅵ区八号祭坛

能上有了更大的提高。从都市的特征来看，与后来的商朝建筑物大多以正北为轴建成的特征不同，二里头遗址的建筑物及道路网均以偏离磁北向西约 5 至 10 度的方位为基准建成。在二里头文化二期阶段就已存在这种可称为城市规划的基准，至二里头文化三期则已建有宫城，可见当时的城市空间更为发达。

在一号宫殿，南北长 100 米，东西宽 108 米的基坛上建有廊庑，中心轴上列有正门和殿堂，其间还有中庭。二号宫殿南北长 73 米，东西宽 58 米，与一号宫殿相比规模较小，位于一号宫殿东北 150 米处。其构造与一号宫殿大致相同，但位于南侧廊庑的主门与殿堂并不在一条中轴线上。

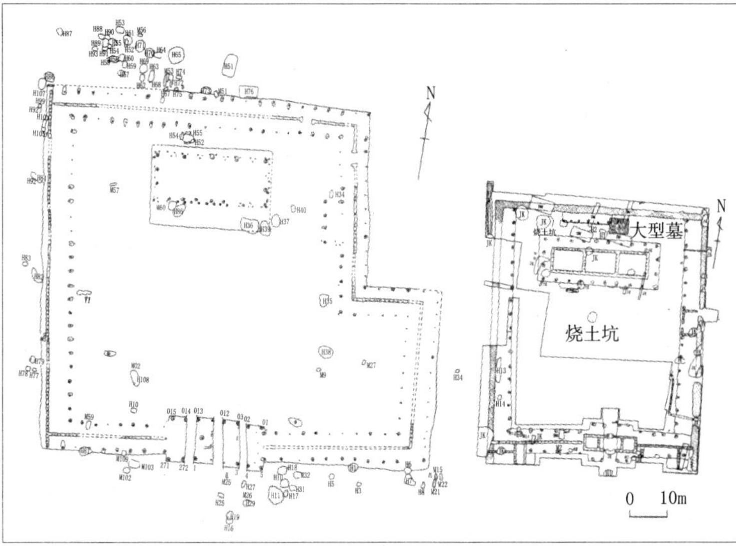

142 二里头遗址 1 号宫殿（左）与 2 号宫殿（右）

殿堂的北侧以及北侧的墙壁之间有一座大型墓葬。遗憾的是由于盗墓者的破坏，我们无法得知其随葬品的丰富程度。从发掘考察的结果来看，该处墓葬与二号宫殿时期相同。从墓葬的角度向主门望去，可知两者位于同一中轴线上。

林巳奈夫先生认为二号宫殿应为该处墓葬的附属设施，并认为这里是用于举行仪式的始祖庙。也就说把祖先祭祀与仪礼相结合的宫廷仪礼已经形成。

可以说这种宫廷仪礼正是当政者通过始祖庙行使其权力、以使这种权力得到正当化的一种方式。不得不认为这种仪礼的存在正可说明当时社会已处在接近王权的状态。

铜、盐的宝库
中条山脉是关键

二里头遗址得到发展的三期以后，不单是二里头遗址，也是整个二里头文化进入社会蓬勃发展的阶段。前文提到二里头文化以伊河、洛河流域为中心分布着山西省南部的东下冯类型、渭河下游地区的南沙类型和嵩山南侧的下王岗类型。这些类型的陶器样式十分类似，但还未能确认它们是否是在政治上有着统一关系的社会群体。

陶器样式的统一并非必定显示着政治上的群体单位。也许将之看做一个共有着同样的生活样式及信息的区域更为妥当。即便在今天，仍存在许多语言样式相同却分属不同国家的区域，或者刚好相反，由多种多样的语言样式和生活样式构成的社会群体属于同一国家的情况也并不少见。也就是说，仅以生活样式的类似为依据来划分政治上的社会群体单位是困难的。

京都大学的秦小丽女士认为，同属于二里头文化的伊河、洛河流域的特征显著的伊洛系陶器值得注目，并对这类陶器如何流入周边区域，例如二里头文化东下冯类型的分布区域进行了研究。所谓伊洛系陶器流入，即表示假设以二里头遗址为中心居住的伊河、洛河流域的人们向相关区域的迁移为前提。

在与伊河、洛河流域邻接的中条山脉南麓，早已有伊洛系陶器的流入，但在二里头文化三期以后，流入的比率明显增加。在商王朝成立之后才建成城址的垣曲商城，伊洛系陶器多达84%。在位于先商文化辉卫型区域的河南省焦作市府城遗址也可见同样的情况。该处遗址始于二里头文化三期以后，但主要陶器为伊洛系陶器，而非辉卫型陶器。而且该处遗址在二里岗下层期曾经被用作商王朝的城郭。

根据前述假说，伊河、洛河流域居民的迁移或往来就可看作是一种政治上的联系。进而也可认为，二里头文化中伊河、洛河流域的直接统治领域在二里头文化三期越过黄河并扩散开来。也说明二里头文化期伊河、洛河流域居民的迁移地点在商王朝成立以后，对于作为征服者的商王朝来说，已形成作为军事据点的城郭。

另外，在作为龙山文化期的城址而广为人知的河南省辉县孟庄遗址，于二里头文化二期又在属于龙山文化的城址之上建筑了城垣，是一处罕见的属于二里头文化的城址。秦小丽女士的研究表明，孟庄遗址的城址在二里头文化三期的使用期间，是以伊洛系陶器为主。

在邹衡先生和张立东先生提出的先商文化辉卫型（辉卫文化）的分布范围之内，伊洛系陶器也显示出相当高的比重。并且二里头文化期只建造了少数城址，这说明当地有可能承担着二里头文化的前线基地式的职能。也就是说其政治领域的一时的扩张有可能对应着二里头遗址的扩大期。

直到最近，在河南省荥阳市大师姑遗址也发现了二里头文化后半期的城址。其城垣周围的环壕南北长 620 米，东西宽 950 米，是一座近似于长方形的城址。城垣筑造于二里头文化二期，

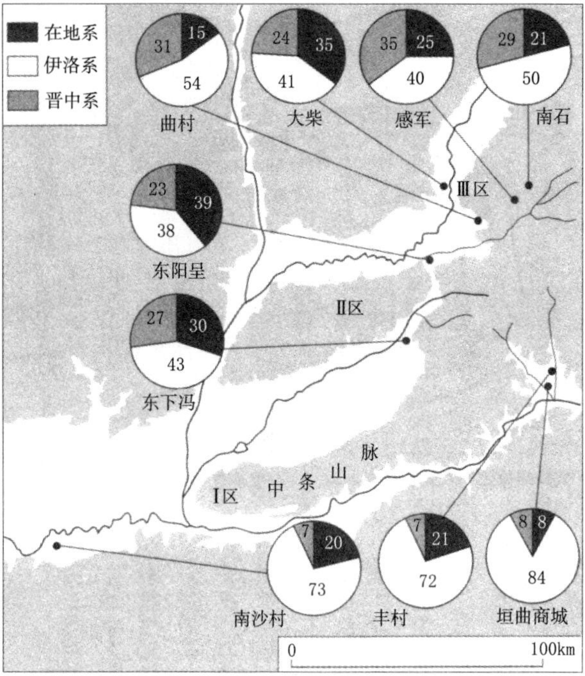

143 伊洛系陶器的扩散（据秦小丽 1998） 距离二里头遗址越远，伊洛系陶器越少。而中条山脉南麓的遗址中伊洛系陶器所占比率则较高

并在二里头文化三期有过增建。大师姑遗址位于二里头文化所在的伊河、洛河流域东端，也可说是位于二里头文化的东端，可看做是一座发挥着二里头文化前线基地的作用的要塞。

而在伊洛系陶器越过黄河向北扩展的现象中尤其引人注目的是中条山脉的存在。中条山脉有着丰富的铜矿石和岩盐，所以有学者认为，是出于二里头文化对青铜原材料以及盐的原料的需

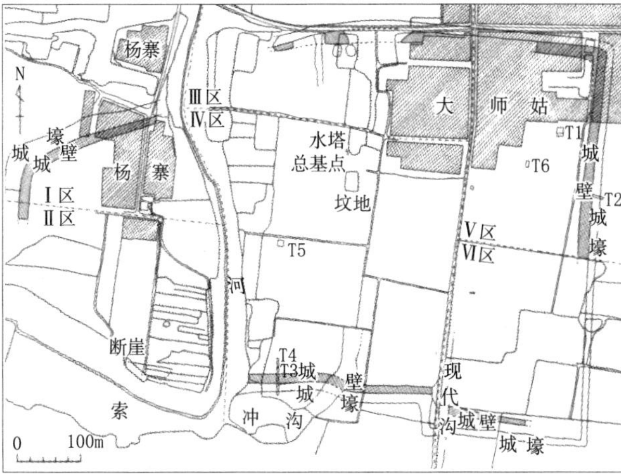

144 大师姑遗址　二里头文化为数不多的城址遗址之一，是一座镇守二里头文化领地的军事要塞

求，二里头文化的社会范围才发生了扩展。也就是说很可能属于二里头文化的人们是为了寻求原料，才往来于伊河、洛河流域与中条山脉之间。这是依据哈佛大学张光直教授的观点发展而来的见解。持有这种见解的学者有澳大利亚的拉筹伯大学的刘莉女士以及中国社会科学院考古研究所的陈星灿先生。他们认为，可以把二里头遗址看做一个消费地，把面向消费地、承担着原材料供给地的区域间关系看作一种政治上的联系。这是一个耐人寻味的看法。

然而到了二里头文化四期，伊洛系陶器的动向开始急剧缩小。孟庄遗址的城址在此阶段停止了使用，伊洛系陶器所占比率也开始减少，先商文化辉卫型的陶器占据了主体。在此阶段，先商文化辉卫型及先商文化漳河型的分布范围变得明显，以伊洛系为主体的分布范围收缩至中条山脉以南的伊河、洛河流域。而其后的发展如谈及偃师商城的成立时所说的那样，承接着先商文化漳河型系统的商王朝走向成立。

青铜器的出现

二里头文化尤其注重酒器

如第七章所述，纯铜及青铜的铸造技术在新石器时代中期阶段以后扩散至以中国西北部为中心的黄河中下游地区。而后又逐渐在包括中国西北部、内蒙古中南部、辽西地区在内的长城地带生成了同一性的青铜器的特征。与之相反的是二里头文化的青铜器。其青铜器生产显现出截然不同的变化。在二里头文化一期，只发现了两件青铜刀的残片。真正的青铜器的出现时期应当始于二里头文化二期以后。二里头文化二期出现了刀、锥等工具以及青铜铃。

青铜器的兴起是在二里头文化三期。在此阶段，除了见于二里头文化二期的青铜刀之外，还有斧、凿等工具，装饰用具除青铜铃之外还有牌饰、圆形器、圆泡等，种类十分丰富。而且还出现了戈、钺以及镞等青铜武器。此外，还出现与长城地带的青铜器在形式上截然不同的青铜容器。

这些铜器即被称之为青铜彝器的礼器。如二里头文化三期的爵，这是一种用来饮酒的三足酒器。爵和铃与其他武器、工具及装饰用具不同，其铸型是由内模和外模构成的“复合范”，这是一种长城地带所没有的高度的铸造技术。并且爵为酒器，铃为乐器，两者都是用于礼乐的器具。如前所述，长城地带的青铜器是作为随身装饰用具及武器而发展而成，在此阶段尚未有用青铜制作祭祀及仪礼相关的用具的情况。由此可见，二里头文化的青铜器的特殊性及特色。而在二里头文化四期，除爵之外，开始出现斝、盉等酒器，继而鼎也开始用青铜铸造。二里头文化中青铜彝器日渐完备的同时，其中尤以酒器最受重视，原因是什么呢?

从随葬品可以看出身份秩序的阶层划分

要想弄清这个问题，必须着眼于墓葬的随葬品。在通过新石器时代的墓葬解读其阶层构造的时候，我们已注意到随葬品组成与墓圹大小的问题。在此也应以同样的观点对二里头的社会进行解读。但是到目前为止，尚未发现相当于二里头文化的王墓的大型墓葬。问题在于王墓是原本不存在还是存在却尚未明了。不论属于哪种情况，对二里头社会构造的评价将会大相径庭。所以目前先不触及这个问题，而是尝试从另外的角度进行探讨。

那么在青铜礼器出现的二里头文化三期之前，二里头文化一期、二期的情况又如何呢？因二里头文化一期的墓葬资料较少，只能以二里头文化二期为主体展开讨论。从其墓葬构造及随葬品来看，可在一定程度上了解当时的阶层构造。至少从随葬品的组合来看，可划分为以下五个级别。

不存在随葬品，或只有极少量随葬品的墓葬为最下级。其次是随葬有鼎、罐、盆、豆（高杯）等基本日用品的等级。再上级为除上述日用品之外，或者是几乎没有日用陶器，而伴有爵、盉、鬶、觚等酒器。爵、盉、鬶为斟酒的用具，觚是类似酒杯的饮酒用具。这些墓葬与前两者相比而言，不但墓圹较大，还使用了木棺，并在棺内撒有朱砂。在更上一级的墓葬中，除上述酒器的组合之外，还伴有玉器及铜铃。如上所述，当时至少存在着五个级别的阶层差距。

上述五个级别且称为A、B、C、D、E级。并且酒器的有无在显示其阶层高低时有着重要的作用。如第五章所述，这种以拥有酒器来显示阶层高低及身份秩序的现象已见于山东的大汶口文化。

在二里头文化的阶层秩序中，下位有鼎、罐、盆、豆等日用陶器，上位则有酒器。比起山东新石器时代后期的龙山文化，这种阶层秩序更接近于较早阶段的大汶口文化身份标志的分别。这也许是因为二里头文化所分布的区域原本是以王湾三期文化为母胎，而王湾三期文化又曾受到大汶口文化后期的影响。总之，这种身份秩序不曾见于同属黄河中游地区龙山文化的陶寺遗址，由

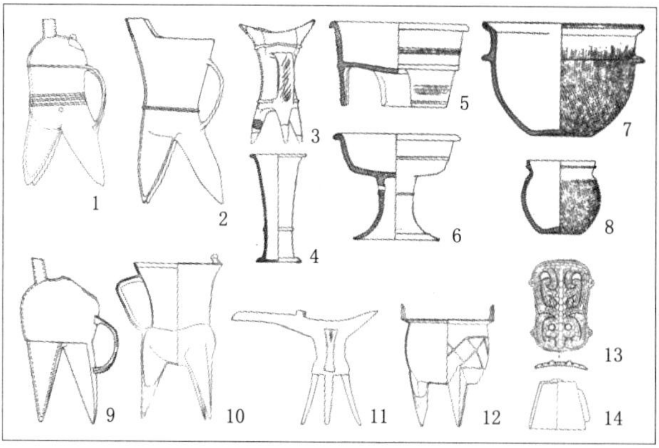

145 二里头文化的墓葬随葬陶器（1—8）与青铜器（9—14）的比较　以随葬陶器的酒器（盉、爵）为主，向青铜彝器转换（1、9 盉　2 白陶鬶　3、11 爵　4 觚　5 三足皿　6 豆　7 盆　8 罐　10 斝　12 鼎　13 铜牌饰　14 铃）

此可以想见，二里头文化通过引进母胎源于其他区域的仪礼制度体系或宗教体系，从而实现了社会阶层的维持。

在另一方面，在陶寺遗址也可见到的阶层上位者拥有的铃，在二里头文化中以铜铃的形式保留下来，这或许是继承了当地的传统，或许是陶寺遗址所在的山西省南部地区即二里头文化东下冯类型也在同一社会组织及政体中发挥着应有的精神基底的作用。从这个意义上来说，到目前为止A级墓葬仅见于二里头遗址的事实有着重要的意义。也就是说，此时以二里头遗址为顶点的阶层秩序正逐渐形成。

在二里头文化三期，上述阶层构造的序列化变得更为明显的倾向从二里头遗址的墓葬中酒器转变为青铜制品这一点上即可看出。即青铜爵的出现。说到这里，读者对二里头文化或说中

	青铜器				玉器	漆器	陶器			朱砂
	爵·斝·盉	牌饰	铃	武器			鬶·盉(白陶)	爵	其他	
A级	○	○	○	○	○	○	○		○	○
	○	○			○		○		○	○
	○				○		○		○	○
		○	○		○	○	○		○	○
B级					○		○	○	○	○
C级							○	○	○	○
							○		○	○
D级								○	○	
									○	
E级										

146 二里头文化的阶层构造 根据随葬品构成与墓圹大小等可分为五个级别

原地区的青铜器的意义应该有了一定程度的了解。可以说，中原青铜器是作为一种身份标志或是仪礼制度及礼乐的道具发展形成的。

在清代的一部名为《西清古鉴》的金石学著作中，有着关于青铜制成的鬶的记录。因为没有实物，我们无法了解具体细节，但可以知道这是用青铜按陶鬶原样制成的。由此可知，二里头文化的青铜器生产把以往的位阶标志发展到了更高的水平。并且标志着上层阶层的地位的青铜礼器，仅见于二里头遗址。也可以说，二里头文化二期阶段所显示的那种以二里头聚落为中心的阶层构造在此变得更加显著。并且青铜礼器的铸造是在二里头遗址进行，这说明二里头文化的首领在仪礼制度上采取的也是一元化管理。不妨认为，二里头文化的首领的统治已接近王权。

然而到了二里头文化四期，在二里头遗址范围之外也开始出现青铜礼器。例如河南省荥阳市西史村及高村寺、河南省新郑望京楼、河南省洛宁、安徽省肥西等地都发现了爵、斝、铃等二里头文化的青铜器。这意味着到了二里头文化四期，使用青铜礼器的阶层秩序的范围得到了空间上的扩展。以二里头遗址为中心，伊河、洛河流域以外的区域群体也很可能被收归在青铜礼器所标志的阶层秩序之中。这种扩展也显示出范围更加广泛的统治构造的发展状况。

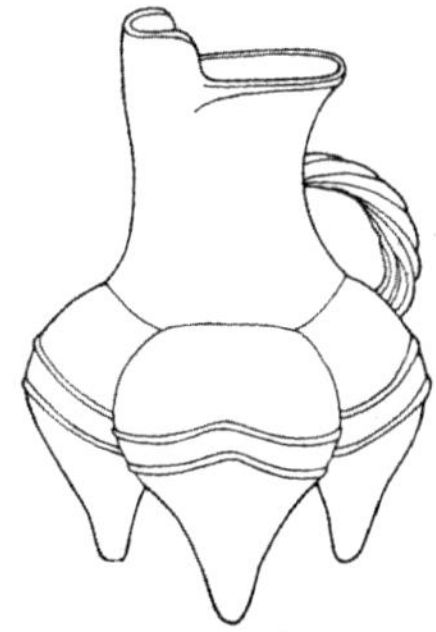

147 青铜鬶 清代的《西清古鉴》中有青铜制成的鬶的图示

另外，起源于山东龙山文化的玉璋、柄形玉器以及兽面纹铜牌等器物上刻画的兽面纹有着重要的意义。也就是说当地吸取了玉璋及兽面纹这类来自其他区域的祭祀用具及祭祀表现。另外二里头遗址属于A级的人们拥有柄形玉器和兽面纹铜牌等随葬品，这些随葬品上刻画的兽面纹继承了刻画在长江下游地区的玉琮之上的神人兽面纹的传统。兽面纹在商王朝的二里岗文化期发展成形为饕餮纹。而在二里头文化中，人们通过在柄形玉器及兽面纹铜牌上加以兽面装饰，也许是为了引进与良渚文化同样的神政权力。但是，如图148所示，良渚文化的神人兽面纹很可能是通过山东龙山文化的兽面纹直接与二里岗文化的饕餮纹发生关联。而二里头文化的兽面纹看起来更类似于长江中游石家河文化的人面纹。

且不论其是否可信，二里头文化的分布区域内吸收了当地不曾存在的诸多区域的精神基底。通过第九章的论述，读者对此应当已有所了解。

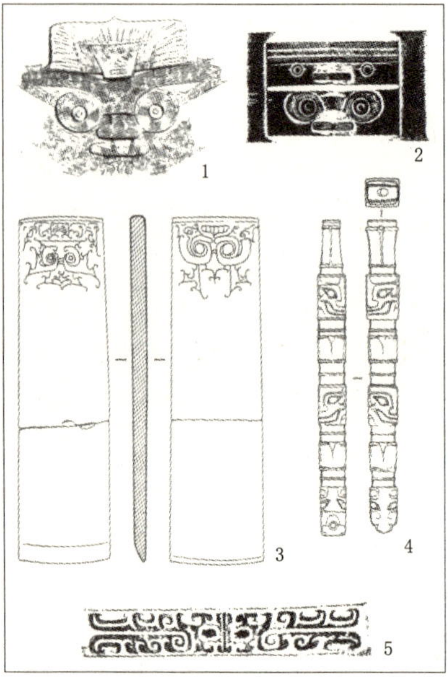

148 兽面纹的比较　良渚文化（1 反山 12 号墓出土的玉琮、2 瑶山 2 号墓出土的玉琮）、山东龙山文化（3 两城镇遗址出土的石锛）、二里头文化（4 二里头遗址 K4 号墓出土的玉柄）、二里岗文化（5 盘龙城王家嘴 1 号墓出土铜鼎饕餮纹）

这种吸收同时又是一种手段。即通过利用诸多区域的精神基底和信仰，以求回避此前社会组织发展的矛盾，从而完成进一步的社会进化。从多个区域的新石器时代社会吸收多样的阶层体制的维持装置，这种状况或可看做是超越此前首领制社会的王权的确立。被认为起源于西北的卜骨在二里头文化期也经常使用，这应当也是当时引进的多元性祭祀的一环。但是，以保证阶层体制的仪礼为基础建立的位阶制虽以二里头遗址为中心逐渐成形，但广泛的位阶体制是否为二里头文化全体所共有，这个问题尚存疑问。从城市机能及仪礼体制来说，二里头文化二期以后，一直到二里头文化三期，已达到拥有更加明确的、称得上初期国家的条件。然而这是否真的相当于初期国家阶段呢？

商王朝的出现

最新发现的大型都城遗址

如前所述，二里岗下层文化以后即为商王朝阶段。其间约五百五十年，郑州商城及偃师商城并非一直是其中心。此前以郑州二里岗为中心的陶器编年与以殷墟为中心的陶器编年之间存在着型式上的隔绝。两者的连续性如何说明的问题尚未解决。二里岗编年分为二里岗下层和二里岗上层，二者又各分为一期和二期。其中二里岗上层二期即相当于郑州白家庄期的阶段。

另一方面，殷墟也以墓葬的随葬陶器为中心进行了陶器编年的分期。目前殷墟文化大致分四期。殷墟因出土了甲骨文而闻名于世。甲骨文由董作宾根据其字体及内容大致划分为五期。按照甲骨卜辞中记载着的王名不同，武丁为Ⅰ期，祖庚、祖甲为Ⅱ期，廪辛、康丁为Ⅲ期，武乙、文武丁为Ⅳ期，帝乙、帝辛为Ⅴ期。甲骨文Ⅰ、Ⅱ期相当于陶器编年的殷墟文化二期，甲骨文Ⅲ、Ⅳ期相当于殷墟文化三期，甲骨文Ⅴ期相当于殷墟文化四期。

以往根据《古本竹书纪年》中“盘庚旬自奄迁于北蒙，曰殷。南去邺三十里。自盘庚迁殷，至纣之灭，二百七十三年更不徙都”以及《史记·项羽本纪》中“洹水南殷墟上”等记载，人们认为殷墟就是第十九代商王盘庚迁都后的殷。但是，从殷墟出土的大部分陶器的年代都在第二十二代商王武丁之后。其

149 小双桥遗址　左边照片中所见的土丘处为版筑基坛，其横断面（右边照片）明显可见互层上堆筑的版筑痕迹

间必然存在着年代差距。这个矛盾应该如何解释，曾出现过一些争论。

然而近年又发现了两处大规模的遗址。一处是在距郑州商城西北约二十公里处发现的郑州石佛乡小双桥遗址。该遗址规模巨大，总面积达150万平方米。在其内部发现了大规模的版筑基坛、青铜器铸造遗迹、人牲坑及动物牺牲坑等大量的祭祀遗迹。关于小双桥遗址，也有学者认为是不同于郑州商城的都城或是相当于郑州商城副都的祭祀场所。但是小双桥出土的陶器属于比二里岗上层一期更晚的阶段，是郑州商城衰退之后的产物。

新发现的另一处遗址是河南省安阳市洹北商城。这是一处位于殷墟以北1.5公里处的都城。殷墟与郑州商城等遗址不同，这里不存在城垣，因此有人怀疑这里并非商朝的都城。在与殷墟相邻的北侧发现了一处东西宽约2150米，南北长约2200米的城垣，并在其内部发现了有宫殿遗存的都城遗址。

在该处发现的陶器样式是小双桥遗址陶器样式的延续，同

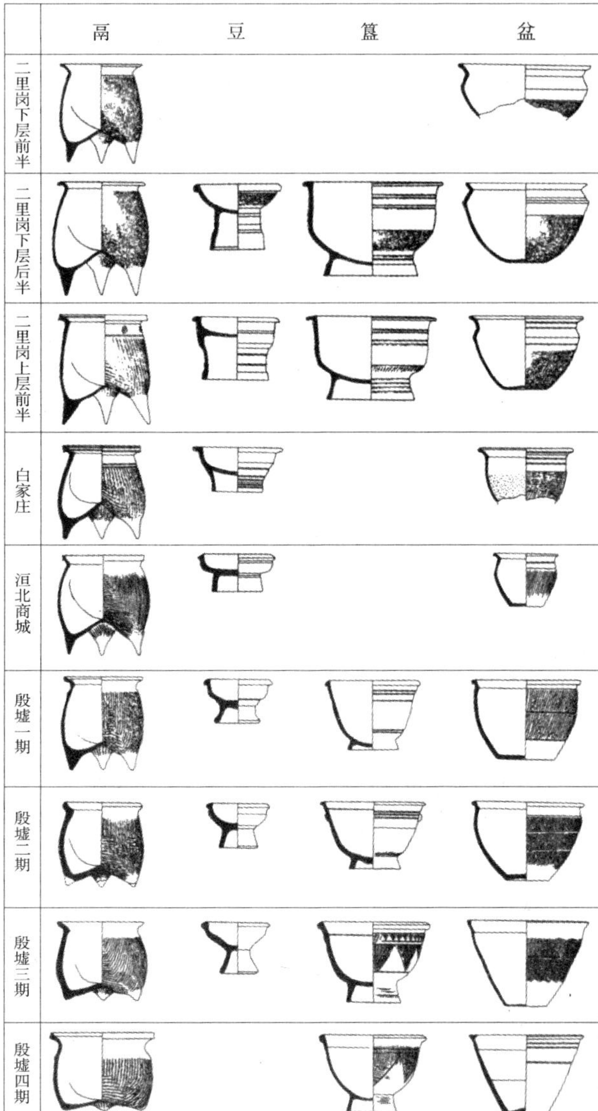

150 商文化的编年　各个器种的陶器从二里岗文化下层期至殷墟文化期，可看出连续的变化

时又连续着殷墟文化第一期的陶器样式。由此可知这种陶器样式弥补了郑州白家庄下层期至殷墟文化第一期之间曾经存在的年代空白，是相当于两者之间的年代的遗址。

根据这个事实，中国社会科学院考古研究所的唐际根先生把从二里岗下层至殷墟的商朝时期划分为三期。即早商期、中商期和晚商期。各相当于图 132 所示的郑州商城（二里岗下层至二里岗上层一期）、小双桥遗址（白家庄期）及洹北商城、殷墟。

按商王的世系来表述的话，早商期相当于天乙（汤王）—太丁—太甲—太庚—太戊共五代九王，中商期相当于中丁—祖乙—祖辛—祖丁—小乙的五代十二王，晚商期相当于武丁—帝辛的七代九王。由此可知，第十九代王盘庚迁都的殷就是洹北商城，并且应该把洹北商城至殷墟一带看做一体。

而关于中商期的中丁至小乙时期，如《史记·殷本纪》记载，“帝中丁迁于隞。河亶甲居相。祖乙迁于邢。……自中丁以来，废嫡而更立诸弟子，弟子或争相代立，比九世乱，于是诸侯莫朝。”这个时期迁都频繁，王权处于不安定的阶段。由此看来，小双桥遗址很可能是第十代王中丁迁徙的都城隞。

总之，商王朝的政治中心的移动从郑州商城、小双桥遗址、洹北商城、再到殷墟，在此将尝试把各都城时期的历史变迁进行还原。但关于唐际根等学者使用的早商期、中商期、晚商期的称谓在本书中将称为殷前期、殷中期和殷后期[8]。

早商期汤王灭夏，并在夏的中心地即伊河、洛河地区建造了都城偃师商城。这座都城正可谓打入占领地的一枚楔子，也可说是监视和统治夏朝臣民所必需的据点。在另一方面，同时期商朝南进的据点则是郑州商城。郑州商城由南北长 1870 米、东西宽 1700 米的城垣围绕。今天在河南省的省会郑州的市中心依然保留着壮观的城垣。现在依然能在身边看到 3600 年前的都城，怎能不令人为之惊叹。

郑州商城是南北略长的都城，其中心地位于都城的东北角。与偃师商城的宫殿区一样，除宫殿外，还设有园池。宫殿和园池是东亚都城构造的原点，两者的存在说明当时王权已经确立。

从都城的大小来看，郑州商城比偃师商城更大。可以说郑州商城才是早商期的中心地即王都。而且在郑州商城的二里岗文化下层期的前半段，在现在留存的城垣外侧还筑有外城。在南城垣以南约 1 公里处，发现了一段东西向延伸约 5 公里的外城垣。这处外城垣的建造可说是类似于偃师商城由小城向大城扩建的动向，但其规模更加巨大。从这一点也可以想见这一时期的中心都城应为郑州商城。

而在二里岗下层期，除了郑州商城和偃师商城之外，还建有山西省夏县东下冯、山西省垣曲商城、河南省焦作市府城、湖北省武汉市黄陂区盘龙城。这些城址的规模如图 152 列表所示，如果以郑州商城为第一级别的话，偃师商城就是第二级，其他商城则可划分为第三级。郑州商城仅内城规模就大于偃师商城的大城，而在其内城外层更筑有外城，两者规模大小的差距显

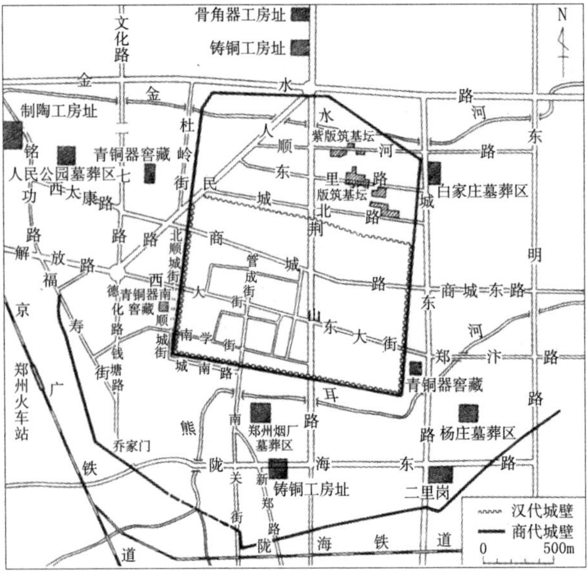

151 郑州商城

而易见。并且这些城址均建于二里头文化的聚落之上，存在于二里岗下层和上层期，荒废于郑州白家庄期前后。这个时期也对大致对应着郑州商城的存续时期。

在属于第三级别的府城，中心宫殿是一座拥有中庭的四合院建筑，其样式较郑州商城及偃师商城的宫殿区更为简素。从这些都城出土的陶器群与周边的本地样式的陶器不同，属于二里岗下层、上层的样式。可以想见，这些城址正是作为殷人殖民地式进驻的据点建成，呈现着前线基地的样态。仅从上述具有商朝性格的都城的扩散来看，也足以说明商王朝在政治上的扩展，

城郭名	所在地	规模（东西 × 南北）m
郑州商城	河南省郑州市	1700×1870
偃师商城小城	河南省偃师市	740×1100
偃师商城大城	河南省偃师市	1240×1770
府城	河南省焦作市	276×277
垣曲商城	山西省垣曲县南关	350×400
东下冯	山西省夏县	单边 370
盘龙城	湖北省武汉市黄陂区	260×290

152 二里岗文化的城郭规模

也就是疆域统治的扩展情况，并且可以看出商朝时期在政治体制上与二里头文化期相比，已发生了飞跃性的革新。

东京大学名誉教授松丸道雄先生根据对甲骨文和金文资料的分析，认为在王朝的首都“大邑”之下，从属着作为氏族邑的“族邑”，“族邑”之下又有众多小规模的“属邑”，构成金字塔形的累层构造关系，所以将之命名为“邑制国家”。如第八章所述，从聚落规模而言的阶层构造早在新石器时代后期就已出现在各地。松丸先生把新石器时代后期聚落间的阶层构造看做“大族邑”与“小族邑”的累层式的关系。相对这种关系，商王朝的王城是作为统合“大族邑”以下的聚落的存在而形成的。其模式是：以大邑（王城）[数百公顷]—大族邑[数十公顷]—小族邑[数公顷]—属邑的阶层构造构成的邑制国家。这样一来，就规模而言的聚落间阶层分化的标准就显得相当恣意且不明确。

即便是二里头文化期的二里头遗址，将之看作大邑（王城）也并无不可。那么二里头文化期是否已达到邑制国家的阶段呢？还有以巨大城垣著称的新石器时代后期的陶寺遗址也并非不能称之为大邑（王城）。所以如果要设定历史时期的划分点的话，重要的是超越以往的区域群体的范围，并统合了聚落阶层构造的阶段。二里头文化期及其之前聚落间的阶层构造虽然已经明确，但其阶层构造是存在于向来的文化领域范围内的聚落间相互的阶层构造，并未显示出政治上的统合。在这个意义上，商王朝的城址正可谓向着具有政治意义的广泛领域的多层构造发生了转换。必须说这种情形正反映了作为古代国家的邑制国家的状况。

商王朝特有的墓制所采用的棺椁构造

那么上述阶段的精神基底又如何呢？二里头文化期体现于青铜礼器和白陶的位阶体系作为礼制在商朝时期可说是到达了定形成立的阶段。这就是以青铜彝器作为位阶体系的礼制。

在郑州商城和偃师商城附近迄今为止尚未发现相当于王墓的最高阶层的墓葬，所以关于墓葬构造上的阶层构造复杂化的问题在此无法做出精确描述。但是同样规范的位阶体系在层面上的扩展是显而易见的。同一的位阶体系也可说是通过青铜彝器的组合体现的位阶标志。如“问鼎轻重”的典故所体现的那样，在中国古代，拥有的鼎的数量及其是否拥有其他青铜器，显示着贵族阶层的身份地位。

曾担任中国国家博物馆馆长的俞伟超先生用周代用鼎制度这个名称简洁地表述了上述历史。但是，通过青铜彝器将位阶制度加以制度化是商王朝阶段的事。夏王朝时期的青铜彝器仅发

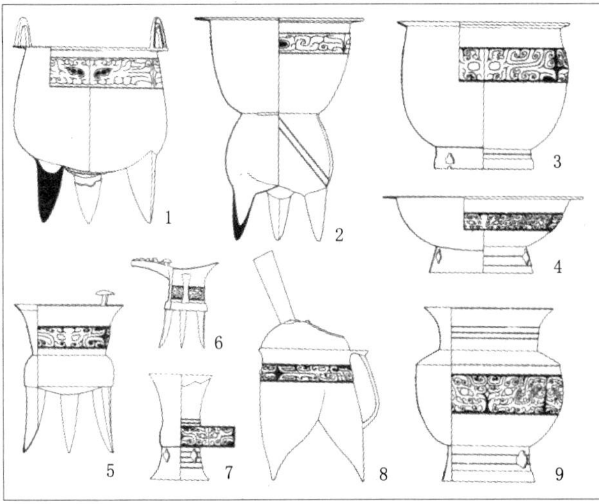

153 商文化的青铜彝器 以二里岗文化的青铜彝器（盘龙城李家嘴 2 号墓出土）展示商文化的青铜彝器。青铜彝器主要有烹煮具（1 鼎、2 甗）盛食具（3 簋、4 盘），酒器（5 斝、6 爵、7 觚、8 盉、9 尊）等。此外，商代中期以后用于盛酒的卣开始普及

现于二里头文化这种文化样式的内部以及二里头遗址周边等极其有限的区域之内。在周边区域，有着以酒器为中心，通过白陶体现的位阶标志，但尚未拥有青铜彝器。并且二里头文化的青铜彝器大多仅限于爵、斝、盉等酒器。后来，在二里头文化末期的第四期，青铜彝器的分布扩散至淮河上游地区。这虽然可以说明二里头文化式的礼制的政治统治发生了扩展，但其范围依然处于以往的二里头文化领域之内。

然而在二里岗文化以后的商王朝，在湖北武汉黄陂盘龙城以及河北省藁城市台西遗址等相距遥远的地区，也可见到显示着同

样规范的阶层标志的青铜彝器的随葬。并且其墓葬构造采用了二里头文化所没有的棺椁构造。礼制施行于广泛的区域内，并且是以商王朝为顶点施行，这说明比起二里头文化，该时期的礼制有着广域的组织上的联结，不得不承认这是一种政治性的领域化。

并且如果着眼于显示上述阶层构造的随葬礼器的器种来看，二里头文化期的器种构造的阶层化状况与山东大汶口文化期的状况更为类似。也就是说，上层阶层独占着爵、斝等酒器。

在另一方面，二里岗文化期以后商王朝的青铜彝器中显示阶层高位的是鼎、罍等器种。下层阶层仅有觚等部分酒器。这种身份标志如第九章所述，更接近于山东龙山文化期。由此可看出当时的礼制原理发生了变动，并且可以说其理念背景也不同于二里头文化期。

夏王朝的礼制则是以大汶口文化的身份标志为背景，这是因为夏王朝起源于黄河中游地区，这一带在大汶口文化后期有着曾受大汶口文化影响的文化背景。在上述文化背景之下，当地文化以此为基础逐渐向王湾三期以及二里头文化期发展。夏朝的礼制就是在扎根当地的发展中产生的。而商王朝的礼制虽然也吸收了二里头文化的精神文化，但却是以山东龙山文化期的礼制为其新礼制的典范。可以说是商王朝的起点即先商文化下七垣类型吸收了与其文化领域相邻接的山东龙山文化的礼制规范。自商代开始出现的饕餮纹也一样，如图 148 所示，与其说是通过二里头文化，不如说是直接与山东龙山文化的兽面纹有着谱系上的关系。

由此看来，商王朝是通过吸收多元的精神基底，从而使得更广泛的区域文化及群体的管理成为了可能。也就是说，领域统治成为可能的背景在于，吸收了各区域固有的多种多样的精神基底，进而产生了在其上层建成以新的精神基底为底盘的社会秩序的必要性。

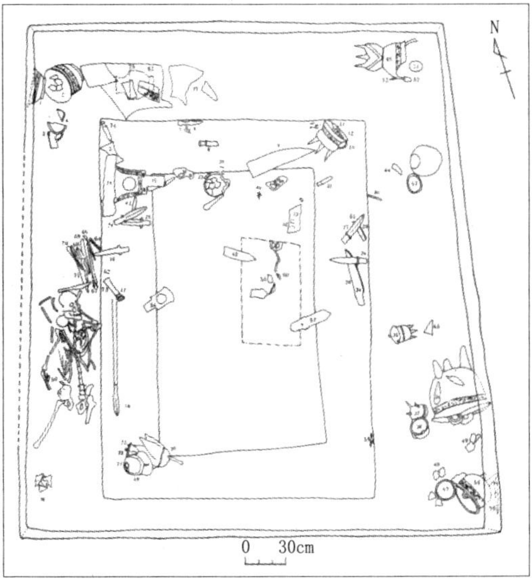

154 盘龙城李家嘴2号墓　从棺椁墓中也可看出，盘龙城是二里岗文化期向南方扩展的前线基地

从上述观点来看青铜彝器以外的历史资料，最引人注目的是墓葬的棺椁构造。棺椁构造在二里头文化中不曾出现，二里岗文化以后才被商王朝领域内的墓制所采用。棺椁构造是指在地下建造木室、再将木棺置于其中的墓葬方式。在新石器时代的山东地区，大汶口文化和龙山文化都曾采用这种墓制作为标志。商王朝的墓制采用棺椁构造并用作地位标志，这个事实也体现着如前所述的商王朝采用其他区域的礼制秩序的动向。并且暗示着商王朝与山东地区的关联远在夏朝之上。

也正因为这种背景，在商晚期，如山东省青州市苏埠屯墓地

155 甲骨文　商代后期公元前 1250 年前后开始使用的文字。在龟甲或猪的肩胛骨上以细线刻画

的资料所显示的那样，出现了与商王朝有着紧密关联的地域首领。综上所述，可以说商王朝已经处于获得王权的阶段。

就广域的区域统治这一点来看，青铜器所使用原材料的流通尤其引人注目。关于青铜器成分的分析，有一种使用荧光 X 射线的铅同位素比值分析法。用这种方法可以由铅的同位素比值来推测其产地。因为铜矿石中含有铅，铅同位素比值所显示的产地也就是铜矿石的产地。这是别府大学的平尾良光教授进行的研究。

从该项分析的结果可知，二里头文化的青铜器的原材料出产于华北及黄河下游地区，而二里岗文化以后的商王朝的青铜器的原材料除了华北及黄河下游地区之外，还含有南方的四川省等长江上游地区所产的铜矿石。商王朝的青铜器的原材料来自广泛的区域，这个现象反映了商王朝的广域统治。

同样上述现象同样适用于货贝。货贝在二里头遗址也用作墓葬的随葬品，但是在商王朝时期货贝被更加广泛地用于墓葬。关于这类货贝，经熊本大学木下尚子教授的研究显示，很可能采集于中国东南部沿海。

在晚商期的王都殷墟，还发现了许多并非生息在殷墟附近的鸟类和兽类的骨骼。例如殷墟西北岗35号墓的象等，即相当于该类事例。此外，还有乌苏里熊、虎、豹、犀牛等兽类，也是外地向商王献上的贡品。问题是铜矿石及货贝等物品是通过怎样的过程进行流通的呢？而对出产这些原材料的区域，商王朝所支付的交换财物又是什么呢？总之，我们不妨做如下解释：这些外来物品是来自与商王朝有政治关系的区域首领的贡品，通过上贡这种王权体制，向王都聚集而来。利用这些资源，青铜器生产在商王的一元管理之下进行，因此商王朝能够把承担着礼制枢要的青铜彝器统一分配给属下各方。

支撑王权的种种牺牲祭祀

那么支撑上述王权的社会体制仅仅是前文所论及的那种决定身份标志的礼制吗？在相当于中商期二里岗上层二期的白家庄期小双桥遗址，发现了大量的牛和人的牺牲坑，可知当时牺牲祭祀十分盛行。牺牲祭祀是早在新石器时代就已存在的祭祀方式，主要见于以黄河中游为中心的地区。但牺牲祭祀正式成形于商王朝，特别突出的是商晚期即殷墟时期的祭祀牺牲坑。

与祖先祭祀这种显示王权正统性的宫廷仪礼一起，夸示王权力量的牺牲祭祀是商王朝王权的要务。还有商王朝盛行使用的卜骨，以及为记录其内容而诞生的甲骨文也属于商王的祭祀仪礼。而祭祀仪礼又是支撑商王朝王权的重要的社会体制。京都大学

156 洹北商城

的冈村秀典先生因此将商王朝称之为“祭仪国家”。我认为这个名称十分得当。

洹北商城被认为是盘庚迁都后的都城，周边筑有东西宽约2100米、南北长约2200米的城垣，在其中央建有宫殿区。目前发现的有一号宫殿和二号宫殿。一号宫殿规模宏大，东西宽173米，南北长90米。主殿有廊庑相联结，将庭院围绕其中，即所谓四合院样式。主殿前方及大门附近有人牲和动物牺牲的牺牲坑。在中庭很可能曾经举行作为宫廷仪礼的祖先祭祀等仪礼。

殷墟位于洹北商城的南侧，王宫和宗庙被洹河及环壕围绕其中。在其西北有王陵区，附近为后岗墓地，西南为郭家庄墓地，南面是三家庄墓地，西侧还有西区墓地等，这些王陵和墓地都以王宫和宗庙为中心分布。殷墟即由上述宗庙和墓地构成，俨然

157 西北岗 1001 号大墓 墓圹的四边分别修有墓道，平面图呈“亜”字形。亜字形王墓仅用于埋葬王者，也是王者的身份标志

呈现出祭祀城市的形态。殷墟在武丁期以后开始正式发挥作用，盘庚以后共十二代商王，除最后一位辛帝之外的十一位商王有可能被埋葬于西北岗的王陵区。王墓因其形状被称为“亜”字形墓，从方形墓圹向四方延伸出四条墓道。墓圹内为棺椁构造，曾拥有丰富的随葬品，但大部分王墓都遭到盗墓者破坏。

西北岗的大墓并非都是亜字形墓，但刚好有相当于十一位王者的十一座王墓。其中四座分布在东区，七座分布在西区。商王以十干为名，因王名中带丁和乙可分为丁组和乙组。哈佛大学的张光直教授认为，盘庚以后乙组的七位商王的墓葬相当于西北岗的西区，而武丁以后丁组的四位商王的墓葬则相当于西北岗的东区，说明曾经存在甲组和乙组两个世系。并由此推测西北岗西区最古的墓葬即 1001 号大墓就是盘庚的墓葬。

这是一个非常耐人寻味的观点，但是从目前的分期来看，1001 号大墓相当于殷墟文化期二期，极有可能是武丁的墓葬，

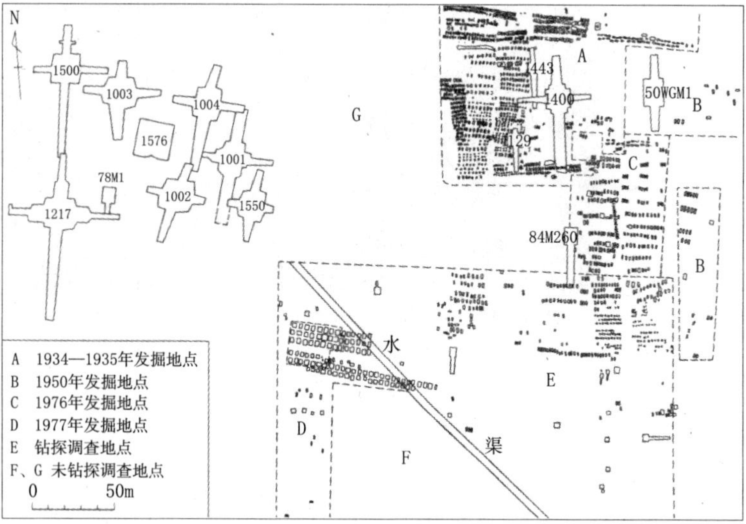

158 西北岗王陵区与祭祀坑

张光直教授的学说不能成立。1001号大墓的墓圹南北长19米，东西宽21米，深达10米。另外妇好墓作为武丁夫人的墓广为人知，虽然没有墓道，墓圹较小，仅5.6米×4米见方，但由于这座墓葬免遭盗墓，出土了丰富的随葬品。其中青铜器460件，玉器755件。由此可以想见1001号大墓一定也曾拥有极为丰富的随葬品。

在1001号大墓的木椁周围出土了十二具殉葬者的遗骨。南墓道中还发现了五十九具头部被砍断的人骨。这些遗骨应该都属于人牲。王墓中不但有丰富的随葬品，还有许多殉葬者和人牲的遗骨。

西北岗王陵区的王墓群可分为东西两个区。在东区和西区各有1117处和104处陪葬墓及祭祀坑分布在王墓周围。全部的1221处墓中，分别有陪葬墓131座，人牲坑510个，马的牺牲坑20个，象的牺牲坑2个，等等。

人牲是指被同时埋葬的多具遗体，其中有的人骨被砍去头颅，有的人骨没有手脚。

被称之为“羌”的部族被捕获及被用作牺牲的记录可见于甲骨卜辞中。“羌”是指以畜牧业为生的人们，他们居住在与商朝相邻的黄土高原。我认为他们就是生活在长城地带北方系青铜器社会的区域内的人群。所谓人牲，就是通过把异族人当做牺牲，以促进群体的团结，同时提高王的权威。随着王权的进展，在另一方面这种敌视和歧视异族的意识也作为一种维持社会组织的社会机能发挥着作用。

维持以王权为中心的社会组织的礼制，还有显示王权的正统性和权力的祖先祭祀和牺牲祭祀，如前文所述，这些祭祀早在新石器时代就已存在于各个区域。通过吸收统合这些作为社会组织的维护装置而存在的宗教和祭祀，才能以此确立统合广泛区域内的诸群体的王权。而且这种王权是把各区域的邑加以统合序列化，并通过祭祀仪礼将这些邑制国家统一起来。

而商王朝时期发展的青铜武器也成为以武力为统治手段的王权的维护装置。在殷墟屡屡可见随葬有大量青铜武器的墓葬。青铜武器是指钺、戈、长刀、矛、镞等。这些墓葬中的青铜彝器的铭文中有一个“亚”字。这个“亚”字被认为是商王

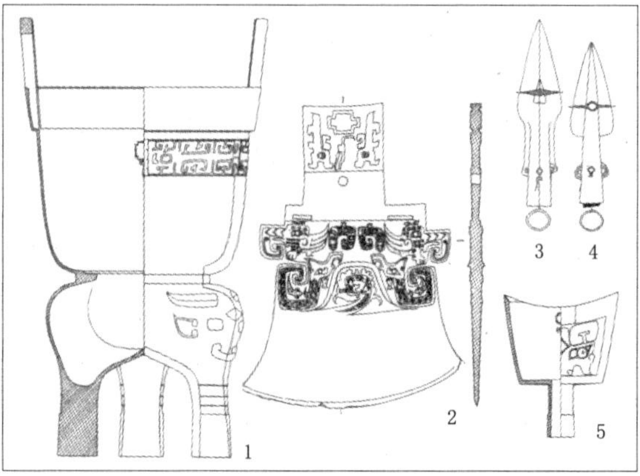

159 殷墟花园庄 54 号墓的青铜器　铭文中铸有“亚長”的字样（1 甗　2 钺 3、4 矛 5 铙）

160 殷墟的遗址分布

朝的武官的官职名称。在这些随葬有大量武器的墓葬中，以殷墟花园庄东54号墓和郭家庄160号墓最为有名，它们很可能是武将阶层的贵族墓。这说明当时已经拥有以王权为背景的军事组织。

自古以来，国家大权以军事和祭祀最为重要，商王朝的王权就是凭着祭祀仪礼和军事来支撑的。并且为记录王权与神灵的对话而诞生了文字，由此进入了历史时代。

另外殷墟内的群体墓地也是显示各区域邑制国家的邑制单位的物证之一。例如殷墟内处于最低阶层的墓群是西区墓地。韩建业先生的研究表明，这里的墓葬在分布上趋于集中，同时因其随葬陶器的器种构成以及被葬者头部的方向不同又可以分为几个组群。可以想见各个组群分别是以父系血缘关系为基本的不同的氏族。并且可以认为在聚集了多个氏族单位的西区墓地内，其墓区应当也是由拥有一定血缘关系而聚集的宗族所构成。商晚期的青铜彝器之上可见到被称之为族群记号的铭文，这是有共同的祖先祭祀的氏族的徽记即族徽。

上述宗族单位的墓地在殷墟之内形成，如前所述，其位置分布是以西北岗的王陵区为顶点，位居其下的是如后岗墓地那样，阶层属于第二等级的宗族墓地。宗族单位的墓地位置显然是依据以商王为顶点的金字塔式阶层构造而决定的。

也就是说，在空间上距离王陵区较远的墓区，其所属宗族在家系上与王族处于较远的关系，同时在阶层上也处于较低的位置。这些氏族或宗族很可能是在商王朝的领域内掌管着城邑，他们的贡纳从各处城邑聚集到王都或商王手中。商朝的国都殷墟就是这样一座祭祀都市，在这里，聚居着支撑王权的宗族或氏族，不断举行祖先祭祀，并宣誓保持群体的统一。

夏王朝、商王朝的扩大

设想夏王朝的文化领域与统治范围

南山大学的西江清高先生把嵩山南北一带划分为畿内区域。这一带是二里头文化的重要分布区、也是王湾三期文化以来的文化领域。他又把被认为是二里头文化别种类型的东下冯类型、南沙类型及下王岗类型称为二次区域。商王朝以后，商王朝的畿内区域扩大至属于先商文化的文化领域的太行山脉东麓，即河北省南部至北部，还有因其扩大而被取代的二里头文化领域即郑州和洛阳一带。而位于其外侧的区域则称为二次区域。具体说来即山西省中南部、河北省北部、山东省西部、长江中游北岸地区、陕西省关中平原东部。西江先生自己也承认，上述畿内地域与二次地域的划分不过是一种假说，用作划分背景的社会及政治因素还不够明确。在此且沿用这种区域划分，并使用更为简便且赋予了领域观的名称，把畿内区域和二次区域分别改称为畿内和畿外。畿内和畿外指的是政治上的统治领域，前者意味着直接统治，后者意味着间接统治。

即便前文的论述说明二里头文化即相当于夏王朝，夏王朝的领域依然是一个疑问。至少关于体现于青铜礼器和白陶的礼制中贯穿的阶层秩序仅限于畿内。尤其是体现于青铜礼器的阶层秩序直到二里头文化三期即便是在畿内也仅限于其中心部分的伊河、洛河流域，直到二里头文化终末期，其阶层秩序才扩展至畿内全域。

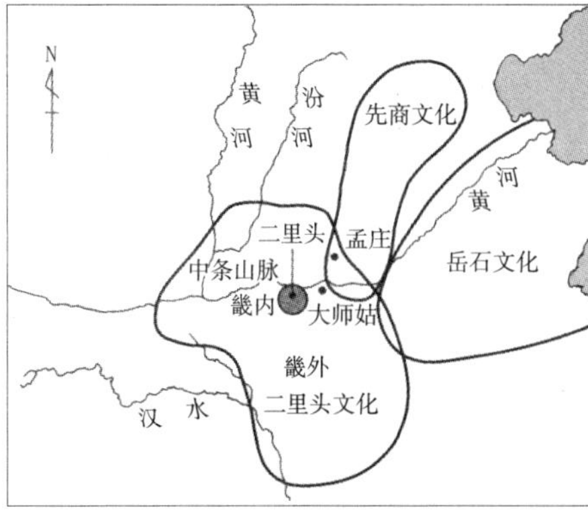

161 二里头文化的统治构造模式　中央的阴影部分为二里头遗址的直接政治领域即畿内，其周围分布着二里头文化的间接领域及畿外。畿外与其他区域群体即先商文化和岳石文化的领域相邻

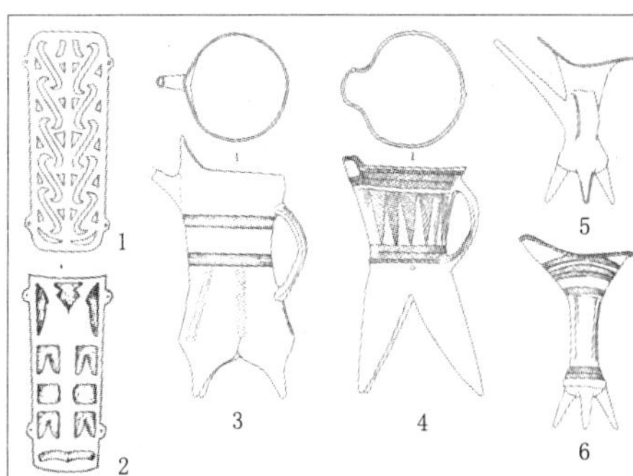

162 三星堆遗址的铜牌饰和大甸子遗址的盉、鬶、爵
1、2 铜牌饰　3 盉　4 鬶　5、6 爵

那么畿内与畿外的关系如何呢？在畿外，应当依然存在着首领及区域的统治构造。这种统治构造承接着二里头文化以前的河南龙山文化以来的区域群体的系统。这些区域首领与畿内的王保有一定的关联性，但应当还处于相互独立的

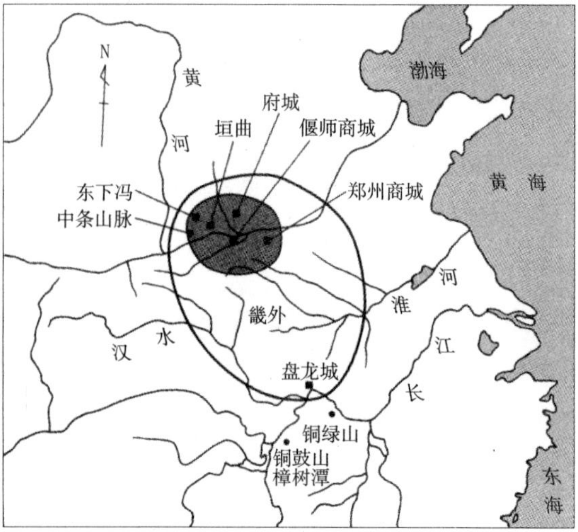

163 商代前期（二里岗文化）的统治构造模式　中央的阴影部分为直接统治领域即畿内，其外缘部分分布着间接统治领域即畿外

关系。前文提及青铜礼器时说到礼制，而根据礼制形成的君臣关系在畿外地区并未留下形迹。

然而在畿外地区，有着产于中条山脉的铜、盐等原料，用于制作玉器的玉材也非产自畿内。很可能这些原料都来自畿外，当时已有把原料自畿外集中到畿内的贡纳体制。

二里头文化进而超出畿外的范围，盉、爵等特殊陶器开始向外地扩散。例如在四川盆地和辽西都发现了这类陶器。在四川盆地，二里头文化并行期的三星堆遗址第二期出现了带有长流的酒器盉。这说明这一带受到二里头文化的间接影响。在这个阶段，具有二里头文化特征的镶嵌有绿松石的镂空铜牌饰也传入了当地。

在辽西一带，属于夏家店下层文化的内蒙古敖汗旗大甸子遗址的墓葬随葬品中也可见到爵、盉、鬶等模仿二里头文化陶制礼器的陶器。随葬有爵、盉、鬶等特殊陶器的墓葬在大甸子遗址的墓地中属于极少数，从其随葬品构成及墓葬规模来看，墓主应当是属于社会最上阶层的人群。在这里，承接着二里头文化系统的陶器如第八章所述，是显示不同文化之间的交流的物证，并且拥有这些显示着物主与其他区域拥有交流的物资，正可以显示物主在群体内的社会地位。这大致相当于新石器时代中期的交流水平。另外，承接二里头文化谱系的牙璋扩散到四川盆地以至广东及越南北部，也显示着上述交流的一个侧面。

商王朝前期与后期的统治范围

商王朝的畿内与畿外及其周边区域的关系较之二里头文化时期得到更大的扩展。商王朝的畿内指的应当是先商文化的范围以及包含着以往二里头文化的畿内的领域。在畿内建有王都郑州商城以及副都偃师商城。畿外则是指位于畿内外侧商朝间接支配的领域。弘前大学的岛邦男教授曾在甲骨文的研究中找到了“侯”、“伯”等从属于商王朝的区域首领的名称，并推测出他们的所在地。

根据岛邦男教授的研究，名为伯、侯的区域首领的所在地位于今河北省北部和中部、山东省西南部、陕西省西南部、山西省北部和中部。并推测这些区域相当于畿外，当地各自成立

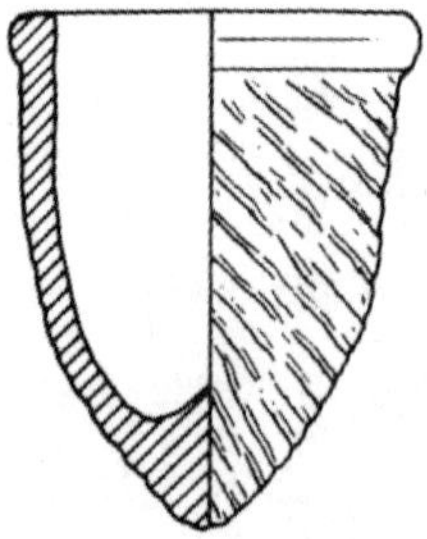

164 被称为盔形器的制盐陶器　山东省利津县南望参古窑址出土

的区域首领从属于商王朝。那么这些区域首领应当有义务向商王交付贡纳。

而在畿内，更筑造了城郭作为商王朝的政治和经济的据点。即前文曾提及的东下冯、垣曲、府城。这些城郭被筑造于此，为的是获得中条山脉出产的铜、铅矿石，而且很可能位于运送矿石的枢纽位置之上。这里也曾是二里头文化的人们移居的地点。

另一方面，盘龙城位于畿外的长江中游地区，在其邻近处有湖北省大冶市铜绿山遗址等铜矿及铅矿。盘龙城即是该区域出产的原材料的集散地。正可谓商王朝的一个前线基地。盘龙城遗址中虽有铸造作坊，但其作坊并无制造青铜彝器的痕迹，可以想见，这里很可能是制造铜、铅或锡的铸块的地方。商朝人迁移至此地，以其为基点，获得青铜资源等原材料并运往王都。其地位应当相当于商王朝的直辖地。

上述从属于商王朝的区域首领，加上如同商王朝前线基地的城郭构成据点式统治领域。这样的统治领域就是畿外。在据点式统治的据点即城郭中还发现了随葬有青铜彝器的贵族墓。墓主很可能是由王朝中心派遣的殷人贵族，而礼制的枢要青铜彝器则来自商王的再分配。

但是，在位于出产铜矿的铜绿山遗址及铅矿山附近的湖南省岳阳市铜鼓山遗址，发现了二里岗文化样式的陶器，说明当时这

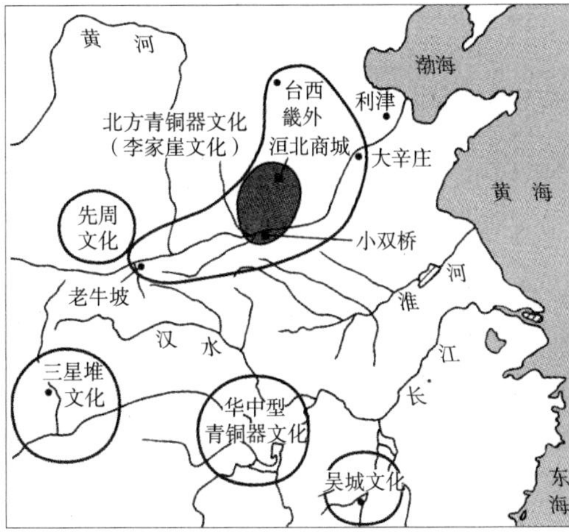

165 商代中期、后期的统治构造模式　中央的阴影部分为直接统治领域，周边为与其保有君臣关系的畿外，更外围存在着与商王朝保有交易网的各区域文化

里很可能受到商王朝的影响，并直接有殷人往来于其间，而上述区域是位于畿外的周边区域。也就是说当时也能够确保来自周边区域的资源。这些周边区域之中，一定也出现了与商王朝敌对的区域首领。这就是甲骨文中提到的方国，它们也是商王朝的敌对势力。另外，也是从上述阶段开始，在二里岗文化的影响之下，周边区域开始出现青铜器，或是开始了青铜器的生产。京都大学人文科学研究所的浅原达郎教授曾把这个现象称之为“二里岗冲击”。我认为这个名称十分贴切。周边区域由于二里岗文化的刺激，完成了自立性的成长。

符合这种统治构造的时期仅限于前述商早期。即相当于郑州商城最繁荣的二里岗文化期。在郑州白家庄期至洹北商城期的商中期，以盘龙商城为代表的城郭渐渐被废弃。当时正逢商王朝内部混乱、迁都频繁的时期。

在这个时期登场的是与商王朝有着直接关联的河北省藁城县台西遗址和山东省济南市大辛庄遗址。特别是后者，很可能与山东省利津县附近的一处烧制特殊陶器的窑址有关。这个窑址位于渤海南岸，其时期与大辛庄遗址相同。

特殊陶器指的是一种名为盔形器的厚壁尖底深钵形陶器。这是制盐时用来煎煮海水的陶器。大辛庄遗址很可能是被殷人作为渤海湾出产的盐等原材料的集散地而移居的据点性遗址。值得一提的是，大辛庄遗址是殷墟之外首次发现了甲骨文的遗址。

盘龙城城郭遗址是商早期从南方地区收集物资的据点性聚落，这里在商中期走向衰退，一方面是因为商王朝内部的政权问题，因政治形势不稳，不得不迁移王都。而在此之前在畿外受到支配统治的区域也渐渐不再是直接支配地。也可说是此前与畿外及其周边区域接触的区域的独自性逐渐加强了。从整体看来，也可以理解为商朝的统治领域渐渐向北部缩小。

与周边区域接触的这些区域的独立性变得显著的时期是在商晚期。即王都设于殷墟的阶段，或者说是出现甲骨文记录的阶段。例如以江西省吴城遗址为中心的吴城文化。这里在二里岗文化期由于受到冲击，包括陶器在内的文化受到商王朝的影响，其后逐渐完成了独立性的发展，以至于创造了独自的青铜礼器。距离吴城遗址二十公里的江西省新干县大洋洲墓是一座与殷墟同时期的巨大王墓。墓中随葬有大量独具地方特色的青铜礼器。

这一区域由于获得大量商王朝赠与的青铜彝器，反过来又向其提供资源，在这种与商王朝的统治保持着距离的同等关系之中，两者进行着资源与制品的交换。并且这些来自商王朝的青铜彝器被赋予与商王朝本来的礼制不同的概念，成为当地的区域首领所必需的威信物。另外，在与商王朝的交流中，这一区域终于获得了制造青铜彝器的技术。就这样，地方性的青铜彝器生产成为可能，在新干县大洋洲墓中，这类青铜彝器被用作了随葬品。

同样的情况也适用于难波纯子女士所说的华中型青铜器。虽然制造地点尚难以确定，但这类青铜器是在长江中游地区自主生产的，并且已转变成为当地的威信物。虽然与商王朝的青铜器礼制体系不同，但通过模仿商王朝的大型青铜彝器，当地开始生产青铜彝器。

上述物质文化的变化可以看出当地出现了政治独立的新动向，同时这些区域也获得了来自商王朝的青铜彝器的赠与。这也说明在与当地的赠与关系之中，作为交换条件，商王朝的意图在于获取原材料。

商王朝西部的情况又如何呢？位于西安附近的陕西省老牛坡遗址在二里岗文化阶段至商晚期与商王朝的交流十分深厚，因此被认为是顺服于商王朝的区域首领的遗址。这一带可看做是商王朝的畿外的区域。在该区域的外缘地带，是被称之为先周文化

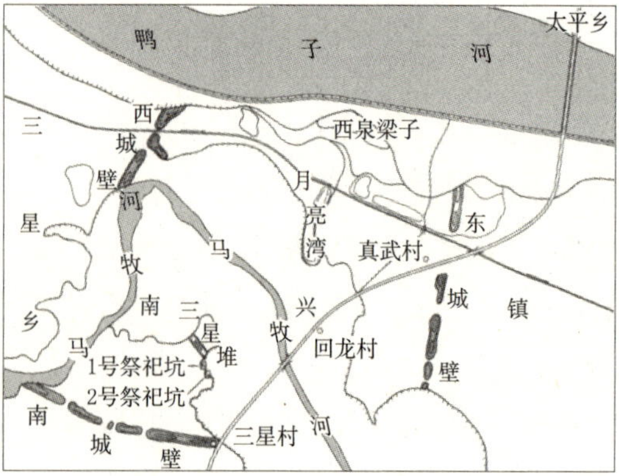

166 **三星堆遗址** 1986 年 在城郭中央南侧的小丘三星堆发现了 1 号祭祀坑和 2 号祭祀坑

的区域，居住于此的周人后来建成了周王朝。另外，还有位于老牛坡遗址西南的陕西省固县的青铜器文化遗址群。这里受到二里岗文化的影响后，得以生产独具地方特色的青铜器，形成了独特的区域文化。

在上述历史过程中，长江上游地区的三星堆遗址也形成了成熟而特别的青铜器文化。三星堆遗址是上承龙山文化期的宝墩文化发展而来的区域文化，通过与二里头文化的交流，再加上二里岗冲击的影响，在晚商期形成了独具特色的青铜器文化。

发展了独特青铜器文化的三星堆遗址之谜

三星堆遗址位于四川省成都市以北约四十公里处的郊外。是一座包围在东西宽 1600—2100 米，南北约 2000 米的城墙中的城郭遗址。

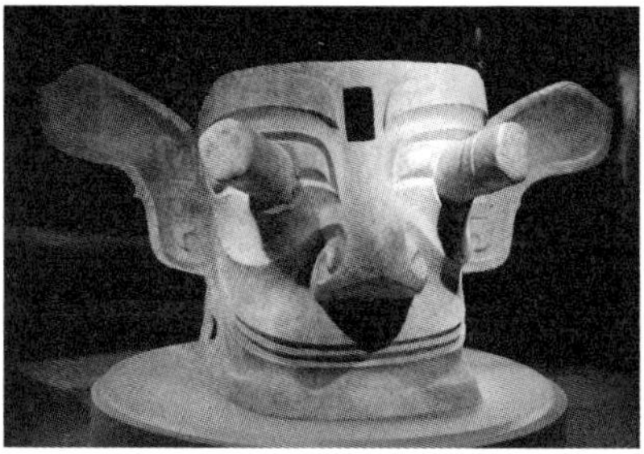

167 三星堆遗址的青铜器（三星堆博物馆藏） 以突出的双眼为特色的巨大青铜面具是三星堆青铜器文化最具代表性的青铜器

168 太阳形器（三星堆博物馆藏） 三星堆二号祭祀坑出土的青铜器，通常认为这是一种模仿太阳的形状制成的饰物

城郭的建造年代为相当于二里头文化并行期的三星堆第二期。其主要居住年代是相当于二里岗文化至殷墟期的阶段，称为三星堆第三期和第四期。在此期间独特的青铜器文化开出了璀璨的花朵。

1986 年，三星堆的城郭内部发现了两个土坑，从中出土了大量青铜器、玉器和象牙。两个土坑建于遗址的终末期，很可能是某种祭祀遗址。出土的青铜器中，青铜容器均为尊、罍等大型器，商王朝的青铜彝器是其原型。从制造年代来看，应当是在相当于商晚期的三星堆第四期。另外，一部分青铜容器类似于长江中游地区商晚期独自制造的华中型青铜器。

重要的是，这些拥有商王朝规范的青铜礼器是在三星堆遗址当地制造的。并且这些青铜器的制作规范与其说是直接引进自商王朝，不如说是通过长江中游地区的商朝系青铜器引入的可能性更大。有学者根据铅同位素比值分析认为，这些青铜器的制造很可能利用了长江上游地区的铜矿石和铅矿石。并且当地的铜矿石很可能从四川盆地的三星堆文化地带通过长江中游地区的区域群体，在商晚期被带到了商朝境内。

这些资源与用作其交换物的青铜彝器这种威信物，两者的交换关系在商晚期的三星堆遗址，也可以置换为长江中游地区与四川盆地的关系。同时也可做如下解释：超出以商王朝为中心的畿外的周边区域的关系网发生了多重性的扩展。

此外，在三星堆遗址还出土了双目突出的特殊的人物假面和人头像，还有高达 2.62 米的人物立像，4 米高的巨大神树等，可见当时形成了极富特色的青铜器文化。这些青铜器因此被称为令人惊叹的三星堆文化。然而三星堆文化的生成过程首先要放在前述以商王朝为中心的关系网之中来看才易于理解。

近年发现的成都金沙遗址被认为是继三星堆遗址之后的当地的政治中心。这里出土了大量承接着三星堆遗址的谱系的黄金制品和大量的象牙，令人叹为观止。金沙遗址应当包含于三星堆文化之后的十二桥文化，反映着区域文化更进一步的独自发展，同时也处于对应着商周过渡期的区域文化的潮流之中。

综上所述，在商王朝的体现于青铜彝器的礼制体系及其影响之下，在实现了政治上自立的周边区域逐渐形成了各自的政体。这些周边区域是商王朝的物资供给源，商王朝与周边区域的关系并非朝贡关系，而是一种与实现了自立的区域间的物流关系。

上述区域虽位于畿内和畿外的范围之外，但却与商王朝处在保有一定关系性的联结关系之上。同样，汉代的王畿与诸侯也可以对应这里所说的畿内与畿外的关系，而与位于诸侯外侧的外臣的关系则应当可以对应这里所说的与周边区域的关系。也就是说，这种联结关系的扩展为后来周王朝扩展以及秦、汉王朝领域扩大提供了前提。

结 语

初期国家的形成

读到这里，读者对商王朝这个古代王朝应当已有一个大致的了解。商王朝利用祭祀仪礼，更利用身份秩序即礼制形成了以王权为中心的宗族和氏族组成的安定的阶层构造，并建成了以贡纳体制为基础的古代国家。其背景在于新石器时代以前，以农业社会为基础的社会的组织化的逐渐进展。

在农业社会之中，社会组织的单位即农业的经营单位，这是以血缘家族为中心形成的。进入农业社会后，社会单位从原先的双系式共同体转向以父系为中心的父系家长制家庭。所谓农业社会，基本上是指位于黄河流域和长江流域，分别以粟、黍农业和稻作农业为基础的社会。

农业社会的各个区域因自然环境及地形环境不同，又可划分为多个区域文化。这些区域文化有着各自的固有特性，并在进化速度上多少存在一些时期上的前后差距，但总的说来，在历史发展的潮流之中，它们都完成了从前述共同体向着以父系家长制家庭为母胎的阶层社会的转化。并且随着以父系家长制家庭组成的氏族为母胎的首领制的出现，又出现了为使社会阶层构造趋于稳定的世袭首领制。

在率先出现父系家长制的黄河中游地区，确立了通过祖先祭祀来实现安定的社会秩序的宗教祭祀。并且作为农业祭祀的动物牺牲以及促进社会组织团结的人牲等祭祀活动也开始盛行。

而在同样属于粟、黍农业社会、具有发达的父系家长制的黄河下游地区，为了维持阶层化社会中的身份秩序，以酒器为中心的礼制开始确立，并创造了祖先祭祀之时用来象征各氏族的族徽等。

在以长江中、下游地区为中心发展形成的稻作农业社会，太阳信仰成为共同体的组织基础，同时在阶层化社会中逐渐出现了凭借太阳神的威信而确立的首领权。这些首领通过玉琮或玉璧与太阳神“对话”，因此得以在太阳神的庇护之下行使权力。正是通过行使凭借神力的神政，社会组织及生产组织才得以顺利运营。

在新石器时代终末期，在上述各自发展成形的各地农业社会之中，由于各地域之间的交流关系的扩大，不仅发生了物资交换，更出现了精神生活交流的社会阶段。这无非是通过引进其他区域的宗教祭祀这种精神生活上的社会体制，其目标在于追求更大程度的社会进化和复杂化以及各群体更大程度的统合。

而另一方面，在各地开始出现大规模的建筑物，反映出近乎古代国家的强有力王权的首领权的提高，也反映出物质文化的发达。虽然有的学者把这个阶段称之为初期国家，但我并不认为可以把这个阶段称之为古代国家。的确，国家的定义或社会进化的定义都是相对的，并非是用一套绝对的人类进化的发展规则就能够衡量。

在东亚之外，世界各地关于各自区域的初期国家形成过程的争论也十分激烈。但我认为，通过与世界的其他区域进行相互比较，根据社会进化上的要素是否具备来定义东亚的初期国家并无太大意义。若问我个人的立场，我更倾向于站在人类学的文化进化论角度来进行讨论，但在此我仍然希望能从东亚或中国大陆的特殊性当中来解明这个问题。

根据上述观点，新石器时代终末期在农业社会各区域中，虽然可以确认首领权的绝对确立，但其社会发展自此却出现了崩溃。并非超越此前的社会单位，并在此基础上确立首领权。这样的情况绝不存在。或者说虽然在区域社会内部，首领权一度曾达到可以建造大规模建筑物的水准，但维持其系统性的首领权并未能维系于同一氏族内，而只是在现象上体现出不稳定的状况。

这样的状况究竟能不能称得上初期国家阶段呢？不得不说，其状况依然停留在首领制社会阶段。

关键是新石器时代之后的阶段，即以往传统的时期划分所说的青铜器时代开始期二里头文化阶段，应该如何评价的问题。

这个阶段相当于文献史料中所说的夏王朝时期。如前所述，文献史料中所说的夏王朝，应当就是指二里头文化的政治势力。

然而即使文献史料中所说的夏王朝就是二里头文化，当时社会在历史性发展阶段上是否达到可称为初期王朝的阶段呢？关于这个问题如在第十章中所论述的那样，应当加以慎重对待。二里头文化期体现着向来区域社会在政治领域内的区域统合以及区域发展。更重要的是，这是一个把前述维持农业社会各区域的社会组织的精神基底从其他区域不断引入的阶段。

农业社会各区域各自形成的社会维持体制即宗教祭祀，实际上如果一成不变的话，随即也会成为难以维持的体制。为了社会组织更进一步的发展，必要的是，统合上述各区域的社会维持体制，逐渐形成新的社会组织的维持体制。关于这一点，二里头文化可说是获得了成功。这种维持体制可以看做是社会进化上的新阶段。并且在其发展过程中，作为礼制的引进，一是采用了已存在于当地大汶口文化的身份标志即酒器，另外还在其中加入了“乐”这种当地的阶层标志，从而形成多重性的礼制。这正可谓是商周社会的基本道德观念即“礼乐”的开端。

关于作为身份标志的酒器，通过采用青铜这种在当时社会中具有贵重价值的素材来制作，新的阶层秩序的革新得以完成。

引入上述阶层标志及礼乐的祭祀行为应当是新石器时代以来，以祖先祭祀为中心的氏族间相互确认同族同宗关系的场合。如在二里头遗址所见，其祭祀空间设置在都城内的固定场所，同时宫殿与墓葬被一体化，成为祭祀祖先神祇的场所。应当就是这种宫殿内的祖先祭祀作为一种宫廷仪礼，逐渐走向了制度化。

在此阶段，形成了上述新的社会组织的组织原理，并吸收来源于其他区域社会的维持体制，就这一点来说可看出划时代的意义。但是采用了这种社会装置的社会组织的范围并未超出此前的区域社会的范围。

夏王朝以属于河南省龙山文化的王湾三期的社会领域为基础，在此基础上虽然夏王朝有过直接统治，但除了同样被认定为二里头文化的直接统治区域之外，其他各区域的首领具有较强的独立性，可以想见是一种向夏王朝贡纳资源的近似同盟的关系。也就是说，当时夏王朝在政治上的扩张还十分有限。如果注重这一点，就可说夏王朝在政治上的社会进化还未达到确立强有力的王权的阶段。二里头社会进化上的界限即在于此。二里头文化期处于王权的形成期，我认为应将其定位为初期国家形成期或萌芽期。

正式的初期国家阶段始于商王朝的统治

而从二里岗文化到殷墟期的商王朝则可说是首先发展继承了二里头文化以来的社会维持体制，并吸收了更为广泛的区域的宗教祭祀。那就是体现于青铜彝器的礼制的确立，以及为祖先祭祀而盛行的动物牺牲及人牲。还有以王权代替神力的占卜行为和记录其结果的文字的出现。也就是说，以祭祀仪礼和礼制为基础，诞生了维持着社会秩序和群体组织的祭仪国家。这样的初期国家阶段才是超越了以往区域社会的框架，并在政治统合及领域统治上有所进展的阶段。这个阶段具备了作为国家的格局，同时也是一个具有划时代意义的时期。

如果从其领域扩张的侧面来看，商王朝的直接统治领域即畿内已把夏王朝的直接统治领域包容在其中，并远远大于后者。并且畿内外侧的二次统治领域即畿外的领域也扩大了。

商王朝在畿内的二里头文化期的政治经济据点上设置城郭，又在畿外建设了用作物资集散据点的城郭并派遣殷人管理，进行据点式的统治。

商王朝的这种资源与物资向商王集中的方式，是一种贡纳与再分配的互酬体系，即各方向商王贡纳资源与物资，作为相应的报酬，商王又把青铜彝器作为位阶标志进行再分配，就这样确立了一元集中型的贡纳体系。正是通过这个转换，商王朝的各种物资才得以集中到政治统治的领域之内，或者说以上述区域为媒介，各种物资才得以聚集到王都。

例如青铜彝器的原材料铜和铅等，根据近年来铅同位素比值分析可知，这些被集中到王都来的原材料产自多个不同的区域。除了夏王朝时期据推测出产于中条山脉及陕西省南部东龙山附近的铜矿石之外，作为原材料聚集于商王朝的可能还有产自铜绿山等长江中游地区的铜矿山的矿石，更有与三星堆的青铜器有着同样成分产自四川省南部的铜、铅矿石。

中商期以后，商王朝的统治权稍有衰退，畿外的领域日趋缩小，王都也被迫迁移。尤其是早商期建成的畿外的据点城郭被逐渐废弃。在另一方面，山东大辛庄遗址及华北北部的藁城台西等新的间接统治区域即畿外区域却有所扩大。也就是说出现了畿外区域的重新组合。

该阶段以后，尤其是在晚商期，面向畿外范围之外的周边区域的首领，商王把青铜彝器作为威信物赠与他们，或是通过提供青铜礼器的制作技术，以确保资源及物资的来源。也就是说，在统治权缩小的同时，在与保有近乎相对同等关系的周边区域的首领之间的交易中，也实现了资源的确保。

至此阶段，诞生了受到商朝青铜器文化影响的华中型青铜器、吴城文化（新干县大洋洲墓）、城固青铜器和三星堆文化。

商朝后期，在上述统治构造的变化之中，同祖同族关系被作为王权的基底进一步得到强调，在各区域拥有统治根基的各氏族及宗族不得不聚居于王都，祭祀活动中以王权为中心的组织上的纽带由此得到了保证。其结果是，在殷墟这座祭仪都市中作为族群的墓地在空间上被规定了位置。墓地空间以王墓为中心，隔着祭祀坑及宗庙等祭仪空间，以金字塔构造向周边分布，距离王墓越远，其氏族地位也越低。

正是这种序列化的墓地的位置关系使我们可以重新确认墓主在世时在氏族、宗族所处的社会地位。在王都殷墟通过祭祀及埋葬活动而进行的正是社会的再生产行为，社会因此得以维持。这是中国古代国家的特质。从以上特质来看，我们可以把商王朝定位为在东亚确立了初期国家阶段的王朝。

名为中华的思想方式

上述关于中国向初期国家发展的历史也正是以粟、黍农业社会与稻作农业社会为基底的史前社会向着统合化发展的历史。换言之，也可说是农业社会的发展史。

而文字这种在社会组织的维持上有着重要作用的社会体系的登场，正体现了社会向着有文字记载的历史时代的转换，不容置疑，迎来的是一个新的社会发展阶段。可以说，上述社会进化发生在农业社会内部，原因在于农耕这种必须要求群体组织化的劳动形态与农田的牢不可分的关系，并且这种关系被作为生活样式保持下来。在这里必须认清的一点是，上述社会进化只是在农业社会内部的社会进化。

实际上，其后中国社会一方面形成了初期国家的区域即中原，在以中原为地理上的中心的古代国家几经兴亡，以至形成了保护中华这个自我群体的思想方式。也就是说，通过尊崇和尊重自身的来历，进而重新确认自身的现在，这种国家主义式的思想方式对社会组织的再认识以及组织的扩大的确发挥了重大的作用。这与出现于近代国家的民族主义在其起源和性质上略有不同，但在某种意义上也有许多共同之处。

中华正可谓这样一种思想方式，这种思想方式诞生于商周社会后期即春秋战国时期，它形成文化可说是在战国时代。

而后这种称之为中华的思想方式在继承了战国时代思想的汉代得以完成。但这并不能直接等同于近现代的中华概念。因为近现代的中华概念的基础建立在以清朝的国家领域为背景形成的概念之上。在这个意义上我认为值得注意的是，关于中国历史，我们不能用以中原为中心的单一的发展规律和战国时代以后正式成形的中华的概念或者说是中国的概念来看待其后的中国史。与此同时，关于本书所涉及时期的历史，我们也不能单纯地把前面所述的向着初期国家发展的农业社会内部的发展规律看成是显示中国大陆或东亚历史的规律。

关于史前时代的历史变迁，农业的出现是作为一种生态适应产生的，这种生态适应发生在属于生态系统周边的区域，但农业的出现决不意味着这种适应本身的先进性。这是本书一直以来反复强调的观点。

同时，初期的农业社会的生产量远不及仅以狩猎采集就能维生的社会，或者说其生产能力很可能并不稳定。

但是，随着其后的群体组织趋向紧密的变化中所见的农业社会的发展，农业社会与狩猎采集社会终于形成了明确的平面划分。进而在农业社会的北缘地带，自新石器时代末期开始，从农业社会诞生了新的畜牧型农业社会。这种畜牧型农业社会以专门发展畜牧的生产方式，形成了游牧社会。

中国史前社会，尤其是中国新石器时代，正是以因现在的欧亚大陆可见的生态域不同而形成的生产能力的差异为背景，人类群体的差距开始出现的阶段。热带地区为狩猎采集社会，中纬度地带为农业社会，中纬度北部至高纬度地带为游牧社会，高纬度地带至北极地区为狩猎采集社会，现在的这种社会平面划分可以说是早在史前社会就已开始了。

根据其后的以物质文化的发展为背景的社会进化，或者说是位于这种社会进化的延长线上的文字记录的历史，我们时常把农业社会置于中心来解明历史，思考历史。前文所述的在中国的发展至初期国家的历程也正是发生于上述农业社会中的动向。

但我们不能忘记的是，此中还存在着热带地区以及北极地区的狩猎采集社会的历史。而且对从农业社会分化而来畜牧型农业社会以及游牧社会的历史也必须加以重视。

特别是从农业社会的北缘分化而出的游牧社会，其历史就是内陆亚洲的历史。中国的历史并不只是农业社会的历史。同时内陆亚洲的历史毫无疑问是与农业社会密切相关、互相连动的历史。从这种历史性的发展来看，以中华文明为主干的中国史观不过是着眼于一方的区域历史。对我而言，在把中国史或是东亚史全体作为论题的时候，这种历史观难免失之偏颇。

从中国通史的角度看两条文化轴

在此之前，有人一直在呼吁，有必要把包括日本列岛在内的整个东亚的历史变迁加以全面考察。并把虽处其中、属于农业社会的汉王朝等中华历史作为核心，从中心与周边对比的视点来考察东亚历史，由此把两者有机地结合起来。这类研究一直备受瞩目。但是，仅以这种中心与周边的观点来谈论东亚史究竟是否妥当呢？或者说把中国史放在以中华为核心的、中心与周边的区域间关系的角度来观望其所有方面是否妥当呢？

然而，如汉王朝以后的历史发展所示的那样，中国历史上不断重复的是来自内陆亚洲的各民族王朝南下与汉族发生融合的历史。最主要的例子，有北魏、金、元、清等。在内陆亚洲，一直存在与农业地带相异的社会群体，这些社会群体不断重复着南下融合的历史。这种动态的局面才是中国基本的历史大动脉。

即便上溯至史前时代，如前文所述，农业社会与畜牧型农业社会（游牧社会）的接触对其相互的社会进化都起到了重要的起爆剂的作用。就像美国的东方学者费正清曾在其遗著 *China: A New History*（《中国新史》）中，尤其重视中国历史进程中汉族与内陆亚洲各民族的关系一样，我们对于上溯至史前时代，对汉族与内陆亚洲各民族，也就是农业社会与畜牧型农业社会（游牧社会）的相互接触也应给予重视。

我一直以来强调的是，即便是在本书所论述的史前社会，自旧石器时代以来就存在着中国大陆的北方与南方这两条区域社会的文化轴。这两条文化轴各自的特点是，北方时常与欧亚大陆草原地带保有交流，而南方的文化轴则呈现出相当保守的状态以及缓慢的物质变化。并且在各自的文化轴的周边区域出现了农业，其主体分别是北方的粟、黍农业和南方的稻作农业。但是随着农业的发展与扩散，两类农作物逐渐融合，其融合过程可见于黄河中、下游地区。

并且这种融合不仅是在生业经济上的融合，而且在用以维持社会组织的精神基底上也实现了融合。通过这种融合，社会群体作为农业社会，其统合组织程度日趋强化，终于诞生了夏王朝及商王朝等初期国家。这一系列的过程可说就是中国大陆的南方的文化轴的发展进程。

另一方面，新石器时代后期后，在农业社会的北缘区域即长城地带，逐渐以从农业社会分离的形式，诞生了畜牧型农业社会。长城地带至内陆亚洲一带开始出现与商王朝不同的、以青铜短剑为中心的北方青铜器文化。相对于商周社会，长城地带至内陆亚洲一直以来都分布着不同的青铜器文化，应当可以用旧石器时代以来所见的两条文化轴来解释这种状况。

也就是说，商周文化是南方的文化轴，北方青铜器文化是北方的文化轴。可以说在新石器时代至商王朝时期的两条文化轴的交流之中，在南方的文化轴一方诞生了小麦、青铜器、车马等物质文化。另外，如第十章所述，完成了商王朝这个初期国家的王朝，其诞生母胎是二里头文化期的先商文化漳河型，其位置也处于农业社会与畜牧型农业社会两条文化轴的接触地带。

同样的情况也适用于灭亡了商王朝的周王朝。成立周王朝之前的周族，其据点位于周原，周族的文化样式也正好位于两条文化轴的接触地带。接触地带才是生成新的社会体系的源泉所在。

在包括史前时代在内的中国史中显现的两条文化轴自始至终都是一个重要的历史视点。我们往往动辄把眼光投向自农业社会诞生的初期王朝或初期文明，但是对于位于没有文字的内陆亚洲的文化轴的历史重要性，我们也应加以关注。上述历史潮流经过商周社会，继而在南方的轴线上相继诞生了统一的秦朝和汉王朝，在北方的轴线上诞生了匈奴游牧国家。而它们的相互接触在中国史上有着重要的意义，我想读者对此一定非常了解。

另外，从这两条文化轴来考察中国大陆的视点，在考察包括日本列岛在内的史前社会及古代历史的时候也十分重要。

东京大学的西嶋定生名誉教授一直以来对于东亚历史的观点是站在区域间关系的角度来看待东亚历史，即通过册封体制这种以中国王朝为中心，周边国家及周边首领从属于中国王朝以及与之相关的区域间关系。也就是说，用中心与周边的概念来讨论东亚的历史。但我认为，作为超越这种东亚历史观的东亚史前史和古代历史观，前述两极构造式的历史观非常重要。

附录

译注

[1] 旧石器捏造问题指2000年被公之于世的日本考古学界丑闻“旧石器捏造事件”。丑闻的中心人物藤村新一在近三十年间被奉为旧石器考古的“神之手”，为学界提供许多重大发现，使日本的旧石器历史得以上溯至70万年前。然而经由藤村发现的旧石器均为其擅自伪造。丑闻败露后，学界不得不重新改写日本旧石器时代的相关历史。

[2] 日语中“猪”指野猪，“豚”指家猪。

[3] 天水田：利用天然水源的非人工灌溉水田。

[4] 轮中，日本的一种村落形态。用堤防围绕，以防止洪水侵袭住房和耕地。兴起于江户时代的木曾川、长良川和揖斐川下游地带。

[5] 埴轮，4—7世纪前后，日本的古坟上或周围排列的一种土陶制品。形状主要有圆筒形，以及人物、动物形等。

[6] 乌冬面：一种日式切面。

[7] 殷，中译本依照中文习惯译为“商”。

[8] 殷早期、殷中期和殷后期：中译本按照中文习惯，依然使用“早商期、中商期，晚商期”的称谓。

主要人物略传

禹

传说中夏王朝的始祖。尧、舜当政时期，发生洪水，禹的父亲鲧奉命治水，却遭失败。禹继承父业，治水成功，即著名的“大禹治水”神话。春秋时代中期的青铜器“秦公簋”的铭文中已有关于禹的记述，由此可知，禹的存在早在春秋时代就已广为人知。同属春秋时代的“叔夷钟”及“叔夷镈”的铭文中也出现禹和夏王朝的记述。然而此时禹尚未被看作夏王朝的始祖。在战国时代，各诸侯为显示其正统性，才开始把禹与夏王朝的始祖联系在一起。此说得以完善成立应当是在汉朝。

汤王

消灭夏王朝最后的国君桀，成为商王朝最初的国君。

甲骨文称其为“大乙”，被证实为实际存在的君王。据记载，商汤灭夏王朝后建都于亳。今河南省偃师商城即西亳的观点较为可信。一些学者因此认为，距离偃师商城仅六公里的二里头遗址应该是夏王朝的国都斟鄩。

中丁

商王朝的第十代国君。据《史记》记载，商朝中期中丁之后，因王位继承问题发生了兄弟之争，乱世延续了九代。在此期间，商朝统治范围内的诸部落首领也停止了朝拜。随着商王朝势力的衰退，中丁把国都从亳迁至隞。学界认为，商王朝前期的国都亳即郑州商城。从该遗址可看出，迁都之时曾有动乱发生。遗址的窖藏之中，埋藏着大量青铜彝器，诸如巨大的方鼎等王室祭器。这些青铜器窖藏应为紧急避难之用，然而其后商王朝并未将之再度取出。另一方面，关于隞的位置，有学者认定是郑州郊外发现的小双桥遗址。

盘庚

商王朝的第十九代国君。据《古本竹书纪年》记载，盘庚将国都迁至殷。根据

《史记·项羽本纪》的记载以及考古学研究成果，殷位于今安阳小屯的观点已成定论。另一方面，根据考古学的年代推算，也有相当一部分学者认为，盘庚迁都的位置应该是在殷墟近旁的洹北商城。

武丁

商王朝第二十二代国君。殷的甲骨文即始于武丁的时代。从文中内容来看，可知该时期商王朝曾为镇压北方异族进行了战争。另外，甲骨文中还可见妇好为武丁之妻的内容。1976 年在殷墟发现了第五号墓，发掘出土的青铜彝器的铭文中有妇好的名字。因此断定该墓的墓主为武丁之后妇好。历史记载的实名与遗迹考古学调查达成了一致，这样的事例非常罕见。

历史关键词解说

新石器时代

十九世纪的英国学者J·卢伯克把石器时代分为旧石器时代与新石器时代。他把新石器时代的起点置于末次冰期末期，也就是更新世向全新世转换的时期。由于生存于更新世的猛犸、大角鹿等大型动物相继灭亡，生态环境与自然环境发生了巨大变化。由于这些环境变化，人类也采取了适应新环境的对策。人类对植物类食物的依赖逐渐加深，生活形态也从游牧转向定居。卢伯克还指出，新石器时代早期的物质文化也发生了改变，比如磨制石器的出现。然而该基准并非适用于全世界。在亚洲东部，人类在适应新环境的过程中，物质文化的改变应该说更体现于陶器的出现。

扩大家族

指作为家庭单位的基本家庭扩充后，形成包含数对夫妇的大家庭。复合家庭的形态之一。

半族

部族等社会群体将被分为各具机能的两个群体时，两个群体各自可称为半族。多数情况下伴随着在半族间缔结婚姻关系的外婚制。

双分制

指在社会生活的各领域，分别形成关系互补的两个群体或两个范畴。半族群体可称为双分组织的典型例子。另外，也指根据男女、左右、东西这类象征性的二元概念，将人所在的世界一分为二，使之形成两相对立的组织形态。

威信物体制

把物质文化中具有特殊性的某物作为媒介以维持社会阶层关系的社会体制。起初多把地域间的交换物看作社会群体内的特殊物。并以此来保证管理该物的首领的社会地位。后来，这类特殊物品即威信物成为社会地位的标志物，转而由首领集中管理。而后，管理威信物的首领不但将之赐予下属，同时也分配给隶属自己的其他群体首领，因此形成较为稳固的政治关系，使政治阶层构造更趋稳定。在二里头文化以及殷文化中，青铜彝器、玉器等即相当于此。

首领制社会

通常以世袭决定首领。首领掌握最高的政治权力，同时臣民以进贡的形式将生产资料集中交由首领管理，首领再将之再分配给众人。人类学的文化进化论学派依据 E. R. 塞维斯的学说，将社会进化过程分为四个阶段：血缘家族社会、部族社会、首领制社会和初级国家社会。首领制社会是平等的部族社会与初期国家之间的中间发展阶段。

初期国家

指古代国家的初期形态。据 E. R. 塞维斯所下定义，初期国家拥有以王为权利至高点的贵族、平民、奴隶的阶层制度，并有维持王权的官僚组织或祭祀者，或已确立根据供奉制度而生的税制。已有都城或宫殿，人口规模在两万人以上。这个定义并非适用于所有地域的初期国家。为了确认各地的发展阶段，解明初期国家阶段在该区域内具体属于哪个历史阶段非常重要。

放射性碳素断代

大气中的氮因放射线的影响，会变化为不安定的同位素碳十四。碳十四每隔 5730±40 年减少为原有量的一半（其半衰期当时被认定为 5568±30 年）。这是 1947 年美国芝加哥大学的 W. F. 利比发现的。利用该理论，通过测定木炭等有机物的放射性碳十四的减半率，便可测知其生成年代。生物一旦死亡便停止呼吸，其碳十四的量就只能按衰变规律减少。因此只需测出其中碳十四减少的程度，便可推算其死亡年代。在考古学领域，大多通过文化层内的木炭及碳化种子的年代，借以断定该文化层的年代。

树木年轮校正

根据放射性碳素年代来测定年代的先决条件是：大气中的放射性碳十四总是保持着某个定量。然而这个条件并不完全成立。近年来，根据树木的年轮来测定绝对年代的树木年轮年代学日渐发展，可知同一资料的树木年轮年代和放射性碳素年代的测定存在着相当的误差。树木年轮校正即根据这个误差值来校正放射性碳素年代的测定结果，以求更接近实际年代。

AMS

加速器分析装置。使用该装置，即便只有微量的碳素也可在高精度的状态下进行测定。过去无法测定的微小碳化种子等也因此得以进行年代测定。近来的年代测定已普遍采用该装置。

周口店遗址

由 J. G. 安特生于 1918 年发现的遗址。北京西南周口店第十三地点、第一地点、第十五地点为前期旧石器文化层，山顶洞为后期旧石器文化层。从处于下部更新世层的第一地点出土了举世闻名的北京猿人化石。第二次世界大战前，D·步达生等学者考察后，北京人的头骨化石神秘消失。二战后，裴文中等学者在考察中再次发现了猿人化石。但是关于猿人使用火的痕迹，疑为火灾等其他原因所致。

裴李岗遗址

位于河南省新郑市。为公元前六千年左右的墓地遗址，尚未发现聚落遗址。女性墓中的随葬品有磨盘、磨棒等用于加工粟黍的用具。男性墓中，有用于农耕的石铲和用于收获的石镰，可见因性别而异的丧葬习俗。裴李岗遗址证明了新石器时代前期的粟黍农耕社会的存在，因而成为裴李岗文化的标志性遗址。

仰韶遗址

由 J. G. 安特生于 1921 年发现。位于河南省渑池县。是以彩陶器形成的彩陶文化的标志性遗址。安特生认为，彩陶起源于西亚，经中亚阿诺文化的流布，将彩陶传至中国。他因此十分重视位于中间地点的甘肃彩陶。然而现在甘肃彩陶被认为是仰韶文化影响之下的产物。中国的彩陶起源于中国，这是现今中国考古学界的共识。

姜寨遗址

位于陕西省临潼县。仰韶文化的聚落遗址。文化堆积以半坡类型到史家类型为中心。遗址于 1972—1979 年得到全面发掘，由此可知遗址大致分为两个时期。姜寨一期包括有壕沟环绕的聚落及其周围的墓群。聚落及周围墓地得到充分考察的事例在中国尚不多见。1954—1957 年发掘的陕西省西安市半坡遗址也属同时期的聚落遗址，虽然该遗址大部分经过考察，但是像姜寨遗址这样包括墓地在内的聚落整体情况得以解明的案例则更有意义。姜寨二期聚落消失，取而代之的是经改葬的群体合葬墓的墓地。

大汶口遗址

位于山东泰安。是代表黄河下游的新石器时代中期文化的大汶口文化的标志性遗址。1959 年，大汶口文化中后期墓地得到发掘，大汶口文化社会的特征得以解明。随葬品中的彩陶、白陶、黑陶尤其具有艺术价值。1974 年和 1978 年，又对位于大汶口遗址以北的大汶口前期以及更早期的北辛文化期墓地进行了考察，很可能有聚落存在的遗址中心地点现今流淌着大汶河，其详情不明。

城子崖遗址

位于山东济南章丘龙山镇。与仰韶文化的彩陶文化相对，这里的文化以黑陶为特征，因地名被命名为龙山文化。1930 年，以中研院历史语言研究所的吴金鼎等学者为核心，在此进行了发掘考察，发现了城垣等遗迹。当时未能将其认定为龙山时期的城址。1975 年，在河南省登封市的王城岗遗址发现了龙山文化期的城址之后，又对城子崖遗址进行了再调查，此地才被正式确认为山东龙山文化期的城址。

朱封遗址

位于山东省临朐县的山东龙山文化期大型墓葬。其中 1986 年发掘考察的一号墓，其墓圹东西长 4.4 米，南北宽 2.5 米，深 1.8 米，内部建有木椁结构的墓室。木椁分两层，木棺安置于内层。与木棺一同安置于木椁内的还有大量被称之为边箱和脚箱的大量黑陶及其他陶质的随葬品。另外，在 202 号墓中，从木棺内墓主的头部发现了玉簪。由木椁和木棺构成的墓室与后来商周时代的贵族墓及王墓的基本墓室构造相同，很可能是其早期的形态，因此备受瞩目。

河姆渡遗址

位于浙江省余姚市。在 1973 年至 1974 年的调查中，发现了大量稻壳、稻梗及稻叶。证明早在公元前五千年此地已有稳定的稻作农耕。另外，其“干栏”式建筑遗迹以及位于沼泽地附近的聚落构造相异于别处，因此备受瞩目。从该处的低湿地遗址还出土了水稻以外的多种植物遗体及动物骨骼，为复原当时的古环境提供了有力的线索。另外，该处出土的漆器和玦装耳饰用作与日本绳文文化的对比也具有启发性意义。

良渚遗址群

位于浙江省余杭市良渚镇。是良渚文化的标志性遗址。1936 年，浙江省西湖博物馆的施昕更在良渚镇进行了试掘考察，并断定这里属于黑陶文化的遗址。良渚文化的遗址群分布于良渚镇以及相邻的瓶窑镇、安溪镇，各遗址形成功能性的组合。这些遗址总称为良渚遗址群。以莫角山遗址的巨型祭坛遗迹为中心，周围分布有反山土墩墓、汇观山土墩墓、瑶山土墩墓等。其周边又广泛分布着玉器作坊等聚落遗址。另外，遗址群北部还存在着估计是用于防御洪水的土垒。从反山土墩墓等各土墩墓中，还出土了玉琮、玉璧、玉钺等大量玉器随葬品。

石家河遗址

位于湖北省天门市。建成于屈家岭文化期的城市遗址。城址规模巨大，南北长 1100 米，东西宽 1000 米，是长江中游最大的新石器时代城址遗迹。遗址由邓家湾遗址、谭家岭遗址和三房湾遗址等多处遗址构成，石家河遗址为其总称。继屈家岭文化之后出现的石家河文化即得名于此。石家河文化中出现瓮棺葬这一特殊的成人墓葬形式。瓮棺墓内的随葬品有鹰形玉笄等以人物像和动物像为特征的玉器。这些使石家河文化独具特色的玉器超越了石家河文化的领域，也见于陕西省北部的石峁遗址以及二里头遗址等。

陶寺遗址

位于山西省襄汾县。为公元前 2600 年至公元前 2000 年河南龙山文化期的大规模城市遗址。墓地群首先被发现，尤其引人注目的是，其中的首领墓葬内随葬有石磬、鼍鼓以及漆器等，表明该墓葬已有明确的阶层化。其后又在墓地周围发现了巨大的城墙遗址，可知城址内聚落与墓地已有明确规划。从墓地还可看出首领及其下属贵族阶层的存在。居住区内上流阶层与平民阶层的居住区划也有明确区分。另外，还发现了手工作坊的存在。城址在小城基础上经扩建形成了大规模城市。规模最大时南北长 1500 米，东西宽 1800 米，在新石器时代的遗址中属最大规模。在城址规模尚小的阶段，墓地位于城外，发展至大规模后，墓地被规划在城内南部，同时还设有观测天文的观象台。该城址在河南龙山文化中期受到暴力破坏，导致城址衰退。

二里头遗址

位于河南省偃师市西南约九公里的二里头村。因处于河南龙山文化与殷商文化的过渡期而备受瞩目。二里头文化因之得名。属于考古学文化的二里头文化是否相当于文献中记载的夏王朝？学界就其可能性开展了热烈的争论。二里头文化三期的一号宫殿遗址内以及从墓葬中出土的爵、斝等青铜礼器的存在大大提高了二里头文化相当于初期王朝期的可能性。目前在位于一号、二号宫殿下方的二里头文化二期的地层，又发现了宫殿遗址，并且还发现了围绕一号、二号宫殿的城垣和道路区划。因此可推测其作为宫城的功能。其都市构造也逐渐得以解明。

二里岗遗址

位于河南省郑州市内。1953 年得到发掘考察。考察可知其文化内容与殷墟遗址属同一系统，但时期更早，因此被命名为二里岗文化。其后在郑州市内人民公园遗址的考察中，又发现该文化与殷墟期虽属同一系统，属于殷商文化，但在时期上更早，是一个重要的文化期。二里岗文化的层位被划分为二里岗下层与二里岗上层两个时期。进而又各细分为二。其中二里岗上层后半期以郑州白家庄遗址为标志，有学者认为应该将其独立划分为白家庄期。也有学者把二里岗下层至二里岗上层前半期划分为商代前期，把白家庄期以后看作商代前期。

偃师商城

位于河南省偃师县。是属于二里岗下层期至二里岗上层前半期的城址。为商代前期的城郭遗址。距离二里头遗址仅六公里，学界就其性质展开了各种讨论。偃师商城也可见小规模城址向大规模城址的扩大过程，整个遗址分为大城和小城部分。小城的建设时期尚无定论，较有力的观点认为，其时期可上溯到二里头文化四期后半阶段。许多学者据此观点认为，偃师商城即商汤建立的都城亳。总之，二里头遗址与偃师商城遗址的文化内容存在着相当的差异，其差异性往往被解释为与商王朝和夏王朝的兴亡有关。

郑州商城

位于河南省郑州市。殷商前期的都城。兴盛于二里岗下层期至二里岗上层前半期。是处于二里岗文化核心的都城，极可能是殷商的国都。城垣规模巨大，东南两垣长 1700 米，西垣长 1870 米，北垣长 1690 米。城内东北部为宫殿区域。后又发现城外还有外城环绕。在内城北侧和南侧分别发现了制铜的手工业作坊遗址。另外在内城外侧，还分散有制骨和制陶的手工业作坊遗址。可见其都市机能已十分明显。在内城外侧还发现了三处埋藏青铜彝器的遗迹。从中出土了巨大方鼎等大量青铜彝器。学界认为这是伴随城址的衰退而建的埋藏遗迹。

盘龙城

位于湖北省武汉市黄陂区。是与郑州商城大致同期的城市遗址。城郭呈方形，城垣南北长 290 米，东西长 260 米。城内有大型宫殿基址。城外有普通居民的生活遗迹以及手工作坊遗址。还有分布于各处的墓地。墓葬内的随葬品有二里岗文化期的青铜彝器。学界认为盘龙城是商王朝统治南方地区的据点城市，也是汇集南方物资的集散地，在国都的资源供给上处于关键地位。殷人极有可能被派遣至该地。使用的陶器与商文化相同。

小双桥遗址

位于郑州市西北二十公里处的石佛乡小双桥村的城市遗址。遗址南北长约 1800 米，东西宽约 800 米，面积约 144 万平方米。有直径达五米的大规模殉葬坑，殉葬着牛、象、鹿、狗、猪等。除动物殉葬坑以外，也有人牲殉葬坑等大量祭祀遗址。祭祀遗址见于建筑基坛附近，祭祀遗址内还发现了青铜器铸造遗址。除此之外，还发现了窖穴、土坑以及焚火的痕迹。年代相当于商中期的郑州白家庄期。这里还出土了大规模的版筑基坛和用于宫殿建筑的青铜部件等，有学者因此认为这里有可能是中商期的都城，即中丁迁都后的隞。也有的学者指出，这里很可能是郑州商城的副都。还发现了刻有红色文字的大口尊，作为先于甲骨文的文字而备受瞩目。

洹北商城

位于殷墟北侧的城市遗址。1999 年才被发现。东西城垣长约 2200 米，南北城垣长约 2100 米，城址大致呈正方形。在城址中央发现了宫殿基址。另外，在城内的花园庄遗址还发现了属于殷墟文化第一期的青铜彝器。从年代上来看，许多学者认定这里即盘庚迁都后的殷。更有的学者将这个时期命名为花园庄期。另外，还有的学者认为这里是第十二代河亶甲迁都后的相。

殷墟

位于河南省安阳市小屯。1899 年这里被确认是甲骨文的出土地。学者们认为这里就是商王朝最后的国都殷，并把这里称作殷墟。洹河沿岸的宗庙区、王陵区以及王陵前方有大量祭祀坑。另外贵族墓葬以宗庙区为中心分布。并有制作青铜的手工作坊遗迹。是武丁之后正式的国都，存在大量具有明显祭祀功用的遗存。

三星堆遗址

位于四川省成都市。因 1986 年发现的两个祭祀坑受到世界瞩目。遗址的时期从龙山文化期的宝墩文化期开始，但真正的开始应该是在二里头并行期。在商文化并行期内筑有东西长 1600—2100 米、南北长 2000 米的城墙。城内中央偏南侧发现两处祭祀坑（一号坑和二号坑），从中出土了大量青铜器、象牙和玉器。这些青铜器极为特殊，有眼部异常突出的人像和面具，以及巨大的神树等。这是一种与商文化的青铜器截然不同的青铜器文化，因此备受瞩目。关于青铜器的埋藏时期，有诸多看法，其中较妥当的观点认为应是从商朝末期至西周初期。该遗址的终结以及埋藏时期被认为与商王朝的灭亡有着某种关系。但是，被埋藏的青铜器及玉器的主要制作年代应该是：一号坑为殷墟文化一期（盘庚—武丁期），二号坑为殷墟文化二期（武丁—祖甲期）。

参考文献

前言

（1） 张光直 / 小南一郎、间濑收芳译《中国青銅時代》，平凡社，1989 年

（2） 苏秉琦 / 张明声译《新探　中国文明の起源 / 新探 中国文明的起源》，言丛社，2004 年

第一章

（3） 袁珂 / 铃木博译《中国神話の伝説 / 中国神话传说〔上、下〕》，青土社，1993 年

（4） 佐藤长《中國古代史論考 / 中国古代史论考》，朋友书店，2000 年

（5） 陆思贤 / 冈田阳一译《中国の神話考古 / 中国的神话考古》，言丛社，2001 年

（6） 林巳奈夫《中国古代の神がみ / 中国古代诸神》吉川弘文馆，2002 年

（7） 松丸道雄《殷》《世界歷史大系 中国史 1　先史~後漢　》，山川出版社，2003 年

第二章

（8） 宫本一夫《欧米における近年の中国考古学研究と日本における中国考古学研究 / 欧美近年的中国考古学研究与日本的中国考古学研究》《日本中国考古学会会报》第 9 号，日本中国考古学会，1999 年

（9） 饭岛武次《中国考古学概論》，同成社，2003 年

第三章

（10） 百々幸雄编《モンゴロイドの地球［3］日本人のなりたち / 蒙古人种的地球［3］日本人的形成》，东京大学出版会，1995 年

（11） 王幼平《更新世环境与中国南方旧石器文化发展》，北京大学出版社，1997 年

（12） 严文明《史前考古论集》，科学出版社，1998 年

（13）李天元主编《郧县人》，湖北科学技术出版社，2001 年
（14）宫本一夫《農耕起源理論と中国における稲作農耕の開始 / 农耕起源理论与中国稻作农耕的开始》，《日本中国考古学会会报》第 10 号，日本中国考古学会，2000 年
（15）加藤真二《中国北部の旧石器文化》，同成社，2000 年
（16）甲元真之《中国新石器時代の生業と文化 / 中国新石器时代的生业与文化》，中国书店，2001 年

◆ 就中国新石器时代的生业的地区差异，依据动植物遗存体的集成进行了实证性论述。并从考古学的观点对其社会性差异进行了探讨。

（17）佐藤洋一郎《稲の日本史 / 水稻的日本史》，角川书店，2002 年
（18）中村慎一《稲の考古学 / 水稻的考古学》，同成社，2002 年

第四章

（19）任美锷编著 / 阿部治平、驹井正一译《中国的自然地理》，东京大学出版会，1986 年

第五章

（20）杜金鹏《试论大汶口文化颍水类型》，《考古》1992 年第 2 期，考古杂志社，1992 年
（21）宫本一夫《華北新石器時代の墓制上にみられる集団構造 / 从华北新石器时代的墓制看其群体构造（一）》，《史渊》第 132 辑，九州大学文学部，1995 年
（22）今村佳子《中国新石器時代の社会構造——渭水流域を中心として——/ 中国新石器时代的社会构造——以渭水流域为中心——》，《古代学研究》第 136 号，古代学研究会，1996 年
（23）袁广阔《阎村类型研究》，《考古学报》1996 年第 3 期，科学出版社，1996 年
（24）栾丰实《海岱地区考古研究》，山东大学出版社，1997 年

◆ 从考古学的角度，对新石器时代山东地区的文化及社会变迁进行了系统性的归纳。

（25）宫本一夫《長江中・下流域の新石器時代研究 / 长江中、下游流域的新石器时代研究》，《日本中国考古学会会报》第 7 号，日本中国考古学会，1997 年

（26）今井晃树《良渚文化の地域間関係 / 良渚文化的区域间关系》《日本中日考古学会会报》第 7 号，日本中国考古学会，1998 年
（27）今村佳子《中国新石器時代の土器棺葬 / 中国新石器时代的陶器棺葬》，《古代学研究》第 144 号，古代学研究会，1998 年
（28）宫本一夫《中原と辺境の形成——黄河流域と東アジアの農耕文化——/ 中原与边境的形成——黄河流域与东亚的农耕文化》，《现代的考古学 3 粮食生产社会的考古学》，朝仓书店，1999 年
（29）赵辉《长江中游地区新石器时代墓地研究》，《考古学研究（四）》，科学出版社，2000 年
（30）中村慎一《玉の王権——良渚文化期の社会構造——/ 玉的王权——良渚文化期的社会构造》，《古代王権の誕生 I 東アジア編 / 古代王权的诞生 I 东亚篇》，角川书店，2003 年

第六章

（31）秋山进午编著《日中共同研究報告　東北アジアの考古学研究 / 日中共同研究报告　东北亚的考古学研究》，同朋舍出版，1995 年

◆ 根据在辽宁省进行的战后首次日中联合考察的成果写成的考察报告及论证，从中可了解辽西、辽东的新石器时代以及青铜器时代的特征。

（32）大贯静夫《東北アジアの考古学 / 东北亚的考古学》，同成社，1998 年

◆ 总结了从中国东北部到远东的旧石器时代至青铜器时代的地域特征以及时期性文化样式的变迁，并从考古学的角度总结了在相关地区在各个历史时代的特征。

（33）杨式挺《岭南文物考古论集》，广东省地图出版社，1998 年
（34）秋山进午《東北アジア民族文化研究 / 东北亚民族文化研究》，同朋舍出版，2000 年
（35）成都市文物考古研究所、四川大学历史系考古教研室、早稻田大学长江流域文化研究所《宝墩遗址》，2000 年
（36）郭大顺《从“唯玉为礼”到“以玉比德”——再谈红山文化的“唯玉以葬”》，《玉魂国魄》，北京燕山出版社，2002 年
（37）宫本一夫《朝鮮半島新石器時代の農耕化と縄文農耕 / 朝鲜半岛新石器时代的农耕化与绳文农耕》，《古代文化》第 55 卷第 7 号，古代学协会，2003 年

第七章

（38）横田祯昭《中国古代の東西文化交流 / 中国古代的东西文化交流》，雄山阁，1983 年

（39）严文明《论中国的铜石并用时代》，《史前研究》1984 年第 1 期，西安半坡博物馆，1984 年

（40）宫本一夫《中国古代北彊史の考古学研究 / 中国古代北疆史的考古学研究》，中国书店，2000 年

◆ 实证解明了从农耕社会分离的畜牧型农耕社会的成立过程。并针对以农耕社会为基础的商周社会的成立，从考古学的角度，解明中国北方青铜器文化从畜牧型农耕社会开始形成发展的过程。另外，在论述周王朝的一员燕国与相邻的塞外地区的关系的同时，探讨了燕国统治区域的发展过程。

（41）田广金、秋山进午主编《岱海考古（二）——中日岱海地区考察研究报告集》，科学出版社，2001 年

（42）佐野和美《中国における初現期の銅器・青銅器 / 中国的初现期的铜器和青铜器》，《中国考古学》第 4 号，日本中国考古学会，2004 年

第八章

（43）张光直《中国相互作用圈与文明的形成》，《庆祝苏秉琦考古五十五周年。论文集》，文物出版社，1989 年

（44）林巳奈夫《中国古玉の研究 / 中国古玉的研究》，吉川弘文馆，1991 年

（45）西谷大《大汶口文化の廟底溝類型系彩陶 / 大汶口文化的庙底沟类型系彩陶》，《国立历史民俗博物馆研究报告》第 35 集，国立历史民俗博物馆，1991 年

（46）宫本一夫《新石器時代の城址遺跡と中国の都市国家 / 新石器时代的城址遗迹与中国的都市国家》，《日本中国考古学会会报》第 3 号，日本中国考古学会，1993 年

（47）冈村秀典《中国新石器時代の戦争 / 中国新石器时代的战争》，《古代文化谈丛》第 30 集（下），九州古文化研究会，1993 年

（48）浅川滋男《住まいの民族建築学——江南漢族と華南少数民族の住居論 / 住房的民族建筑学——江南汉族与华南少数民族的住居论》，建筑资料研究社，1994 年

◆ 就中国南部地区的住房构造以及居住样式的地区差别，根据现行民族调查进行了论述，也提及一部分史前时代的住房构造的地区差异。

（49）Lin Liu 1996 Settlement Patterns, Chiefdom Variability, and the Development of Early States in North China. In *Journal of Anthropological Archaeology* 15,237–288.
（50）李伯谦《中国青铜文化结构体系研究》，科学出版社，1998 年
（51）林巳奈夫《中国古玉総説 / 中国古玉器总说》，吉川弘文馆，1999 年
◆ 就玉器的制作技法、文献中所见玉器的名称比较以及新石器时代到商周时代的玉器变迁进行了论述。
（52）冈村秀典《龍山文化後期における玉器のひろがり——陕北出土玉器を中心に——/ 龙山文化后期的玉器的普及——以陕北出土的玉器为中心》，《史林》第 82 卷 2 号，史学研究会，1999 年
（53）中村慎一编《東アジアに囲壁・環壕集落 / 东亚的围壁、环壕集落》，考古资料集 25，金泽大学文学部考古学研究室，2001 年
（54）林巳奈夫《古玉雑考 / 古玉杂考》，《泉屋博古馆纪要》第十九卷，泉屋博古馆，2003 年
（55）滨名弘二《武器形遺物副葬墓の再検討——有孔石斧副葬の意義 / 武器形遗物随葬墓的再探讨——有孔石斧随葬的意义》，《中国考古学》第 3 号，日本中国考古学会，2003 年
（56）何驽《陶寺遗址扁壶朱书“文字”新探》，《中国文物报》2003 年 11 月 28 日

第九章

（57）甲元真之《魚と再生——中国先史時代の葬送観念——/ 鱼与再生——中国先史时代的葬送观念——》，《国立历史民俗博物馆研究报告》第 68 集，国立历史民俗博物馆，1996 年
（58）甲元真之、今村佳子《東アジア出土先史時代土偶・石偶集成 / 东亚出土的先史时代土偶、石偶集成》，《環東中国海沿岸地域の先史文化 / 环东中国海沿岸地域的先史文化》，熊本大学文学部考古学研究室，1998 年
（59）黄展岳 / 余都木章监译、佐藤三千夫译《中国古代の殉葬習俗——“人間犠牲”の研究——/ 中国古代的殉葬习俗——“人牲、人殉”的研究——》，第一书房，2000 年
（60）冈村秀典《中国古代における墓の動物供犠 / 中国古代墓葬的动物牺牲》，《东方学报》第 74 册，京都大学人文科学研究所，2002 年
（61）今村佳子《中国新石器時代の偶像・動物像 / 中国新石器时代的偶像和动物

像》,《中国考古学》第 2 号，日本中国考古学会，2002 年
(62) 林巳奈夫《神と獣の紋様学　中国古代の神がみ / 神与兽的纹样学　中国古代诸神》，吉川弘文馆，2004 年
(63) 今村佳子《中国新石器時代におくる占卜の起源と展開についての一考察 / 关于中国新石器时代的占卜起源与发展的一项考察》,《東アジアにおける新石器文化と日本 I / 东亚的新石器文化与日本 I》国学院大学 21 C E O 第一组考古学班，2004 年

第十章

(64) 岛邦男《殷墟卜辞研究》，中国学研究会，1958 年
(65) *Kwang-Chih Chang 1980 Shang Civilization.* Yale University Press, New Haven and London.
(66) 贝冢茂树编《古代殷帝国》，みすず書房（新装版），1984 年

◆ 从商王朝的发现史话、甲骨文学的历史以及甲骨文等文字史料总结了商王朝的制度、生业、统治构造等，同时解说了以殷墟为中心的考古学成果。

(67) 林巳奈夫《殷周時代青銅器の研究——殷周青銅器総覧 1 / 商周时代青铜器的研究——殷周青铜器总览 1》吉川弘文馆，1984 年

◆ 以商周时代的青铜彝器的种类名称比较为始，从形式学的角度详细论述了各种青铜彝器的编年系统。通过该书可以了解商周青铜彝器的基本年代观。

(68) 饭岛武次《夏殷文化の考古学研究 / 夏商文化的考古学研究》，山川出版社，1985 年

◆ 就二里头文化的考古学资料作了个别详尽的探讨。并将之总结归纳后，把夏王朝、商王朝的文献记录与考古学的解释进行了相互对应的论述。

(69) 浅原达郎《蜀兵探原——二里岡インパクトと周・蜀・楚——/ 蜀兵探原——二里冈冲击与周、蜀、楚——》,《古史春秋》第 2 号，朋友书店，1985 年
(70) 张芝荃《略论新砦期二里头文化》,《中国考古学会第四次年会论文集》，文物出版社，1985 年
(71) 俞伟超《先秦两汉考古学论集》，文物出版社，1985 年
(72) 林巳奈夫《殷周時代青銅器紋様の研究——殷周青銅器総覧 2 / 商周时代青铜器纹样的研究——商周其铜器综览 2》，吉川弘文馆，1986 年
(73) 徐朝龙、NHK 取材班《謎の古代王国　三星堆遺跡は何を物語るか / 古代王国之谜 三星堆遗址讲述的故事》，日本放送出版协会，1993 年

◆ 从考古学和文献史学两个方面对三星堆遗址的性质进行了明易的解说。
（74）张立东《论辉卫文化》,《考古学集刊》10 集，地质出版社，1996 年
（75）平势隆郎《中国古代紀年。の研究——天文と暦の検討から——/ 中国古代纪年的研究——从天文与历法说起——》，汲古书院，1996 年
（76）韩建业《殷墟西区墓地分析》,《考古》1997 年第 1 期，考古杂志社，1997 年
（77）大贯静夫《〈中国文物地図集・河南分冊〉を読む——嵩山をめぐる遺跡群の動態——/ 读〈中国文物地图集・河南分册〉——嵩山周边遗址群的动态——》，同成社，1997 年
（78）邹衡《夏商周考古学论文集》续集，科学出版社，1998 年
（79）徐朝龙《三星堆　中国古代文明の謎——史実としての「山海経」/ 三星堆 中国古代文明之谜——作为史实的〈山海经〉》，大修馆书店，1998 年
（80）徐朝龙《長江文明の発見——中国古代の謎に迫る / 长江文明的发现——揭开中国古代之谜》，角川书店，1998 年
（81）冈村秀典《農耕社会と文明の形成 / 农耕社会与文明的形成》,《岩波講・世界歷史》3《中華の形成と東方世界—— 2 世紀》/《岩波讲座・世界历史》3《中华的形成与东方世界——2 世纪》，岩波书店，1998 年
（82）秦小丽《二里頭文化の地域間交流——山西省西南部の土器動態を中心に——/ 二里头文化的地区间文化交流——以山西省西南部的陶器动态为中心——》,《古代文化》第 50 卷第 10 号，古代学协会，1998 年
（83）难波纯子《華中型青銅彝器の発達 / 华中型青铜彝器的发达》,《日本中国考古学会会报》第 8 号，日本中国考古学会，1998 年
（84）唐际根、难波纯子《中商文化の認識とその意義 / 中商文化的认识及其意义》,《考古学杂志》第 84 卷第 4 号，日本考古学会，1999 年
（85）张光直 / 小南一郎、间濑收芳译《中国古代文明の形成 / 中国古代文明的形成》,《中国青銅時代》第二集，平凡社，2000 年
（86）冈村秀典编《中国古代都市の形成 / 中国古代都市的形成》，京都大学人文科学研究所，2000 年
（87）董琦《虞夏时期的中原》，科学出版社，2000 年
◆ 关于河南龙山文化向二里头文化转换的过程，从小区域陶器样式分布圈的认识开始，进而将分布圈按时间轴进行统合，解明了二里头文化成型的过程。
（88）小川诚《中国古代王朝成立期の考古学的研究 / 中国古代王朝成立期的考古学研究》，鹿岛出版会，2000 年

◆ 在商文化的成立过程中，特别注重名为“鬲”的陶器种类。从龙山文化到二里头文化、二里岗文化变迁的过程中，随着文化自北向南的南下现象，鬲逐渐成形。

(89) 孙华《四川盆地的青铜时代》，科学出版社，2000 年

(90) 仇士华、蔡莲珍《夏商周断代工程中的碳十四年代框架》,《考古》2001 年第 1 期，考古杂志社，2001 年

(91) 秦小丽《二里头文化与先商文化的土器样式》,《古代文化》，第 53 卷第 3 号，古代学协会，2001 年

(92) 松丸道雄《殷周春秋史総説 / 商周春秋史总说》,《殷周秦漢時代史の基本問題 / 商周秦汉时代史的基本问题》，汲古书院，2001 年

(93) 平势隆郎《よみがえる文字と呪術の帝国 / 复活的文字与咒术的帝国》，中公新书，2001 年

(94) 平尾良光编《古代東アジア青銅の流通 / 古代东亚青铜的流通》，鹤山堂，2001 年

(95) 冈村秀典《殷周時代の動物供犠 / 商周时代的动物供牲》,《中国の礼制と礼学 / 中国的礼制和礼学》，朋友书店，2001 年

(96) 冈村秀典《王墓の成立とその祭祀 / 王墓的成立及其祭祀》,《古代王権の誕生 I 東アジア編 / 古代王权的诞生 I 东亚篇》，角川书店，2003 年

(97) 冈村秀典《夏王朝——王権誕生の考古学 / 夏王朝——王权诞生的考古学》讲谈社，2003 年

◆ 首先通过后世的文献及铭文等文字资料探讨了夏王朝的存在，进而根据二里头遗址等发掘考察的成果，从考古学的角度论证了夏王朝的存在。

(98) Li Liu and Xingcan Chen 2003,*State Formation in Early China*, Duckworth,London.

◆ 从遗址规模及立地条件论述了二里头文化及二里岗文化的社会变迁，同时解明两种文化各自的社会制度。就夏王朝和商王朝进行了考古学的探讨，着重再现了周边地区贡纳王权所需资源的体制及其交通体系。

(99) 西江清高《先史時代から初期王朝時代 / 先史时代到初期王朝时代》《世界歴史大系・中国史 1——先史~後漢 / 世界历史大系・中国史 1——先史~东汉》，山川出版社，2003 年

(100) 杜金鹏《偃师商城初探》，中国社会科学出版社，2003 年

(101) 中国社会科学院考古研究所《中国考古学・夏商卷》，中国社会科学出版社，2003 年

◆ 根据最新的考古学成果和证据，对夏王朝到商王朝的时代进行了考古学角度的历史复原。

（102） 德留大辅《二里頭文化二里頭類型の地域間交流——初期王朝形成過程の諸問題から / 二里头文化二里头类型的地域间交流——从初期王朝形成过程的诸问题说起》,《中国考古学》第 4 号，日本中国考古学会，2004 年

结语

（103） J.K. 费正清 / 大谷敏夫、太田秀夫译《中国の歴史——古代から現代まで / 中国新史》，ミネルヴァ書房，1996 年

（104） 李成市《東アジア文化圏の形成 / 东亚文化圈的形成》，山川出版社，2000 年

（105） 宫本一夫编《遊牧民と農耕民の文化接触による中国文明形成過程の研究 / 由游牧民与农耕民的文化接触而生的中国文明形成过程的研究》，九州大学文学部考古学研究室，2000 年

综合参考

（106） Kwang-chih Chang 1986, *The Archaeology of Ancient China*. fourth edition, Yale University Press, New Haven and London.

◆ 概论中国旧石器时代、新石器时代、二里头文化与二里岗文化阶段。也简明地归纳了中国初期王朝的成立过程。本书为第四版，日译本所据版本为第三版（量博满译《从考古学看中国古代》，雄山阁，1980 年）。

（107） 饭岛武次《中国新石器文化研究 / 中国新石器文化研究》，山川出版社，1991 年

◆ 按地区划分了中国的新石器时代，进而论述了农耕的起源、新石器时的青铜器，以及关于新石器时代向二里头文化变迁等，新石器时代研究中的诸多课题。

（108） 张光直 / 伊藤清司、森雅子、市瀬智纪译《古代中国社会——美術・神話・祭祀——/ 古代中国社会——美术、神化、祭祀——》，东方书店，1994 年

（109） 林巳奈夫《中国文明の誕生 / 中国文明的诞生》，吉川弘文馆，1995 年

◆ 按地域概述了中国新石器文化，并就其后的二里头文化、二里岗文化、殷墟文化的特征进行了简明易懂的解说。

（110） 小泽正人、谷丰信、西江清高《中国の考古学 / 中国的考古学》，同成社，1999 年

◆ 从考古学的角度概述中国旧石器时代至秦汉的历史，根据最新的考古学考察研究成果，做了简明概括。

（111）杉本宪司《中国の古代都市文明 / 中国古代都市文明》，思文阁出版，2002 年

历史年表

时代	区分	公元	中国	日本	西亚·欧洲
旧石器时代	前期	150万年前			见于乌贝蒂亚遗址的人类开始向欧亚大陆扩散
		80万年前	陕西省蓝田猿人及湖北郧县人出现		
		50万—40万年前	北京猿人		阿布维利文化
		28万年前	辽宁省金牛山人出现 山西省丁村遗址		阿舍利文化
	中期	10万年前	山西省许家窑遗址 贵州省观音洞遗址		莫斯特文化
	后期	4万年前	宁夏水洞沟遗址 山西省下川遗址	刀型石器文化 细石叶文化	奥瑞纳文化 梭鲁特文化
新石器时代	早期	B.C.13000年左右	中国各地陶器出现 （新石器时代开始）	陶器、打制石镞出现 （绳文时代开始）	纳吐夫文化
		B.C.8000年左右	长江中下游流域开始栽培野生稻 大约同一时期，华北也开始栽培粟、黍		累范特地区开始栽培小麦
	前期	B.C.6000年左右	河北省磁山遗址出现大量粟的贮藏穴 在裴李岗文化的墓葬中可见因性别而异的随葬品 兴隆洼文化出现列状配置的住居构成的环壕聚落 湖南省八十垱遗址出现环壕聚落		西亚出现陶器 西亚开始制造铜器

时代	分期	年代	中国	日本	世界
新石器时代	中期	B.C.5000 年左右	浙江省河姆渡遗址出现干栏式住居和大量稻壳		奥贝德文化
			湖南省城山头遗址出现水田		
			仰韶文化出现环壕聚落		
			黄河中、下游流域向父系血缘家族组织转化	绳文海进期	
		B.C. 4000 年左右	庙底沟文化的彩纹陶器普及各地		
			江苏省草鞋山遗址出现水田		
			长江下游流域向父系血缘组织转化		
			红山文化出现积石墓、玉器及女神庙		
			良渚文化出现土墩墓以及玉璧、玉琮		
			中国西北地区出现马家窑文化	大规模绳文聚落出现（三内丸山遗址）	埃及初期王朝时代
			以中国西北地区为中心开始出现铜器		
	后期	B.C. 3000 年左右	河南省西山遗址出现城址		苏美尔初期王朝期
			长江中游流域出现城址遗址		埃及古王国时代
			内蒙古中南部出现城址遗址		
			山西省陶寺遗址出现大规模城址以及首领墓葬		
			四川盆地出现城址遗址		
			长城地区出现畜牧型农耕社会		
历史时代		B.C.2050 年左右	传说禹建立夏王朝	环状列石出现	乌尔第三王朝
			在河南省新砦遗址已有城址建成		
			河南省二里头遗址三号、五号宫殿（二里头文化二期）建成		汉谟拉比法典
			二里头一号、二号宫殿（二里头文化三期）建成		
			二里头文化的爵、斝等青铜彝器已开始制作		

历史时代	B.C.1600 年左右	大乙（成汤）建立商王朝，河南省偃师商城、郑州商城出现 河南省东下冯遗址、湖北省盘龙城遗址等城郭建成 河南省小双桥遗址出现 河北省洹北商城建成 山东省大辛庄遗址、河北省藁城台西遗址出现 华中型青铜器出现 殷墟出现	西日本开始栽培水稻谷物出现 东日本龟岗文化出现	赫梯帝国成立 埃及新王国时代
		四川省三星堆遗址出现特殊的青铜礼器 江西省新干县出现大洋洲墓		
	B.C.1050 年左右	周武王灭商纣王，周王朝建立		

著作权合同登记图字：20-2012-042号

图书在版编目(CIP)数据

从神话到历史：神话时代、夏王朝 / (日) 宫本一夫著；吴菲译.
—桂林：广西师范大学出版社，2014.1（2021.11 重印）
（中国的历史 01）

ISBN 978-7-5495-3367-1

Ⅰ. ①从… Ⅱ. ①宫… ②吴… Ⅲ. ①中国历史－上古史－研究
②中国历史－研究－夏代 Ⅳ. ①K210.7②K222.07

中国版本图书馆CIP数据核字(2013)第011546号

广西师范大学出版社出版发行

广西桂林市五里店路9号　邮政编码：541004
网址：www.bbtpress.com

出 版 人：黄轩庄

全国新华书店经销

发行热线：010-64284815

山东韵杰文化科技有限公司

开本：787mm×1092mm　1/32

印张：13.5　字数：203千字　图片：168幅

2014年1月第1版　2021年11月第12次印刷

定价：70.00元

如发现印装质量问题，影响阅读，请与出版社发行部门联系调换。

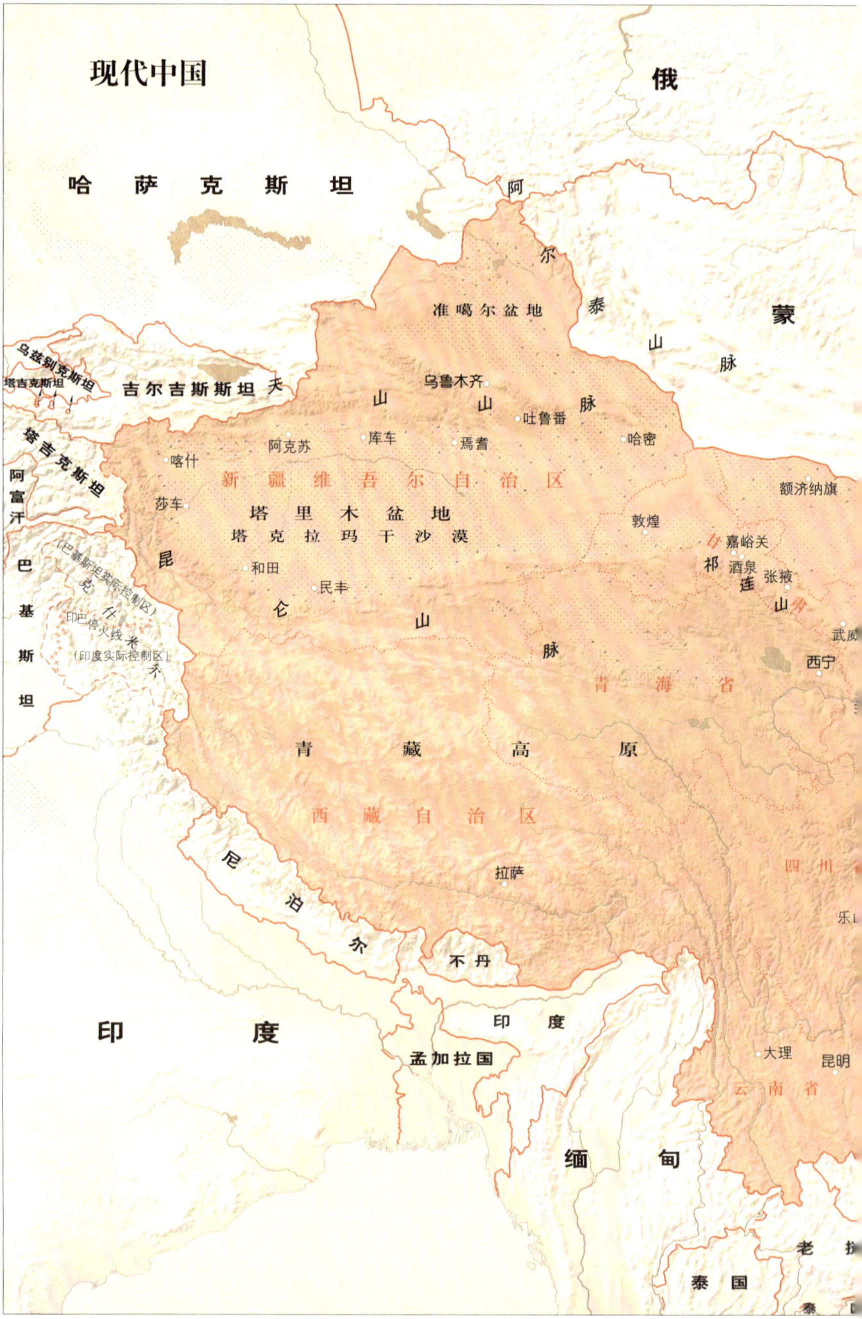
现代中国
俄
哈萨克斯坦
阿尔泰山脉
蒙
准噶尔盆地
乌兹别克斯坦
塔吉克斯坦
吉尔吉斯斯坦
天山山脉
乌鲁木齐
吐鲁番
阿克苏
库车
焉耆
哈密
喀什
塔吉克斯坦
阿富汗
新疆维吾尔自治区
额济纳旗
莎车
塔里木盆地
塔克拉玛干沙漠
敦煌
嘉峪关
祁连山
酒泉
张掖
巴基斯坦
(巴基斯坦实际控制区)
克什米尔
印巴停火线
(印度实际控制区)
和田
民丰
昆仑山脉
西宁
青海省
青藏高原
西藏自治区
拉萨
尼泊尔
不丹
四川
印度
印度
孟加拉国
大理
昆明
云南省
缅甸
老挝
泰国